高校英语教学分析与
混合教学模式创新研究

姬程斌　著

中国纺织出版社有限公司

图书在版编目（CIP）数据

高校英语教学分析与混合教学模式创新研究／姬程
斌著. -- 北京：中国纺织出版社有限公司, 2024. 7.
ISBN 978-7-5229-2011-5

Ⅰ. H319. 3

中国国家版本馆 CIP 数据核字第 20242HX469 号

责任编辑：张　宏　　责任校对：高　涵　　责任印制：储志伟

中国纺织出版社有限公司出版发行
地址：北京市朝阳区百子湾东里 A407 号楼　邮政编码：100124
销售电话：010—67004422　传真：010—87155801
http://www.c-textilep.com
中国纺织出版社天猫旗舰店
官方微博 http://weibo.com/2119887771
三河市宏盛印务有限公司印刷　各地新华书店经销
2024 年 7 月第 1 版第 1 次印刷
开本：710×1000　1/16　印张：14.5
字数：230 千字　定价：98.00 元

前 言 | **Preface**

近年来，随着我国社会生活水平的不断提高、计算机技术和网络技术突飞猛进的发展，人们都已深刻感受到来自信息化、网络化时代的冲击，因而越来越重视网络技术在生产生活中的地位。以计算机为代表的现代教育技术的迅猛发展，给教育带来了创新的机遇和严峻的挑战。

在信息时代，知识更新的速度越来越快，而传统模式的英语教学方法无法有效激发学生学习英语的兴趣和积极性，而缺乏真正用英语交际的场合，缺乏真实的英语语言环境，更会影响学生英语水平的真正提高。如何充分有效地运用网络技术进行英语教学，是英语教育工作者应该探索的问题。结合英语教学与互联网技术相结合的教学经验及学生的教学反馈，本书着重阐述了如何在英语教学中运用互联网技术达到高效教学的目的以及网络多媒体资源与教学的软件使用方法、国内外英语教学的学习网址和实用微课的制作技术，以帮助各位英语教育者们更好地从事英语教学。

由于大学英语教学承担着培养语言基本功扎实、跨文化技能娴熟、国际视野宽广、中国文化情怀博大、专业基础宽厚、国际规范熟悉的国际化人才的使命，建设科学、完善的大学英语课程体系就成为实现这一目标的保障。针对教育部所启动的大学英语新一轮教学改革的要求，结合目前大学英语教学现状和已有资源，积极探索建设科学、综合、立体、有机的新型大学英语课程体系，以更好地满足社会的需求，符合学校的办学目标，对接院系的专业需要，助推学生的发展。

全书共五章，第一章绪论，是对英语教学发展、现代高校英语教学理论和高校英语课程混合式教学模式构建与应用的简要论述；第二章是混合式学习理论模式下的高校英语听力与口语教学，对现代高校英语听力与口语教学现状内容与目标、高校英语听力与口语教学应用混合式学习理论的意义、现代高校英语听力与口语教学中的混合式学习理论应用进行介绍；第三章是混合式学习理论模式下的高校英语阅读与写作教学，对现代高校英语阅读与写作教学现状内容与目标、现代高校英语阅读与写作教学应用混合式学习理论的意义、现代高校英语阅读与写作教学中的混合式学习理论应用研究进行论述；第四章是高校英语混合式教学的具体应用及其对教师的能力要求，对高校英语基础知识、技能与文化知识的混合式教学、高校英语混合式教学能力要求之教师专业素养、高校英语混合式教学能力要求之教师专业发展、高校英语混合式教学能力要求之革新教师教育模式进行论述；第五章是高校英语混合式教学的线上创新发展与多元融合创新探究，对高校英语混合式教学的发展变化、现代技术环境中的高校英语在线应用阶段、现代移动英语学习的形成性评估与教学整合、移动英语教学合作学习模式的构建与教学模式探索、现代高校英语混合式教学的多元融合创新实践思考进行分析论述。本书在撰写时内容全面、结构清晰，涵盖了高校英语教学分析与混合教学模式创新的各个方面的介绍说明。笔者多年来一直对高校英语教学分析与混合教学模式创新方面有持续地研究，不断探索高校英语教学分析与混合教学模式创新的方向。书中有笔者多年来的教学经验，运用了相当多的文献资料，力求内容翔实，可满足各个层次的读者需求。

本书的撰写过程中，笔者参考了大量的资料文献，同时得到了许多专家学者的帮助和指导，在此表示真诚的感谢。因笔者水平有限，书中仍难免有疏漏之处，希望同行学者和广大读者予以批评指正，以求进一步完善。

姬程斌

2023 年 12 月

目 录 | Contents

第一章　绪论 ……………………………………………………………… 1

　　第一节　英语教学发展概述 …………………………………………… 1

　　第二节　现代高校英语教学理论概述 ……………………………… 25

　　第三节　高校英语课程混合式教学模式构建与应用 ……………… 34

第二章　混合式学习理论模式下的高校英语听力与口语教学 ……… 49

　　第一节　现代高校英语听力与口语教学现状内容与目标 ………… 49

　　第二节　高校英语听力与口语教学应用混合式学习理论的意义 … 68

　　第三节　现代高校英语听力与口语教学中的混合式学习理论应用研究 … 70

第三章　混合式学习理论模式下的高校英语阅读与写作教学 ……… 85

　　第一节　现代高校英语阅读与写作教学现状内容与目标 ………… 85

　　第二节　高校英语阅读与写作教学应用混合式学习理论的意义 ……… 100

　　第三节　现代高校英语阅读与写作教学中的混合式学习理论应用研究 …… 103

第四章　高校英语混合式教学的具体应用及其对教师的能力要求 …… 121

　　第一节　高校英语基础知识、技能与文化知识的混合式教学 ………… 121

　　第二节　高校英语混合式教学能力要求之教师专业素养 …………… 163

　　第三节　高校英语混合式教学能力要求之教师专业发展 …………… 174

　　第四节　高校英语混合式教学能力要求之革新教师教育模式 ………… 183

第五章　高校英语混合式教学的线上创新发展与多元融合创新探究······ 189

第一节　高校英语混合式教学的发展变化 ················· 189

第二节　现代技术环境中的高校英语在线应用阶段 ·········· 190

第三节　现代移动英语学习的形成性评估与教学整合 ········· 192

第四节　移动英语教学合作学习模式的构建与教学模式探索 ····· 196

第五节　现代高校英语混合式教学的多元融合创新实践思考 ······ 203

参考文献 ·· 222

第一章　绪论

高校英语教学历经数十年的风雨变迁，进入了蓬勃发展的新时期，新形势发展下的高校英语教学面临着前所未有的机遇和挑战，发展与融合成为高校英语教学的必然方向和必经之路。在发展的道路上，高校英语教学的调整突破了传统教育的束缚，彰显了高校英语教学大胆改革的精神，传递了高校教育的正能量。

第一节　英语教学发展概述

人类通过语言这一载体进行主客观事实描述和思想意识的表达，它是上层建筑以及社会形态中实实在在的一部分，对于人类的发展意义重大，承载着各个历史阶段所存在的社会形态下的历史文化。所以，语言也会随着社会形态和历史阶段的变化而变化，英语教育是世界各国教育事业的重要组成部分，因为当今世界上现代许多国家都认识到要顺应全球一体化的时代潮流，加强英语教育，因此很多国家甚至站在国家战略政策的高度将英语教育加入语言发展战略中。

一、世界各国英语教育的历史

（一）欧洲英语教育的历史演进

1. 欧洲语言的多样化

欧洲受历史和地域的影响，存在着阿尔泰语系、印欧语系等多种语系。印欧语系作为欧洲九成的人口都在使用的语系，成为欧洲众多语系的最大语系，其中主要包括罗曼语族、日耳曼语族以及斯拉夫语族，使用这三大语族的人约占欧洲总人口的85%。

因为语言众多，所以欧洲共同体在《罗马条约》（1957 年）将多语制纳入立法、政策、实践之前，语言问题一直是困扰欧洲共同体构思进行的大学英语教学实践探索重要难题。所谓多语制是指社会、机构、团体和个人定期在日常的生活中使用一种以上的语言。这种语言既可以是一种语言的变体，也可以是一群人习惯使用的交流代码，包括地区性的语言、方言、手语等。多语制还有另外一个含义，即指一个区域内的共同体内成员的不同语言。1958 年 4 月 15 日，欧洲开始实行语言多元化政策，确立欧共体 1 号条例为重要法律依据，给予英法德等 11 种语言与官方工作语言平等的地位。这一条例需获成员国认可，并且需欧洲理事国全体成员同意才能更改。

在 20 世纪 80 年代后期，由于苏联解体，东欧的局势发生巨大转变，这时欧洲共同体借此机会大力发展，不断扩大，在资金、成员（目前已 27个）、区域复兴和创建知识型社会等方面都取得了很大的进步，有力促进了欧盟一体化进程的发展。但是，这种进程也对欧盟早期制定的多语制带来严峻的挑战。不仅如此，欧洲社会还面临着全球化、技术革新和人口老龄化所带来的剧烈变化。

欧洲具备丰富的语言资源，这源于其复杂的历史文化，在其漫长而又灿烂的历史上，大量的移民迁徙，出现在欧洲这片土地上，不同的民族必然会带来属于自己的语言和文化，使欧洲的语言更加多样化。在这样的情况下，英语教育迫在眉睫，欧洲土地上的众多民族需要学习其他国家与民族的语言来加强彼此的交流和合作，这样更利于学习不同国家民族的文化，从而加深理解，使多个国家更加团结。当然，欧洲国家之所以积极倡导外语教育还因为它们也在这种一体化的进程中获得利益和种种好处。

2. 欧洲学校英语教育

在《欧洲学校语言教育的关键数据》的报告中指出：外语在欧洲学校教育中占据不可或缺的地位。一般来说，普通中学对于英语的教育至少要达到一定的要求，即强制每个学生学习两门外语。有近 20 个国家会在中学教育阶段设置一门外语，甚至更多，这一要求被教育相关的中央部门和其他高等教育单位所规定。大多数国家从初等教育时期开始明确要求，就算是最低的标准也需要学生在义务教育完成之前至少进行一门外语科目的学习。在欧洲的外语教育中学习的语言也是十分多样的，据调查显示，在几种语言的学校教育中，首先英语占比最大，为 89%，并且在大多数国家的学校教育中被确立为第一外语；其次是法语，大概占据 32% 的学习人数比例，基本成为强制学生外语学习的第二外语；最后依次是德语和西班牙语，分别占18%和8%的比例。在很多欧洲国家，如法国、意大利、希腊等，有一半的学生在义务教育阶段至少要学习两门外语甚至更多；15%的学生学习三门及以上外语，如荷兰、芬兰等。给欧洲所有国家的学生外语学习数量做个平均数，每个学生学习的外语种类能够达到1~1.9种，其中荷兰和卢森堡甚至能够达到每个学生学习5种外语以上，这种外语教育的程度甚是惊人。

在大多数的欧洲国家，仅仅是在初级阶段，所有科目教学时间内，光是学习外语就占据了一成甚至是两成的时间。到义务教育时期一共有包括德国、卢森堡、保加利亚、匈牙利、比利时、马耳他在内的6个国家，学习外语的总时长都达到了1000小时以上。其中卢森堡又一次脱颖而出，学习外语总时长达到3700小时以上。在很多的欧洲国家，学校被授予一定范围内的自治权，对于学校的课程设定自行安排，包括引进外语并进行外语教学。其常见方式是先进行试点教学，在试点后根据试点情况指定相应的最低标准，考虑是否作为主流教育进入学校的必修课程体系。

综上所述，欧洲学校外语教育呈现出明显的增长趋势，即外语教育在教育总时长中占比越来越大，而接受外语教育的年龄越来越小，学习外语的种类也越来越多，外语教育将长期占据学生的义务教育时间，并且学校会将该学生的外语学习情况标注在学生的普通义务教育证书上。

欧洲各国家的高等教育需要学生花费3~4年的时间进行学习，如丹麦，虽然可以不用完成原创性研究就可以毕业，但是也需要3年的时间才能获得学位。英国也是，3年的时间可以获得一个文学学士的学位。在法国，2年的时间可以获得一个高校文凭，再过一年之后才能够获得结业证书，相当于学士学位。除传统的现代语言学位外，法国也提供与其他专业相结合的双语教育，如现代语言专业，学校为了让学生能够在毕业后从事翻译、营销等相关工作，会在专业课中设置政治学、经济学、法学等专业科目。而在葡萄牙想要修一个外语本科，那么就需要4年的时间，授予荣誉双学位，即英文和一个外国语学位，在大多数情况下是德语或法语。如果想要成为现代英语语言教师，必须学习一系列的职业课程。在荷兰，想要获得一个学士学位，需要在4年的时间修满168个学分，而修满一个学分就需要40个学时。德国、匈牙利也是需要4年的时间，而俄罗斯与波兰时间就更加长一些，需要5年的时间。此外，一些大学最近推出了两个阶段的学习，可以授予学生学士学位，通常需要持续 4 年的学习，然后进行硕士 2 年或者 3 年以上的学习。

（二）美国英语教育的历史演进

在美国宪法起草时，美国社会中存在许多语言，除了英语，还有德语、荷兰语、法语、西班牙语、意大利语、葡萄牙语、意第绪语、阿拉伯语以及数以百计的美国印第安人语言和非洲的克里奥尔语言。

北美殖民地时期的拉丁语学校被视为美国最早的英语教育学校。在早期殖民地时期，学校的课程和教材都是宗教性质的，新教徒建立学校是为了保证每个人在宗教改革运动中完成自己的教义，学好拉丁语和希腊语是阅读和理解的需要，因此英国殖民主义者往往认为拉丁语和希腊语是值得学习的英语。对于有些人来说，学习这些古典语言有望在哈佛等大学继续深造接受宗教训练，以便在殖民地行政机关或教育机构任职。这种思想垄断了早期北美各殖民地的英语教育。

从 1734 年起，一些现代英语作为外贸教育计划的一部分开始在纽约地区讲授。1751 年费城的一些中学开始开设法语、德语和西班牙语课程，1751 年富兰克林学院的成立可以被视为北美殖民地现代英语教学的萌芽。独立战争以前，拉丁语语法学校满足了当时的需要，而战后的潮流与欧洲的传统背道而驰。启蒙时代的思想影响着社会的各个方面，也影响着教育、经济、贸易的发展。社会的发展对学校教育提出了新的要求。在美国，对世俗日益增长的兴趣代替了殖民地早期对宗教的强调，商人和实业家开始重视培养青年人的现代英语和记账能力，以便让他们参加日益重要的国际贸易。例如，在这期间，杰斐逊等美国国家奠基人为现代英语列入美国学校的课程做了大量的工作。

弗吉尼亚大学按杰斐逊的指示，先后开设了拉丁语、希腊语、意大利语、西班牙语、德语和盎格鲁－撒克逊语，并使这些语言教学获得初步成功。1825 年学习这些语言的学生人数已经远远超过了学习古典语言的人数。虽然美国的英语教育在 18 世纪已经立足了，但人们学习英语的兴趣却没有显著提高。1890 年，有些中学生学习法语和德语，德语成了当时最流行的语言。到 1915 年，选修德语的中学生达到了学生总人数的 24.4%，而选修西班牙语的学生在第一次世界大战前几乎没有增加。在这次变革和发展时期，现代英语教学却没有相应的革新，英语教学模式还是陈旧的，没有受到新的生产力和技术的影响。

1830 年出现第一次欧洲移民浪潮，广大民众对大批到来的移民持排斥态度，发起各种运动限制公众使用非英语的语言，规定市民在教育、投票和司法系统中只能使用英语。在 19 世纪 80 年代，限制德语在公共学校和教会学校使用的法律在威斯康星州（贝内特法）和伊利诺伊州（爱德华兹法）获得通过。虽然这两部法律此后被废除，但对文化多元性的基本恐惧和不信任仍然是今天限制性语言政策的思想源头。

美国在 1917 年参加第一次世界大战以后，整个社会出现了反德语的热潮和对德国组织和德语出版物的抵制以及对德国文化与思想的反感。同样，类似的现象也发生在第二次世界大战期间，表现在美国人对日裔和德裔的态度上。20 世纪初出现美国化运动，其表现为歇斯底里的排外情绪，表面上看是要求美国的公民对国家的绝对忠诚，其实质上是美国语言观上所崇尚的语言尊卑和单语制为主体的同化语言政策的体现。作为美国移民，意味着放弃自己祖先的语言和价值观。这一时期的美国化运动不仅导致了双语教育，如德语和英语教育消失，而且使以学习德语为主的学生数量大幅减少，这种消极的影响至今还存在。这种语言上的单语制是政治上狭隘的孤立主义与军事敌对观念的延伸。

第一次世界大战带来的孤立主义情绪对美国现代学校英语教育的影响几乎是灾难性的。德语的招生人数从 1915 年的 24% 下降到了 1922 年的 0.6%。虽然法语和西班牙语，特别是西班牙语，从对德语的抵制情绪中获得了短暂的好处，但是它们的招生人数也很快降了下来，并且这种下降的趋势持续到第一次世界大战后的很长时间。到 1948 年，学英语的中学生中只有 13.7% 的人学习法语和西班牙语，从 1915 年的 35.9% 的波峰降到了波谷。拉丁语也遭受了挫折，其招生人数从 1915 年占招生人数的 37.3% 下降到了 1948 年的 7.8%。美国的英语教育不仅受到怀疑，而且也受到美国国内当时经济萧条的影响。

"进步主义"教育对美国学校教育也产生了深远的影响。根据詹姆斯和杜威的实用主义哲学，学校的课程将与"生活调整"对口。直到 1945 年《哈佛大学报告》也只向大学推荐了现代英语教育。越来越多的学校停止了英语的招生和学位的要求。从第一次世界大战到大萧条的 20 世纪 30 年代初，经济危机波及全球，欧洲列强在战争的废墟上艰难挣扎，美国也不能幸免，工业产值下降46%，1700多万人失业。国内经济困难重重，政府和民众只能关心生计问题，现代英语由于缺乏在学校立足的社会背景，英语教学备受冷落，民众也不可能对外国语言和文化感兴趣。英语教学再次陷入了困境。

日益下降的英语课程入学率表明美国英语教育已滑入低谷，但有关部门仍然没有采取任何有效措施。第一次世界大战结束后，美国教育界曾试图通过直接法教授英语口语，但这种努力很快被放弃了，因为直接法太费时间。古典语言的教学法—语法—翻译法还在使用。1929年在阿尔杰农·科尔曼的指导下，美国现代语言协会主办的一个研究会推出了阅读法，认为多数学生的英语学习都没有超过两年，唯一实际的方法就是阅读。虽然不少教师对其结论并不同意，但在社会上阅读法仍然得到了广泛的认可。结果编写出了以词数为基础的分等级的阅读教材。过了一些时间，许多教师又回头去采用语法翻译法作为阅读课教学方法。还有教师采用了口头语言和书面语言兼用的教学方法，但是无论哪一种方法都不成功。

从第二次世界大战末期到20世纪60年代末，美国已彻底改变孤立主义的国家政策，积极主导国际事务，谋求全球霸主地位，在国内外事务中越来越感到发展教育和现代英语教育的重要性。美国现代英语教育在这个时期有了很大发展。1954年帕克发表的《民族利益和外国语言》是美国现代英语教学史上最重要和最有影响力的专著之一，它也成了振兴美国现代英语教育的推动力和催化剂。

1958年，美苏"冷战"进入相持阶段，1957年苏联第一颗人造卫星上天，美国倍感压力，这引发了全美对教育的深刻反思，美国随后颁发了《国防教育法案》，该法案认可了英语教育对国家安全的重要作用，提出美国政府需要提供大量经费用于英语教育的推广。美国政府对现代英语教育投资数千万美元用来重新训练教师、购买语言实验室设备及其他电子设备和编写教材。

现代英语教学出现了前所未有的活力。在短短的几年里，听说法成了占统治地位的教学方法。现代英语专业的招生人数迅速上升，学习英语渐成时髦。在公立中学里，学英语的中学生比例从1958年的16.4%上升到1960年的21.7%。到1965年上升为26.4%。在大学里，学英语的学生1963年比1960年增加了31.7%，学英语的研究生1963年比1960年增加了77.5%，1965年又增加了15.1%。到20世纪60年代初，现代英语教育似乎前景一片光明，并致力于造就国家所需要的双语人才。60年代中后期美国卷入越南战争并节节失败，政府债务沉重，这使得美国约翰逊政府把投资的重点转向军工产业，不再为发展英语教育拨出专款。而国内民众对越战看法消极并且很抵触，反战的呼声日益高涨。国内民族矛盾尖锐，在校学生对社会的失望和消极情绪弥漫，对严格的学习越来越不感兴趣，学生开始大量辍学，许多大学降低要求，甚至取消了学习英语的要求。

1968年《双语教育法案》正式颁布。《双语教育法案》使移民子女可以参加过渡性双语教育项目，明确了少数群体的学生接受"唯英语"的教育与其公民权利的原则不一致。尽管双语教育仍然是美国联邦政府的政策，但自20世纪80年代起，双语教育作为对少数民族学生的语言教育策略受到反对派越来越多的打击。他们认为双语教育会导致分裂、费用太过昂贵、不必要学习。1978年，国会修正了法律，强调国民的英语语言能力，限制双语支持性课程，对语言维持也不再提供联邦政府的资金支持。

来自亚洲和拉丁美洲国家的移民在1965年之后开始急剧增加，这使许多美国人，尤其是生活在大型城市中的美国人感到他们的生活方式受到了威胁，他们所在的城市中充斥着西班牙语、韩语、汉语、阿拉伯语和许多其他语言。而在这种不确定性中，英语成了象征。此时英语已处于世界性语言地位，这使得20世纪70年代美国的现代英语教育出现了明显的倒退，到70年代末已濒临危机。1978年4月21日卡特总统命令成立了一个由25人组成的英语和国际研究专门委员会，负责调查研究和制定美国发展英语教育的政策，报告惊呼"美国人在英语上的无知已经令人愤慨，而且每况愈下""使得我国的重大利益受到损失"。报告提出"英语作为揭开别国习俗和文化奥秘的钥匙，再也不能看作是教育上和公民的奢侈品了。"报告建议在大学内，英语包括尚未普遍开设的日语、汉语和俄语的学习年限应由两年改为三至四年，应重视和加强英语教学和国际研究，兴办具有代表性的英语和研究国际问题的高等学校，重新把英语作为大学升学考试和大学毕业的必要语言。

所有大学生都要精通一门外语并兼学第二英语。大约70所高等学校恢复了对学生入学或毕业的英语要求。可以说美国的现代英语教育在20世纪80年代开始走出低谷，在重塑美国的国家安全政策和外交政策的大背景下开始重新赢得美国政府的关注。20世纪80年代，苏联面临盛极而衰的变化，欧盟一体化进程加速，日本迅速发展为世界第二大经济体等，这一系列与美国利益攸关的国际大事促使美国政府反思英语教育，加强汉语、俄语、日语等的语言教育开始成为美国国家文化战略的组成部分。

20 世纪 80 年代初，同样是出于对移民浪潮的担忧，"唯英语"运动又在美国兴起，并在国家的历史上首次提出了英语语言宪法修正案。该法案是在 1981 年由已故加州参议员早川硅提出，拟使英语成为官方语言，接下来 10 年间先后有 16 个州通过将英语作为官方语言的法律。公布"唯英语"法律的州包括亚利桑那州、阿肯色州、加利福尼亚州、科罗拉多州、佛罗里达州、佐治亚州、伊利诺伊州、印第安纳州、肯塔基州、密西西比州、内布拉斯加州、北卡罗来纳州、北达科他州、南卡罗来纳州、田纳西州和西弗吉尼亚州。还有其他的州也在考虑类似的语言立法。"唯英语"运动限制或者禁止使用英语以外的其他语言在政府机构中使用，在某些情况下，也禁止私人企业使用非英语的语言。但是"唯英语"的立法和美国宪法第十四修正案相违背。

英语官方语言运动成为 20 世纪八九十年代影响美国英语教育重要的社会运动，而进入 90 年代后，美国国内各种政党就官方语言的博弈仍在继续。在第 103 次国会中就有 4 个涉及英语官方语言的议案。H. R. 123 旨在修改美国宪法，使英语成为联邦政府的官方语言。H. R. 739 由共和党人、威斯康星州众议员托比罗斯提交，目的是使英语成为所有美国公民之间的交流语言，并改革当前入籍要求，废除所有联邦政府的双语教育项目和双语投票权方案。他们在 1995 年 2 月第 104 次国会上也提交了新"官方英语"的议案，这项法案拟宣布英语为美国联邦政府的官方语言，规定所有的政府事务、出版物、所得税表、宣传材料都只能使用英语，规定只有四种情况例外：出于宗教的目的、为国际交流培训英语、教授英语的学校和使用者为超过 62 岁的人。它还将终止 1968 年的双语教育法对双语教育的支持，终止双语教育和少数民族语言文字工作机构，废除 1965 年的权利法案投票表决允许双语，修改移民和归化法第 337（d）条款，使"所有宣誓等公共仪式只能采用英语"。

"重塑美国的价值观"成为 20 世纪 80 年代的中心主题，而美国爱国价值观的一种体现就是要在国际社会的变化和动荡中确立英语作为美国官方语言地位，这实际在某种程度上象征着在社会变革中社会利益集团对权利和影响力的争夺。"唯英语"运动的唯一目标是限制非英语语言的使用域。从历史上来看，这种限制已经有效地剥夺了大批移民的公民权利和获得政府服务、投票和平等的受教育机会。英语官方运动的理由多年来各不相同，却具有相似的共同主题，让美国能够"美国化"，这成为反对大规模移民，保障国家战争时期安全，抵制移民的融合和美国工会的工具。"唯英语"的法律也干涉公民的选举权，例如它禁止双语选票，而限制双语教育实际上就限制了少数民族和移民群体孩子的教育权利。

美国官方语言运动并没有得到国内所有团体的支持。全美英语教育组织就旗帜鲜明地反对英语官方化，而支持"英语+"的语言政策，即美国人有权获得母语（如果不是英语）之外的语言教育，而不是用英语替代母语教育。母语为非英语的语言学习应该受到鼓励，双语或多语制是现今大多数国家的语言标准。单语制是一项昂贵的语言政策，它低估其他语言的价值，并轻视其他语言的文化，对加强美国文化起不到任何作用。语言是价值的资源，语言政策具有重大的政治、经济战略价值，而这种观点显然没有得到那些美国官方英语运动中的党派支持。

殖民时期以来，美国英语教育政策的发展演变似乎始终在单语教育和双语教育之间来回摇摆，当美国主流社会对外来语言文化采取容忍态度时，语言政策显得宽松，语言教育形式便是双语教育；当美国主流社会排外情绪高涨时，语言政策显得严格，"唯英语教育"盛行。其实无论是"唯英语教育"还是"双语教育"，其目的都是为有效地同化异族语言文化，都代表了美国政府以英语统一美国思想文化的一贯理念和政策。

进入 20 世纪以来，美国的国家语言政策在国际多元文化思潮的影响下，随着国际社会格局从单边向多边力量的发展，美国国家语言政策也发生了重大的调整，从强调英语中心主义的单边政策到重视多元文化的相互融合，特别是随着非英语移民人数的不断增加，多元化多语种在国内已是不可辩驳的客观事实，美国政府于是充分发挥了其在语言规划上的主体导向作用，从立法和行政的高度保障英语教育的发展，引导普通的美国人为国家利益而学习英语，"放眼世界"。美国政府对英语教育政策整体的目标是通过英语教育加强语言或文化同质性，从而达成一种对美国式的民主、自由与平等的社会价值观念的共识。

在美国，学校和学区通常编写他们自己的英语课程教学方案，大多数方案侧重于教学语言的四种沟通技能：听、说、读、写。这种英语教学的频率和语言实践的机会，可以使学生获得可观的第二语言能力。还有体验性教学和沉浸式英语教学模式。前者主要是将其他文化和语言作为一般概要性知识向学生介绍，通常课堂讲授时间为 20～30 分钟，每天一次或每周两次。学生可以学习一种或更多的语言，但其重点不是为了获得某一特定语言的语言能力，也不期待学生在这样的学习中能够流畅地表达，只是为今后长期、连续的英语学习打下一个良好的基础。沉浸课程是指让以英语为母语的学生在其部分或全部的学习中采用英语教学。在美国，部分沉浸课程比完全性的沉浸课程更加普遍，在这两种情况下，英语是教学语言，不是作为一门单独的学科而学习的。这些英语教学模式的目标是使学生不仅能够精通本国语言，而且有助于跨文化意识的发展。参加沉浸式英语教学课程的学生通常比参加其他类型英语课程的学生获得更高的英语语言能力。在过去的 20 年里，英语教学已经从强调语言的语法、词汇和发音的学习发展到强调交际能力学习，强调要培养在真实目标语言生活环境中的沟通能力，重点是学习和使用语言。有效的英语技能培养强调有意义的交际活动，并向所有学生提供使用英语的机会，英语教学不应该被看作是为优质学生预留的课程。在中学阶段的英语学习为进一步学习英语和终身学习打下良好的基础，帮助他们发展自我意识，唤起他们世界的好奇心，积极参与知识世界的建构。

此外，学校体制性原因和各级教育机构之间缺乏协调一致的措施，也对美国英语教育和国际教育形成了障碍。许多低收入的少数人群和学区都缺乏英语学习的机会。非裔美国人、西班牙裔和美洲印第安人的学生与同龄的白种人学生相比，获得的英语教学机会更少。英语学时普遍较少也是美国英语教育中的一个主要问题，美国高中生平均每年仅 150 个学时的英语学习时间，在初中阶段情况更加糟糕，学生只能得到每周 30～60 分钟课时学习时间。此外，英语语种不均衡也是美国英语教育中的问题之一。全美大约 100 万学生学习法语，而全球说法语的人数达到 7000 万人，学习法语的美国学生不到 4 万人，尽管全球的汉语学习热持续升温，而且汉语是全世界 13 亿人口的语言，但是只有不到 1% 美国大学生学习汉语。在过去的 25 年间，学习任何一种现代英语的大学生人数比例一直在 7%～9% 徘徊，在整个美国只有 27% 的四年制大学。在 2001 年设定了对所有学生的英语要求。以商学院 MBA 课程项目为例，尽管它是美国培养未来公司领导者的主要教学课程，目前也只有极少数学校对英语语言提出了明确的要求。根据 1997 年的一次调查发现，在整个美国 109 个 MBA 课程中，不到三分之一（约占 29%）的学校提供英语教学；另一项在 2003 年的调查发现，17 个授予 MBA 学位的学校中，只有 4

个学校需要英语学习。有三分之二的学校报告说，国际教学资源教育不足或不存在。

此外，超过55%的学校认为国际教育是"偶然性"的，即由教师即兴应对重大国际事件，而不是在一个系统的框架内来学习国际教育内容。2008年美国英语教学委员会实施名为"发现语言，发现世界"的调查项目，对高中学生调查发现，学生们最感兴趣的语言中，法语以18%的投票比例位于榜首，其次是意大利语为17%，西班牙语为16%。在问及如果有机会你最愿意学习哪种语言时，法语、意大利语、西班牙语分列前三位，德语列为第四位，日语和汉语列为第五位，汉语和拉丁语相当，约占17%。有24.7%的学生在满足大学学位要求后，会停止英语的学习。约22%的学生会在他们熟练掌握一门外语时，停止英语学习，约22%的学生仅满足高中毕业的英语学习要求。美国学生学习英语的最主要原因，约44%是为了满足大学入学要求，约40%是因为高中毕业的要求，而根据自己意愿学习的仅占10%，父母的要求和支持占1.4%，其他原因占4%。在大学学习两门及以上语言的可能性中，选择非常可能的占11%，选择可能的占18%，选择有点可能性的约占27%，选择不可能和非常不可能的比例合计为33%。可见美国学生对英语语种的需求和兴趣与一般学校目前开设的英语课程还存在相当的差异。大量说西班牙语的移民已导致人们认为西班牙语是最有价值的语言。西班牙语继续主宰美国英语语言教学，占7~12年级的英语学习人数的70%，这也导致学习其他语种的人较少。

（三）澳大利亚英语教育的历史演进

1. 澳大利亚社会语言

在欧洲殖民统治前，文化及语言多元化已是澳大利亚生活的特色。当时，澳大利亚有250多种不同的语言和600种方言。在英国殖民统治的200多年间，三分之二的语言已经消失。长期以来，社会生产力水平低，各个部族原住民只能生活在相对封闭的地理环境区域内，从而形成种类繁多但使用人数少、地域狭小、虽有特点但通用性很差的各个部族的语言。这样的文化语言多元化是原始的、低水平的。各种部族语言所表达和承载的内容仍然是在原始氏族文明范畴内，基本没有吸收同时期其他大陆相对更高文明的内容。随着18世纪后期大量西欧及西亚、东亚移民的相继涌入、工业资本文明传入澳大利亚，与传统土著文明进行各种交流、较量时，原住民人口过少，且聚集分散，在政治、经济、文化、军事等方面力量对比过于悬殊，形成无效的抗衡。

工业资本文明对传统土著文明有着巨大的优势，从文化语言的视角而言，欧洲的基督教文化是主流、汇通西亚土耳其和南亚印度尼西亚等国的伊斯兰教文化、印度的佛教文化以及中国的儒教文化，随着不同信仰的移民的到来，组成了近现代澳大利亚多元语言文化的主体。英语则成为新的多元化语言的核心语言，原住民的族群语言在新的多元化语言集群中不再居于中心地位，虽然有所保护、保留，但已被边缘化了，这也是历史的必然。

澳大利亚人从它的多元文化构成中获益，享受着多种多样的观念、美食和生活方式。根据最近的人口普查，澳大利亚 23% 的人口出生在国外，超过40% 的澳大利亚人为混合文化出身。第二次世界大战后，许多非本土出生的澳大利亚人来自意大利和希腊，但新近移民主要来自新西兰和英国，此外还有来自中国、越南、非洲和印度等地。

澳大利亚土著语言即澳大利亚原居民的语言是该民族的第一语言。澳大利亚土著语言、方言、克里奥尔语和洋泾浜语对于澳大利亚土著人民和社会的重要性，现在已随着澳大利亚联邦社会的进步而获得社会各界的承认和重视。1972 年，澳大利亚工党成为执政党，实施了促进社会进步、平等人权的社会改革措施。随着改革的深入，各种社区语言和以交际为主的英语也日益凸显其社会价值，整个社会从而出现了以英语为主体，土著语言和一些现代英语如法语、葡萄牙语、意大利语、汉语等共存的现象，这构成了澳大利亚特有的语言现实和文化生态景观，也成为以后的澳大利亚政府制定其英语教育政策的基础。

虽然澳大利亚社会语言多元化自古有之且历史悠久，但是在澳大利亚转型之前的原生态文化及语言多元化和在此之后新形成的文化及语言多元化，不可同日而语，它们在内涵上有密切的联系又有本质的区别。澳大利亚在经济、社会发展—危机—调整—复苏—再发展的周期性循环过程中注意本国经济、社会的调整与改革，对原住民的文化、语言的政策做了很大的调整，由其在资本主义原始积累时期对原住民文化的压制、排斥政策，逐渐变为被认可及必要的保护政策。

此外，在当今全球化进程加速发展的时代背景下，澳大利亚联邦尊重、保护本国的原住民文化不仅为了尊重本国的历史，还有利于与周边国家保持友好关系，以及发挥澳大利亚联邦在大洋洲的主导作用及树立良好的国际形象。所以，发展多元文化，对澳大利亚来说，绝不仅是一项文化教育措施，而是其国家发展战略的组成部分。这正是澳大利亚多元文化政策发展的内在因素，对澳大利亚的语言教育乃至英语教育的发展有着重要的作用和影响，澳大利亚英语教育的历史也就是澳大利亚国家总体发展的组成部分，其发展的历程及水平是与国家总体发展的进程相适应的，其语言教育的侧重点不断地随着国家经济和社会发展而发生调整。

2. 澳大利亚英语教育

面向所有学生的英语教育，在澳大利亚学校教育历史上还是比较新的概念，虽然对一部分学生而言，非英语的语言教育早已存在于澳大利亚学校课程体系中。因为澳大利亚学校普遍继承了英国公学的传统，在学校课程中教学拉丁文和古希腊语，并且认为受到良好教育的人都应该会说拉丁文、古希腊语、法语或德语。1905—1907 年的日俄战争中，日本作为亚洲新兴的资本主义国家取得了胜利。1907 年悉尼大学开设了日语课程，这也是澳大利亚对亚洲语言感兴趣的最初萌芽。

第二次世界大战前到 20 世纪五六十年代，澳大利亚大学里教授的现代语言，如教授法语和德语的方法和教授古典拉丁文和古希腊语的方法类似，教学的重点是学习语法、进行翻译和对文学文本的研究，认为语言会话是一种智力低下的活动，与商业的目标和追求过于紧密。直到 20 世纪最后 10 年，英语学习仍然被认为是学术和精英化的研究，只适合具有学术能力的学生。20 世纪 60 年代开始，为了适应综合中学教育体制中日益多样化的学生群体的要求，开始了一系列重要的学校课程改革。根据这些改革，学校享有了更多的自主权，在一些学校，英语成为可选修课程。从 20 世纪 70 年代开始，澳大利亚的学校开设英语课程，而在高中，学习英语的基本动机是为了升入大学。1968 年，宪法除去了大学入学条件中对英语的要求，随后澳大利亚的一些古老大学也放弃将完成一门英语课程作为大学入学的基本要求，这直接导致了全国英语语言学习人数比例从 44% 降到 10%。直到 20 世纪 70 年代和 80 年代，英语才成为主流学校的课程。虽然在理论上，澳大利亚学生可以学习任何一种语言，如新南威尔士提供了 53 种语言的教学大纲和考试课程，而且非英语的语言教育列入了澳大利亚 8 个关键学习目标之一，但在实践中，英语教育政策还是受到各种教育机构和民众的语言态度影响。自 20 世纪 70 年代以来，多文化政策逐渐成为社会主流中的意识形态。政府资助多语种广播，扩大公共生活范围内的各项语言服务，支持学校开设多种语言课程，建立公共图书馆资源，1973 年开始提供多语种的电话翻译服务，成立了全国翻译和口译的认证机构，这些措施进一步促进了社会对意大利语等社区语言的认可。可以说，20 世纪 70 年代是社区语言时代。

1982 年，一个获得两党支持、由联邦政府主持为建立明确而全面的澳大利亚国家语言政策的调查正式开始。该语言调查涵盖语言使用的各个方面，例如，如何实施广泛的语言教学策略和英语作为第二语言的教学、原住民的语言教育等。在该报告指导原则的基础上最终形成了澳大利亚《国家语言政策》报告。该报告首次提出了为维护和发展所有澳大利亚人的双语、促进社会公平、充分开发利用澳大利亚丰富的语言资源的战略。20 世纪 80 年代也见证了澳大利亚英语作为正式的英语载体获得了澳大利亚全国人民的认可，其标志是 1982 年正式出版的《麦夸里辞典》和 1988 年出版的《国家语言政策》，再次确立了澳大利亚英语作为国家语言的官方地位。20 世纪初联邦政府成立之前，一些殖民地还提供双语教育，但到第一次世界大战结束时已经基本消失了，70 年代这些类型的双语教育在土著语言的双语项目中复兴。

近代的双语教育始于 1985 年，从最初个别学校的自发行为上升为政府的倡议，从最初的英语和法语双语教育扩展到英语和德语、英语和印度尼西亚语、英语和日语、英语和意大利语、英语和汉语等多种语言之间的双语教育。为了更有效地推进双语教育的发展，各州教育部门制定政策、增加办学经费和师资、添置教学设施，给予双语教育有力的支持。在过去的一个世纪，澳大利亚学生选择学习英语的动机也发生了一些重大的变化。1987 年，联邦教育署成为澳大利亚就业、教育和培训部的一部分，在新任部长约翰·道金斯的领导下，随着第三产业的调整，开始了重大的语言教育改革。第三产业中出现了一些新的语言如越南语，约 16% 的澳大利亚家庭会讲英语以外的语言。

随着澳大利亚社会人口的不断变化、新移民和不同语言社区的发展，政府对英语教育在维护社会稳定中的作用越发被重视。有关移民的公共政策的辩论，澳大利亚在亚太地区的重新定位，以及关于国际恐怖主义的各种争论，都导致了澳大利亚英语政策的重新调整。20 世纪八九十年代亚洲语言在英语教育中的比重越来越大，1996 ~ 1997 年，4 种亚洲语言的学习人数达到 202376 人，其中日语学习人数为 108848 人，印度尼西亚语的学习人数为 73141 人，而传统的欧洲语言如意大利语的学习人数为 150520 人。

澳大利亚语言教育的侧重点不断地随着国家经济和社会发展而发生调整，从 20 世纪 60 年代的印度尼西亚语，到 70 年代的日语，到八九十年代南亚语言和汉语，到 90 年代以后《澳大利亚语言和识字政策》又转向澳大利亚英语，在 21 世纪初重新调整到南亚语言和印度尼西亚语。可以说，澳大利亚语言政策和语言教育主要由以下三种社会因素促成。

第一，宪法对多元化政策的推动。

第二，经济和国家安全利益的驱动，使政策偏向亚洲地区的语言和文化。

第三，本国原住民的社会融合的要求。

从整个澳大利亚社会语言现实来看，主要有两个方面：一方面，澳大利亚英语在国家社会中占绝对的优势，体现了强烈的自我中心的保护主义；另一方面，多种语言的社会现实呼唤多元主义和多元文化，表达了澳大利亚积极参与国际社会的强烈愿望。这三种社会因素尽管起源不同，但相互作用、相互影响，最后表现为自上而下、自下而上的社会力量的综合，共同产生了澳大利亚社会第一次的国家语言政策，从而根本改变了澳大利亚语言规划的历史和单语主义。

2005 年，澳大利亚教育、就业、培训和青年事务部长委员会对澳大利亚学校语言教育进行调查，结果显示，约 50% 的学生在主流学校学习一门英语，各类学校中教授大约 146 种语言，其中包括 68 种澳大利亚土著语言，还有在各种社区语言学校开设的 69 种民族语言、社区语言。就学习人数而言，教学最广的 6 种语言是日语、意大利语、印度尼西亚语、法语、德语和汉语。有超过 90% 的语言学习者在学习这 6 种语言。其他位于前十几位的英语语种还包括现代希腊语、越南语、阿拉伯语、西班牙语、澳大利亚手语、希伯来语、韩语、土耳其语、拉丁语、马其顿语、塞尔维亚语、高棉语和坦米尔语等。

此外，涉及英语教育的联邦政府的各项政策由于只是指导性的规定，而不是严格意义教育立法，因此，在实施中各地存在相当大的差异。不仅各地学校开始学习英语的年龄不同，在学习英语语言花费的时间和英语教学课程的连续性上也存在相当大的差异。

首先，小学语言课程可在不同年级展开。在某些学校，学生从小学一年级开始学习英语，并持续到小学毕业。在其他学校，不对低段学生开设英语课程，而是在中段，甚至小学的高段才开始英语学习。

其次，在语言学习上，教学时间安排的差别也很大。在一些省和地区，英语学习课时有政策规定，例如维多利亚省推荐每周150分钟课时的英语教学，但是，这种建议的时间并不总被适用。大多数学校安排的英语课时比较少，只有少数学校可以安排较多的英语课时，甚至个别学校特别强调双语课程。一般而言，小学阶段英语课时每周约35分钟，最多的达到了每周150分钟，大多数集中在每周35~60分钟。这些方案之间的差异说明，小学阶段英语教学的整体教学质量似乎并不因有特定的英语教育政策而得到保障而更多地取决于各个地方学校自身决策的结果。这也说明在澳大利亚，优质的英语语言教育还不是所有学生学习体验的一部分。在澳大利亚所有学校现在必须应对的挑战是，如何将优质的英语教育进一步融入其主干教育课程中。

总之，澳大利亚英语教育的总体趋势是：澳大利亚学校英语教育语种的多样化，充分反映了澳大利亚多样化的社会现实和移民社会的需要；同时重点发展亚洲语言的英语教学的各项措施，也反映了澳大利亚政府对亚洲地区日益重要的国际地位的认同和积极参与亚太经济圈合作的愿望。英语教育政策的各项措施保证了基础教育阶段英语教育的广泛开展，但由于政策的指导性，而非强制性，从而使得优质英语教育在基础教育中的普及和持续还存在客观上的较多阻碍。

二、我国英语教育的历史

(一) 中华人民共和国成立前

英语教育在我国历史悠久，可上溯元代设置国子学，培养通晓亦思替非文（波斯文）和阿拉伯文的翻译人才，被认为是我国最早的有组织进行的外语教育活动。元代以后，教习外语的学校主要是明代的"四夷馆"。相关的历史资料显示：明代的"四夷馆"规模较大，除教授我国少数民族语言之外，还有印度、缅甸等国的语言，特别是郑和下西洋之后，更加促进了当时的国际交往，因此，培养精通外语者的官学和私学比较兴盛。

19世纪40年代以后，为了巩固清廷的统治，清政府需要了解和学习

"西洋"文明，比较重视英语教育，创办了上海广方言馆、广州广方言馆、湖北自强学堂等一些外国语言学校。这些近代的外国语言学校开设有英、俄、德、法、日语等科目，除教习主课英语之外，还授以数理化等自然科学和史地知识，借以培养"博通时务，具备艺能"的"通才"。京师同文馆后演变为综合性的高等学府，成立了京师大学堂。

光绪二十八年（1902年），全国中学开始设英语课程。1912年代曾设置"壬子"学制，高校视地方情况，可于第二学年或第三学年加设英语。中学四年，外国语为必修课，大学预科必修英语，也可兼习第二英语；文、商本科，英语和第二外语也为必修课；师范教育的中师和高师也必修英语。晚清开设英语的目的主要是"西学东渐"在实践中也遵循"西学为用""中学为体"的原则。

1912年1月，中华民国临时政府成立，孙中山任临时大总统，任命资产阶级民主教育家蔡元培为第一任教育总长。蔡元培在极端困难的条件下，采取了一些必要措施，改革封建教育制度，革新教育内容，促使各级学校走上正规化。1月19日，教育部颁发了《普通教育暂行办法》14条和《普通教育暂行课程标准》11条，进行教育制度的改革。《普通教育暂行办法》规定：各级学校开设的外语课以英国、法国、德国、俄国四国为限。

1912年9月，教育部又颁布《小学校令》《中学校令》《大学校令》《专门学校令》和《师范学校令》及各种施行规则，对各级学校的教育宗旨、入学资格、年龄、课程和修业年限也都做了明确规定和具体要求。当时规定：中学教育以完成普通教育、培养健全的国民为宗旨；以省立为原则，经费由省款支付；主要科目为修身、国文、外国语、历史、地理、数学、物理、化学、法制等；师范学校以造就小学教员为目的，分预科和本科，预科的科目为修身、读经、国文、外国语、数学等；高等师范学校以造就中学、师范学校教员为目的，分预科和本科，本科分国文、英语、历史、地理、数学、物理、化学、博物等；在高等教育方面，按国民政府公布《大学组织法》将高等教育机构分为大学、独立学院学校，大学分文、理、法、教育、农、工、商、医8个学院，具备三院以上者才能称为大学，高等学校各科采用学分制，大学学生应修学分的最低标准为4年132学分（医学院除外）。除党义、国文、体育、军事训练及第一、二外国语为公共必修课外，其他科目由各校自定。尽管国民政府制定了一系列的法规法令，对教育似乎也很重视，但许多规定都流于虚文，并不能兑现。教育经费不仅很少，而且常常拖欠；加之教育机关官僚化日益严重，教学质量很低，导致国民政府在此时期的教育发展比较缓慢。抗日战争时期，高等教育遭受了严重的摧残。为此国民政府的教育部采取了一些措施，如公布《师范学院规程》《修正巧范学院规程》，对师范学院的设立、培养目标、组织及课程、学生待遇及毕业服务等问题都做了具体的规定。师范学院修业期为 5 年；可设师范研究所、中小学教师进修班，并设立国文、外国语、史地、公民训育、算学、理化等专修科。

1938 年，教育部又召开第一次全国课程会议，拟定了《文、理、法三学院共同科目表》《国立各院校统一招生办法大纲》和《公立各院校统一招生委员会章程》。新的招生办法：教育部设立统一的招生委员会，进行统一报考，录取后统一分到各学校，考试科目、命题与评分标准、录取标准，一律由统一的招生委员会规定；全国分 15 个招生区进行招生；学生入学考试分笔试和口试，笔试分三种科目进行，其中公民、国文、英文或德文四门为公共必考科目。

从 20 世纪 30 年代起，教会学校在中国已经形成了一个较完整的体系。教会中学和教会大学是 20 世纪 30 年代英美基督教会和天主教会教育的重点。据统计到 1921 年，全国教会初等学校达到 6000 多所，学生达 19 万人，占中国全国小学生总数的 43%。到 1926 年为止，基督教在中国创办的学校达7382 所，学生总数为 144300 人；天主教创办的学校有 6250 所，学生总数达214215 人。这类学校占当时中国学校总数的 7.65%，学生总数占全国学生总数的 5.14%。这种情况在高等教育方面尤为明显，1926 年各教会大学人数达到 8404 人，占全国大学生总数的 19.45%。其中著名的教会中学有：美国长老会举办的山东登州文会馆、美国监理会创办的上海中西书院和中西女中、美国公理会创办的北京贝满女子中学等。早期教会高等学校的教育目的，主要是为了培养教会所急需的牧师和教长等高级布道人员，也便于教徒及神职人员的子女求学深造。但到了 20 世纪初，其教育目的逐步转向培养一批直接或间接为帝国主义政治服务的高级官员和社会领袖。宗教教育是教会教育的主要教育和教学活动，也是教会学校的特点。教会学校是帝国主义侵略中国、麻醉国人的工具。

在中国近代历史中，英语教育在整个国民教育中所占的比重是很低的，更多的时候，英语教育仅是帝国主义、外国宗教势力和资本垄断集团势力为了培养其在中国的代言人，控制中国社会的进程而设立的工具。在新民主主义革命时期，为了反帝、反法西斯斗争的需要，中国共产党和中国先进知识分子于 1920 年开办了第一所培养干部的外国语专门学校上海外国语学社，研究苏俄革命经验。可以说在党的革命事业创建初期，我们党就有意识地培养一批懂英语的革命干部，这为中华人民共和国成立后发展英语教育、学校管理以及师资队伍的建设等方面积累了极其宝贵的经验，在中国英语教育历史中留下了光彩的篇章。

（二）中华人民共和国成立之初至 20 世纪 60 年代中期

1949 年 10 月 1 日中华人民共和国成立后，英语就被收进了我国教育课程之中，其变成了培育我国未来优秀人才及国之栋梁的社会主义下新兴教育的关键构成，英语教育的性质及使命与旧中国相比发生了根本性变化：中华人民共和国成立之初，百废待兴，英语教育事业和整体教育事业一起，在国家一穷二白的经济基础上，克服困难，艰苦奋斗取得显著发展。

但是，由于受长期的半封建半殖民地社会思想的禁锢及国际大环境的制约与影响，人们对英语教育在国际国内政治、经济、社会及义化发展和国民素质教育方面的作用认识尚不够全面，对英语教育本身存在的规律和特点掌握不够，中国教育在发展英语方面历经了许多困难，可概而论之。1949 年以后，在经济发展的同时英语方面的教育也在与时俱进，形成了 4 个时期的发展：起步和发展、复原调整、平稳进步和持续革新。

20 世纪 50 年代初期，由于第二次世界大战后的国际政治、经济、安全及意识形态大格局的制约和抗美援朝的影响，以美国为首的西方资本主义国家对我国实行完全的封闭及孤立策略，所以在经济、外事、政治等多方面只得进行同盟苏联的策略。经济上由于苏联的帮助，我国请到了许多的苏联相关专家。这一时期，我国向苏联全面学习，各方面急需俄语人才。外交上的"一边倒"导致了英语教育上的"一边倒"。

可见，当时领导部门是积极推行俄语教育的，英语教育只是在俄语不具备条件下的权宜之计。此后，教育部又先后颁布了几个重要的指导全国英语教育工作的重要文件，如 1954 年 4 月 28 日《关于从 1954 年秋季起中学外国语课程设置的通知》、1956 年 7 月 10 日《关于中学英语学科的通知》、1959 年《关于在中学加强和开设外国语的补充通知》等，这些政策初步规划了中华人民共和国成立初期英语教育工作的主要任务和内容，体现了政府对英语教育工作的重视，也是对国民教育中的英语教育发展的自身规律进行初步探索。在这些政策的影响下，初步形成了我国学校英语教育的规模和体系。

在 20 世纪 50 年代，我国的英语课程从高中起步。当时初中不开设英语课的关键是由于中学生学习担子过重，无法兼顾太多学科，这个时期的学生应该将学习重点放在国学、数学等课程上。再就是中学学校教师的实力较低，授课的能力也不高。面临着俄语在高中学校教师实力较弱的情况，我国是倾向于支持另外的课程的，特别是教授英语的教师大都是自我学习成功或培训之后去教授俄语课程的，形成了我国英语教育历史上第一次英语教师大转业。这种措施解决了部分俄语师资不足的问题，稳定了英语师资队伍，但是整体上师资水平不高。

就英语这一语言种类而言，我国教育部相关的部门给出了指示：高中时期的外语学习关键在于英、俄两种语言，而除此之外的其他语言可以在大学附属的学校课程中展开。在 20 世纪中后期，我国教育部门又颁布了相关的条例去促进英语、俄语的学习，还在全国范围内成立了十多所外语学院。外语学院的成立成了中国开展英语教育的关键特点之一。历史的实践证明，外语学院不仅为高等教育机构输送大批英语人才，保障了英语人才的补给，同时也为探索通用英语人才和非通用英语人才的不同培养模式做出了重要的贡献。

20 世纪 60 年代早期，中国某些区域师资及教学力量强的小学加入了英语。不久后我国的教育部也公布了这方面的建议，表示在试验新的小学制度的 5 年，英语课程适宜出现在四、五年级，而这些城市第一步要处理的问题就是教授外语的师资情况；而某些学习底子稳固的六年制的小学则应该将英语课程设置在五、六年级。之后，我国的教育部门又再次表示，强化小学生及中学生的关键学习指标是让学生把握基础的学习用具及科学传统的学识，而在高中时期就应该将语数外作为重点学习的科目。中华人民共和国成立之后，曾起草过一版对教育需求很高、授课知识及课时较多的章程，它在指导英语教育方面占据着关键地位。此章程又一次强化了英语学习的关键作用，表明外语的学习是进一步了解科技学识的关键工具，必须要重点强化外语的授课能力，依据教师们的实际情况去开展英语的教学，一点点达到高中生可进行阅读外国文章的技能。

在 20 世纪 60 年代初期，国务院带头建设了英语学习队伍，参与的有外交部、教育部等相关部门，制订了在英语教学方面的 7 年计划，其成为我国第一部中央人员讨论研究英语教授问题的国家性质的大纲，不但对之前的英语教授的进展做了总概括，还在此之上结合将来国内外局势的需求，首次全面完整地制订了英语教育今后发展的关键基准和方向：将英语及公共英语作为重点；专业英语与业余英语协调发展；将英语设立为第一外语，协调好中、高等教育院校进行英语种类的占比；与此同时，要重点关注英语授课的效率。我们国家第一次在官方正版章程里将英语作为教学中的第一外语。

20 世纪 60 年代以后，世界形势发生了重大的变化，美国与北约及日本军事同盟关系不断强化，西方资本主义社会民主、人权运动风起云涌，一大批亚非拉国家纷纷独立，西方殖民体系日益崩溃。而社会主义阵营，中国与苏联及东欧多国关系日益冷淡，与亚非拉第三世界国家外交关系发展迅速，反映在文化教育上，已初具规模的俄语教育骤然冷却，而其他语种基础又十分薄弱，远远满足不了国家的需要，我国的外语教育结构失衡现象相当严重。此时，许多全日制中学俄语课程往往被仓促改为英语课程，俄语教师队伍相当不稳定，我国出现了第二次英语教师大"转业"，这种特殊情况下出现的大量教师专业的强制性"被转行"显然违背了教师业务成长的规律，使得在很长的一段时间内英语教育的教学质量有所下降、效果很不理想。

应该肯定的是，在中华人民共和国成立之初至 60 年代中期这一阶段，我国政府对英语教育规划工作是比较重视的，不仅初步确立了学校英语教育的基本模式，明确了英语教育培养的基本目标，建立了英语教育的各级体系，同时也努力按照英语教育自身的规律和特点对英语教育人才模式的培养、语种设置的比例等做出了积极的探索，积累了有益的经验。与此同时，我们国家在英语教育方面的一些制度被国内外的一些思想狂潮所干涉及牵制，不能完全做到遵照英语学科本身发展的内在规律办事，在英语政策规划取向以国家不同时期的主导意识形态及国家关系为主域线，缺乏科学的多元化英语教育发展的调查和研究，对国民经济各领域发展的客观需求及普通民众自身英语能力发展的需求考虑不足；这就使我国英语教育政策在规划上缺乏全面性、针对性、实效性及长远发展的考虑。英语教育周期性长，时期性及持续性的特征明显，在制定英语授课的教学内容上，应该遵循其自身的特征，不然会产生教学上的难点。这个阶段留下的历史经验教训说明，制定英语教育规划必须服从于国家的国民经济与社会发展规划的总体要求，必须与各期的教育事业发展规划的需要协调一致。

（三）20 世纪 70 年代末至 80 年代中期

20 世纪 70 年代，党的十一届三中全会召开，我国进入了发展的新时期。全国各地区、各方面都进行着势不可当的革新潮流，教育行业也因此产生了重大变革，尤其在会后产生的"学英语，为四化"的策略，得到了全国人民的大力支持，英语成为人民的学习重点语言，引发了人们的学习狂潮，因此英语教育有了快速的发展。

不管是教育的相关部门还是教育的相关行业都在大力管理英语方面的教育，为英语学习打造最好的学习环境，摒弃传统教授英语的方式，致力于 3~5 年的时间将英语教学"改头换面"，其目的在于强化我国的国力。会上表示，英语发展应该着眼于未来及整体，目前的关键是重点进行英语教学，同时也要兼顾俄语、德语、法语等语言的授课。不是国际通用语言需要理性的开展，分布要相对集中，而某些冷门的不常用的语言可以一点点慢慢开展，来满足科研进程的需求。小学、中学外语的开设，需要省级以上教育方面的部门联合管理。

20 世纪 70 年代，就小学及中学课本内容举行了全国性例会，教育部相关部门，根据相关的章程又制定了新的教育方面的大纲，同时还编纂了小、初、高年级的俄语及英语课程。新编纂的课程纠正了之前教学素材中的偏激想法，树立了良好的思想观和价值观，遵循了语言教育的编纂规则，内容积极向上，健康又有正能量，可以帮助学生建立准确的价值观、良好的思想观及端正的品行。到了 80 年代，教育部又起草和制定了相关的目标，又一次指出了英语教育的关键性，且表示外语的学习要将英语放在首位。

20 世纪 80 年代，教育部又进行了相关的研讨，会上表示，英语发展应该着眼于未来及整体，就我国而言，外语教育应该将英语放在第一位，其中俄语有一些占比，师资力量雄厚的学校允许开展适时的日语，而各个区域外语语种的开展必须要有省级以上教育方面的部门联合管理，一旦批准进行，就必须平稳发展，不得随意更改，日语开设方面也是如此。师资力量雄厚的省级以上的学校在开展俄语方面，中学占比较大。在日语、俄语的授课方面，必须搭配雄厚的师资力量，做好升学年级前后的对接。而且要求大学学府进行学生招收的时候，不得歧视没有英语学习经验的学员，在语种方面不作为升学、招生学生的条件。

对于英语专业的招人可以优先考虑有英语学习经验的学生。为保障小学及初中时期英语教育方面师资力量的平稳，会上提出建议教育相关的组织必须要落实执行 1987 年颁发的关于中小学师资力量的管理规定，以及 1979 年教育部门提出的大学及相关组织的教师在培养教师的组织部门中任职，以强化中小学英语教育的师资力量，防止英语教育中的主干教师流失。在中学时期大力发展英语教学的准则又一次被强调。而到了 1983 年，我国人民关注英语教育的浪潮再一次兴起。

（四）20 世纪 80 年代中期至 90 年代末

20 世纪 80 年代中期，英语教育事业以乘风破浪的速度迅速展开，而英语在文化界中被看作一项学科的认知越来越被强化，社会上重视人才、重视科研的良好学风推进了英语教育方面的进展。

我国教育部制定的政策"站于当下，展望将来，主次分明，分层逐进，追求效率，保障品质""按照每一届、每一时期逐步提升中小学英语教育的授课质量"迎合了我们国家现实的情况。授课内容上不同学期讲授的知识点的难易程度亦是不同，"向上不会做限制要求，但向下会有一个底线"，这样既可以保证小学初中英语教育方面的启蒙，也制定了高中时期适用于学生的课程，分层去制订课程及分类选修、必修科目，并且经济发展水平高的区域是可以结合其本身的情况，编纂适用于本地学生学习的素材，表现出了在英语教育方面具体问题具体分析，因地制宜的科学政策。以上政策不但提高了学生学习英语的积极性，还总结了含有中国特色英语教学的现实经验，特别是不同区域建立的外语学院带动了各区域的英语学习。

到了 1988 年之后，九年义务教育方面的教学章程正逐步开始，俄语、英语、日语这 3 种外语的学习大纲得以制定。同时期，在相关的教育会议上提议了"与整体基础条件之下达到课程素材的全方面、丰富化"的策略，提倡有目的、有规划地进行小学、中学课程素材的编纂，促进授课革新的进程。依据这些政策，上海地区着眼于自身情况，形成了该地区自我发展的一套授课准则，在 1998 年便对小学、中学进行了课改革新。同年，我国 27 个省级以上的区域，都或深或浅、或多或少地进行了小学英语教育的授课，学英语的小学生有 483.2 万人。

（五）21世纪初

在20世纪末，我国的教育部门开始了一场基本教育授课素材的革新。此次为教育改革的关键举措，使得小学初中学生的教育在基于将来、基于国际的基础上走向当代、走向新的发展渠道。我国教育部高层领导关于教育改革曾说道："必须在授课系统、内容及构架方面成立适用于当代教育发展的新课改。"因此，教育部相关的组织不但发布了新的授课内容的规定，还对语数外重点的学科发布了适用于当下教育的规则，修改了6年教育计划的十个科目授课纲领。在21世纪初期，教育部就发布了关于小学生进行英语课程的相关建议，文中表示，要将小学英语的发展当作新世纪教育革新的关键举措。第一年，全国从省级以上城市到县级城市一步步展开了英语学习；第二年，县级以下地区的小学也开始英语学习。而学习英语的最低年级定为了三年级。并且和之前开展初中、高中英语教育一样，在省级以上的城市可以因地制宜，来制订适用于自身区域教育发展的英语计划。这个时期，我国的"双语教学"同样有了新的进步阶段，尤其在一些经济发展水平高的区域。上海地区领导关于高中生英语技能制定了相关的举措：重视英语、实现双语、追求多种语言。而达标的条件为完成高中学业的毕业生可以明白外国友人的表达，并且可以与其用英语交流沟通。

按照当下的实际情况来看，可以完成这一目标的占比有20%~30%，而且上海还拟订了一年计划：在全市范围内创立百所双语教育的机构。在2006年，我国建立了关于英语教学的研发机构，专为我国英语教育的发展进行策略、方针、举措等方面的帮助。在世纪交替时期，英语教育的授课形式及方式方法也进入了新的阶段。其中，交际法的出现并引入小学及中学的授课形式中，而在这个阶段，任务性质的授课方法及高效的上课技巧成为典型的研发果实。与此同时，教育部也发布了相关条文，按照条文内容踊跃地进行新课改并且在授课方面的工具上也进行了研究。并且，教育部针对高中生的英语分别从全日制和普通制两方面颁布了相关条文，目的在于培养高中生在英语方面的综合素质，不但在理论及能力方面分级，还在学习态度、方法及思想层面有了相应的目的和条件，而且把总目标计划从九个方面分级，每个方面都仔细地制订达标的条件。

而在授课目的方面，主张由单一化向全面化授课形式转变。新课改主张教育对象为广大学习的对象，进行普通化的教学，教学目的方面应该重视学生，提倡经过研究、配合及实践等方法培育学生终身学习的技能及创造能力。因为课改的原因，对教师自身的专业性也提出了相应的要求，因此师范教育也迅速起步。其中英语教师的培育更是变成了此阶段英语教学进步的对象。而培育教师的相关机构基于国外培育英语教师的丰富经验，拟定了关于小学、中学阶段英语教师级别的要求，此举措在摸索适用于中国自身教育发展的英语教师培育系统及评判系统的建立方面做了相关示范。

第二节　现代高校英语教学理论概述

要想更好地掌握高校英语，必须打好高校英语教育教学的理论基础。大学教学中的一门主要课程就是大学英语，它是中国大学教育构架中不可或缺的一部分，它存在的主要意义就是为了提高高校学生们的英语使用技巧和加强中国公民英语的应用能力，同时它还为社会主义快速发展的经济源源不断提供高层次精英。

一、高校英语教学的目标

（一）培养跨文化交流能力

随着新教学大纲（试行）的颁布、英语教学改革的深入，培养学生交际能力的意识越来越深入人心。但我们在英语教学实践中发现，尽管我们在培养学生听、说、读、写、语言技能方面花费了大量心血，但教学效果并不明显。通过分析，就会发现现行的围绕"听、说、读、写、译"等言语技能训练所编的教材及所采用的教学方法存在着一定问题。严格地说，目前大学英语教学还没有突破语言知识的掌握和言语技巧的训练的框架，学生所学到的更多的是语言表面的知识。

英语教学仅仅重视言语技能的训练是不够的，还必须注重交际能力的培养。通过现实可以发现，交际水平的提升不是靠日常的语言能力的锻炼就能达到的；交际水平的高低不仅和语言能力有关，同时和社会文化的水平和语境的适应情况以及实践技巧也息息相关。所以，要切实提高学习者的交际水平，在英语教学中不仅要对学生教授相关语言知识以及开展语言技能活动，还要加强学习者在开展跨文化因素的活动中语言水平和语言使用技巧等的专门培养和训练，以提高学生在特定的社会文化情境中的跨文化交流能力。

培养学习者能够进行不同文化间的交际水平就是英语教育的意义所在。英语教学存在的意义就是为不同文化间的交流打下坚实的基础。学习者除了要先熟悉英语文化，然后将自己所掌握的知识在一定的环境中进行转变，还要坚决地、主动地学习好本国不同文化的相关内容，并能熟悉掌握、灵活运用。然而，英文和中文之间的差别还是很大的，所以，在进行英语学习的时候会面临不同文化所产生的难题。为了更好地解决这些难题，在开展英语教学时就一定要加强文化方面的教学，即在教学过程中，相应地进行英语相关语言历史背景的教学。站在英语教学的立场来看，要想达到英语教学的最终目的，先要将语言知识以及言语技能等教授给学生，然而要想达成这个目标，首先还得加强不同文化之间的交际能力，先有达成目的的方法，然后才能实现目标。

（二）帮助学生理解英语

"教师使学生懂英语"这个过程仍然是一个使能过程，但不是使学生掌握技能和学习本领像开车和修理机器一样，而是使学生动脑筋，学习语言知识。学生的学习过程不是一个行为过程，而是一个心理过程，教学的中心仍然是学生。在这个过程中，学生是中心，是关键的参与者，而教师是帮助者和使能者。

因此，不是要教学生学会做事，而是要扩展他的思维活动，获得新的知识。教师的任务是提供学生所需要的一定量的知识。这里需要考虑的是"知识"一词，学习语言通常认为有两种方式：学习语言和学习语言有关的知识。在此，知识纯粹是有关语言的特点和运用的知识。但掌握语言知识也可以称为懂英语。它既表示学习英语意味着学会有关语言的知识，也表示学会说这种语言。这两种解释实际上代表了两种不同的教学模式。从第一种模式的角度来讲，学习知识只是让学生理解和记忆即可，而不必让学生去进行实际的操练和实践，其重点是心理活动；从第二种模式的角度来讲，学生不仅要理解和记忆所学的知识，还要学会语言的实际运用技能，学会把所学的知识运用到实际语言交际中去。同时，还要学会在一定的文化语境中，即在目标语文化中，从事所要进行的交际活动和学会语言要完成的交际功能，以及所要运用的语言知识。这样，教学的目标有两种：使学生学会有关语言的知识和使学生会讲这种语言。

（三）帮助学生学会英语

"教师使学生学英语"，在这一教学过程中，学生在教师的帮助下就可以实现这个目标。在这个过程中学生是整个活动的主角，教学都是围绕他们来展开的。教师就是一个传授者，可以采用各种各样的手段来帮助学生学习英语，例如，可使用各种各样的现代化技术和设备来帮助学生学习。

教学模式距我们现代教师对教学的认识十分接近。教师首先考虑的是学生，而他们自己的角色就是指导和帮助学生。但现在我们没有考虑的是学生的任务是什么性质的，是什么样子的，只是想当然地认为学生要如何学习，也就是说，对教学目标没有很好地进行限定。

从教学方法和程序来讲，教师把教学的主体变成学生，教师的角色只是帮助学生达到学习目的，应该说这是一个很大的进步。但这个过程所提供的是一种方法，并没有提供教什么。我们可以让学生自己学，由被动变主动来考虑学什么和达到什么目标的问题：这个教学过程的目标是使学生学会英语。以上所讲都是物质层面的过程，也就是说，教学的过程被看作是一种行为和动作，是做事情，是完成任务等。❶

（四）给学生传授语言知识

"教师把英语授给学生"的教学过程在此被视为一个物质交流过程。在这个交流过程中，主要的参与者是给予者和"礼物"，即教师和他所教授的语言，而学生的存在是偶然性的，他只是被给予的对象。从人际交流的角度来讲，教师像赠送钢笔等物品一样，把英语"给予"学生。在这种情况下，教师通常要教给学生们自认为"好"的英语，如"标准英语""文学英语"等。在这种交流过程中，教师处于绝对控制地位，学生则完全处于被控制的地位。所以，学生认为什么是好的英语是无关紧要的，因为他没有发言权。教学的重点是语言，实施者是教师，学生只是受益者，接近情境成分。这似乎是传统外语教学的模式。

教学的目标是教给学生自己认为是"好的"或者是"美的"英语，使学

❶ 蔡玲. 大学英语教学实践探索 [M]. 长春：吉林文史出版社，2021.

生学会标准的、高雅的英语。从方式来讲，教师在不停地教，而学生则只能不停地接受。至于他愿不愿意接受和能接受多少，教师不太关注，而关注的是学生是否在接受。教师通常被自己所选择的"美的"教学材料，或者是"美的"教学方式所陶醉。教师的快乐在于知道学生懂得了自己在课堂上所教授的内容并且欣赏自己的教学内容和课堂表演。

（五）学生的英语技能训练

"教师用英语教导学生"，从人际交流的角度来讲，这一教学过程的重点仍然是教师，学生是参与者，只是一个被动角色。他的参与受到外界因素的影响，受到教师行为的支配，他没有学习的主动权。但在这一过程中，教师不再是简单地像给予学生东西一样把语言传授给学生，而是使学生提高了技能，达到了教师的训练目标。从课堂内容的角度来讲，在这一教学过程中，教师通常提供大量的课堂训练和练习题，以及大量的考试。教学目标是使学生掌握运用语言的技能。

从教学方式来讲，教师主要给学生进行大量训练，开展很多活动，学生是这些活动的参与者和训练对象。这种教学模式既相似于传统教学法中教师主导一切的模式，又相似于模式训练法的教学模式，学生只是被训练的对象，自己没有主动权，所以难以发挥学生的主观能动性。这是一种结构主义和行为主义的教学模式。教师不是主要使学生学习语言知识，而是要获得语言技能。但这种技能不是实际运用语言的能力，而是一些语言模式，而且这种模式大部分是一些根据结构主义理论提炼出的语言结构模式，而不是根据情境语境中的语境模式而提炼出来的语言功能模式。

（六）学生的意义潜势发展

"教师使学生成为讲英语的人"，在此，教学过程被看作一个关系过程。教师仍然是一个使学生能够做某个事情（讲英语）的人，但他不仅是使学生能够做某个事情，而是使学生成为一个能讲英语的人。语言被视为一个"潜势"，称为"意义潜势"。教学的目的是使学生掌握这一潜势，使学生会用语言来表达意义。这显然既包括使学生掌握有关语言的知识，也包括使学生掌握语言表达的能力，学会用所学的语言说话。

通过对以上几种教学模式进行比较分析可以发现，教学过程主要被看作一个物质过程，是一种活动，主要参与者是学生和教师。即使是心理过程，教师也是一个使学生做事情的人，是一个控制者，而不是"感受者"。但在这个过程中，教师所起的作用是不同的。他可以作为控制者和行为者，学生是目标，也就是说，学生只能被动地接受教师所传授给他的任何教师认为重要的东西；教师也可以作为训练者，作教练，让学生做一系列活动和动作，他是指挥和指导者，学生是活动的进行者，是行为者。

教师还可以是使学生做事的人，他组织学生从事一系列学习活动。从这个角度讲，这几种模式有一个共同点，就是教师的作用越来越趋于向背景移动，而把主要角色让学生来承担。学生越来越成为教学活动的主角和中心。这是现代语言教学理论和方法发展的趋势。通过对以上几种教学目标的分析和比较可以发现，英语教学中的目标可以是：

第一，帮助学生理解英语。

第二，教师帮助学生学会英语。

第三，给学生传授语言知识。

第四，训练学生的外语技能。

第五，发展学生的意义潜势，但英语教学的主要目标是教授掌握外语的技能。

学习英语的相关知识是为了更好地使用英语，对英语的后续学习有一定的推进作用，然而它却不能取代英语技巧的锻炼。以全面性考虑学生以后的发展为目的的模式是现在最高目标，应该是培养学生的跨文化交流英语教学的最终目的的模式。

二、高校英语教学的基本原则

（一）任务型教学法的基本原则

任务型教学法是指"将任务置于教学法的中心，它视学习过程为一系列直接与课程目标联系并为课程目标服务的任务，其目的超越了为语言而练习语言"，即一种将任务作为核心单位来计划、组织语言教学的途径。纽南提出了任务型教学法的五条原则：真实性原则；形式—功能性原则；任务相依性原则；做中学原则；脚手架原则—给学生足够的关注和支持，让他们在学习时感到成功和安全。

任务型教学过程分为任务前阶段、任务环阶段和语言焦点阶段。任务前阶段包括介绍话题和任务。在这一阶段教师和学生一起探讨话题，着重介绍有用的词汇和短语，帮助学生理解任务指令和准备任务。这个阶段主要为学习者提供有意义的输入，帮助他们熟悉话题、认识新词和短语，其目的在于突出任务主题、激活相关背景知识、减少认知负担。任务环阶段包括任务、计划和报告。学生以结对子或者小组活动的形式完成任务，教师不直接指导。学生以口语或者书面的形式在全班汇报他们是怎样完成任务的，他们决定了或发现了什么，最后通过小组向全班汇报或者小组之间交换书面报告的形式比较任务的结果。这个阶段为学习者提供了充分的语言表达机会，强调语言的流利性，交谈中语言的使用应该是自然发生的，不要求语言的准确性。语言焦点阶段包括分析和操练。在这一阶段着重分析课文中出现的语言特点和难点。在分析中或者分析后教师引导学生练习新的词汇、语法并指出语法系统是极其有价值的。这个阶段的目的在于帮助学生探索语言系统知识、观察语言特征并将它们系统化，从而清晰、明了地掌握这些语言规则。

任务型教学的倡导者认为，掌握语言的最佳途径是让学生做事情，即完成各种任务。当学习者积极参与目的语言的练习时，语言也被掌握了。学生注意力集中在语言所表达的意义上，努力用自己掌握的语言结构和词汇来表达自己的意思，交换信息。任务型教学追求的是给学生提供大量的、尽可能丰富的内容，让学生明确自己的学习目标，并在交际过程中，合理分配注意力，从而使语言得到持续、平衡的发展。

（二）内容型教学法的基本原则

内容型教学法通过运用目的语言教学学科内容，把语言系统与内容整合起来进行教学。这种整合观是基于一种对语言教学的认识：只有同时给予两者相同的重视，而不是将两者分离开来，这样才能促进两个方面同时发展。而运用目的语言教学学科内容可以较理想地达到整合这两个方面的目的，其基本原则如下。

1. 直接学习语言结构

内容型教学将学生暴露于真实的语言输入中，目的在于让学生获得运用语言进行交际的能力。文本形式、教师的课堂语言的输入、学生之间的结对子活动以及小组活动都是内容型教学的信息源。但是，内容型教学认为，仅仅通过可理解性输入不是成功的语言学习方法，对真实文本中出现的语言结构必须采取增强意识的方法进行学习。

2. 教学决策建立在内容上

语言课程的设计者和教材的编写者在设计阶段面临的两个问题就是内容（包括哪些项目）的选择和排序（如何排列这些项目）。在传统的教学方法中，不少方法如语法翻译法、听说法，它们通常按照语法的难易程度编写：如一般现在时比其他时态更容易学习，在教材的编写和教学中自然处于优先学习的地位，根据此原则编写的教材和教学把容易学习的内容放在初学阶段。然而，内容型教学法颠覆了传统方法中内容的选择和排序原则，彻底放弃了以语言标准作为教学的出发点，而是把内容作为统率语言选择和排序的基础。

3. 整合听说读写技能

以往的教学法常常以分离的、具体的技能课，如语法课、写作课、听说课的形式进行教学。内容型教学方法试图在整合听、说、读、写四项基本技能的同时，将语法和词汇教学包含在一个统一的教学过程之中。由于语言交流的真实情景以及语言的交互活动涉及多种技能的协同，从而派生了这项教学原则。同样，内容型语言教学反对在课堂上主张先听说、后写作的教学顺序。它没有固定的、一成不变的技能教学顺序，相反，它可从任何一种技能出发。可以看出，这一原则是第一个原则的引申，是由内容决定、影响教学项目的选择和顺序原则的具体表现。

4. 学生积极、主动地参与教学的每一个阶段

自交际法产生以来，课堂的中心从教师转向学生，"做中学"成为交际语言学的基本原则之一。任务型教学是交际法发展的分支，它强调学生应在完成任务的过程中进行探索性、发现性的学习。同样，内容型教学也是交际法的分支，重视学生在参与学习的过程中积极主动地学习。

主张内容型教学的学者们认为，语言学习应产生于将学生暴露在教师的语言输入中；同时，学习者还可以在与同伴、同学的交往中获得大量的语言信息。因此，在课堂的交互学习、意义协商和收集信息以及意义建构的过程中，学生承担着积极的社会角色。在内容型语言教学中，学习者可以承担多种角色，如接受者、倾听者、计划者、协调者、评价者等。与学习者多重角色一样，教师也扮演着多重角色。他们可以是学生的信息源，任务的组织者，学习活动的引导者、控制者和促进者，学生学习活动的评估者等。

5. 结合学生的兴趣、生活和学习目标选择学习内容

内容型教学法的内容选择最终取决于学生和教学环境。教学内容通常与具体的教学和教育环境中的教学科目平行进行。因此，在中学阶段，外语教学内容可以来自学生在其他科目，如科学、历史、社会科学中学习的内容。在高等教育环境中，学生可以选修"毗邻"语言课。"毗邻课"是两个教师从两个角度教授同一内容，从而达到不同的教学目标的课型。在其他教学环境中，教学内容可以根据学生的职业需要和兴趣特点进行选择。事实上，对于哪些内容是学生普遍感兴趣或者直接相关的很难确定，教材的编写者、使用者都很难把握这一条原则。但是，由于每个内容单元的教学时间长，教师有大量的时间和机会把课程内容与学生的兴趣以及他们已经具备的知识结合起来。因此，让学生对所选内容感兴趣是内容型教学理论实现的重要基石。

6. 教学内容和任务的真实性

内容型教学的核心成分是真实性。它既要求课文内容的真实，又要求任务内容的真实。一首歌谣、一个故事、一段卡通都可以作为真实教学的内容。把这些真实的内容放置于外语教学课堂将改变它们原本的目的，从而服务于语言学习。同样，任务的真实性也是内容型教学的目标，任务必须与一定的文本情景结合，反映真实世界的实际状况。

（三）课程资源建设的原则

大学英语课程资源建设是辅助大学英语教学的重要举措，是学生开展个性化学习的前提。在建设过程中应坚持以下四个原则。

1. 经济性原则

在大学英语课程资源开发中，要力求用尽量少的投入开发最大量的课程资源，即实现低投入、高产出。经济性原则涉及经费、时间、空间和学习四个方面。经费的经济性指花较少的钱，甚至不花钱，就开发出可以服务于学生的大学英语课程资源，如从互联网上提取本校可以使用的英语资源；时间的经济性原则指立足于现实，开发那些适于当前大学英语教学的课程资源，不能等待更好的时机，否则就错过了最佳学习期；空间的经济性原则是指能就地开发的，不要舍近求远，同时也指课程网站的容量；学习的经济性主要指以兴趣为导向，开发那些能激发学生学习积极性的课程资源。

2. "学生为中心"原则

所有大学英语课程资源的建设都是围绕学生的英语学习动机和兴趣而开

展的，为学生创造良好的学习氛围，为学生努力学好英语铺路搭桥。不管是资源建设的决策和规划阶段，还是实施、检查和改进阶段，都要以学生的实际需求为出发点。不但要关注他们的知识类资源，还要关注他们的情绪类资源、问题类资源、错误类资源、差异类资源和兴趣类资源，尽可能让他们成为学习的绝对中心，成为知识意义的主动建构者，确保教材所提供的知识不再是教师传授的内容，而是学生主动建构意义的对象，媒体也不再是帮助教师传授知识的手段与方法，而是用来创设情境、进行协作学习和会话交流，即作为学生主动学习、协作式探索的认知工具。

3. 开放性原则

大学英语课程资源建设是一项长期的系统的积累工作，随着教学改革的不断深入、社会的不断进步和教师的专业化发展，已有的课程资源得到更新，新的课程资源得到添加，确保课程的正常运转。在资源建设过程中，建设者要以开放的心态对待人类创造的所有文明成果，以开放的目光审视周围的所有事物。

开放性原则包括类型的开放性和空间的开放性。类型的开放性是指不管课程资源以什么类型存在，只要有利于教育教学，都可以加以开发和利用；空间的开放性是指课程资源的地域性差异，不管它们是校内或校外、国内或国外，只要有益于学生知识积累、能力发展、技能提高，都可以加以开发和利用。知识经济是世界一体化的经济，资源的开放性原则是从地区到全球、从微观到宏观、从局部到整体，在不同层次上都要确立的一种基本原则。

4. 前瞻性原则

大学英语课程资源的开发与利用是与学生需求紧密相连的，受现有的课程和现实社会的实际需求推动。但从发展的角度来看，课程资源建设还是要与未来社会的发展联系起来。只有这样，才能够帮助学生更好地把握未来社会的发展趋势。建设者要具有前瞻性思维，密切关注社会的发展动态，注意吸收当前重要的、有影响力的、处于科技前沿的一些素材，在此基础上开发出对学生来说真正有用的课程资源，对学生加以引导，让他们逐步接受这些新东西，为学生以后的终身学习与可持续发展打下坚实的基础。

第三节　高校英语课程混合式教学模式构建与应用

　　《大学英语课程教学要求》指出，"各高等学校应充分利用多媒体和网络技术，采用新的教学模式改进原来的以教师讲授为主的单一课堂教学模式。"随着多媒体网络的发展，高校英语教学无论是在教学资源、教学内容、教学手段、教学组织、教学评价等方面都突破了单一性、平面化、物理性等特征，呈现了多维度、立体化的需求，体现为多模态的教学环境。随着信息化时代的发展，多模态的教学环境已经由作为传统简单的教学模式有益补充而逐渐成为突出、优势甚至主导力量。随着教学模式的改变，学生的学习方式也发生了改变。自主化、个性化学习和自我知识迁徙运用需求成为学生学习的重要手段和关键成效。微课因其自身微、小、精、深的特点，成为多模态教学环境下教学的重要手段，在制作过程中，如何激发学生学习动机、提升深度学习则至关重要。

一、多模态教学环境下高校英语微课设计

（一）多模态教学环境下高校英语微课设计原则

1. 激发学生的学习动机

　　如何在高校英语微课中激发学生的学习动机，满足学生的学习需求呢？约翰·M. 凯勒教授提出的 ARCS 模型从实践层面分析了动机的生成机制及其干预策略。该模型认为学习动机的生成依赖注意、相关、自信和满意这四个既具有层次递进性，又高度相关的动机过程。在选择英语某一主题或能力培养为内容制作微课时，首先，该内容要能充分引起学生的"注意"，动机得以激发；其次，该微课的学习内容要与学生的英语学习目标如学分、考试、考证、考级或后继发展"相关"，动机得以维持；再次，教师要使学生有信心通过微课顺利完成学习任务，并能够在英语的某种或多方能力层面得到发展；最后，"自信"得以提升，动机继续维持；"满意"是指学习结果符合预期目标，体验到成功的满足感，动机长期维持。因此，高校教师在制作英语微课的时候，可以参照 ARCS 模型来激发学生的学习动机。

2. 促进学生深度学习

按照安德森等人修订的布鲁姆认知领域教学目标分类，深度学习对应着应用、分析、评价、创造四个层次。微课不仅是"呈现信息""提供示范"，更要追求较高水平的"解释原理""设疑思辨"等高阶思维。多模态的教学环境下，教师和学生的角色发生了重大的改变。教师不再是单纯静态知识的讲授者，更是立体化教学的引导者、组织者、协调者、管理者、合作者等；学生不再是被动的接受者，而是主导、主体，是学习效果的最终践行者。教师应根据"可理解性输入"原则，基于学生的实际应用情况，有效调控可理解性输入，实现资源最优化配置，使教学内容具有实用性、趣味性和多样性。教师在教学内容选取、资源的展示手段、评价方法和方式等方面进行分析和革新。同时指导学生完成创造性的学习，完成深度学习所对应的四个层次。

（二）多模态教学环境下微课设计要素

1. 注重目标设计

进入高校后，对于非英语专业的学生而言，由于各专业在课程设置方面的需求，英语课程无论是在课时、学生人才培养中的重视度以及学生的自我关注度等方面都有所下降。而学生学习英语的期望度和心理要求也各有不同。高校英语微课制作的目标是调动学生的学习需求、激发学习兴趣、引导学生进行深层次的学习，基于约翰·M.凯勒教授的 ARCS 模型，教师在进行教学目标设计时要充分分析学情，既要考虑生源、学生英语既有基础、语言学习习惯、心理预期、刺激和鼓励机制、评价和自我满足等方面的因素，还要体现内容的梯度性和延展性，英语知识的连贯性。对英语听、说、读、写、译的侧重性，以满足学生自主化的学习需求，调动学生的参与意识。在设计与英语能力相关的"问题"时要考虑问题或知识点在整个英语课程或体系中的地位。如在训练学生关于听力中的"省音与吞音"时就要考虑该微课设计在整个学生听力能力提升中的作用、学生为什么要学习该内容、学生如何在听说表达中运用以及其对学生的英语综合能力和跨文化交际能力培养的作用，这样的微课才值得耗时费力去完成。只有目标定位准确、目标完成顺利、目标评价有据、目标实现手段合理的微课，才能激发学生的学习兴趣，维持学习动机，最终实现深度的学习目标。

2. 丰富内容设计和情境设计

教师在英语微课中基于解决某个特定语言"问题"的促使下，针对"问题"，要考虑学生的多媒介学习心理、深浅度学习习惯、语言习得要求和个性化自主化学习等各个方面。在内容的选取方面要有层次性、关联性和趣味性，以便学生完成知识的迁移和运用。如在对学生英语应知应会能力培养关于微课制作时，在内容设计上可以选择基数词、序数词、小数、分数、百分数为基点逐一介绍，该模式更多地调动了学生在浅层学习中所习得的知识，在微课辅助下进行集中深化，促进深度学习；也可以选用基数、小数等几个内容，采用音频、视频、图片、动画等方式深入，透彻、精、小、碎片化，内容要精致，不是浅层识记的快餐式内容，而应是精心制作，这样的微课内容在选取上体现的手法更多样化，更能够维持学生持久的关注度。此外，微课制作时要把英语学习任务放在相关的情境中来完成，以体现学习内容。可以选取与学生专业、课程甚至微课问题相关的仿真或模拟社会或心理情境，增强学生的参与意识和心理认同感，激发学生解决问题的兴趣；如在上述微课设计中，可以选取与学生日常生活相关的生活情境，如宿舍生活，或选取涉及数字的影视为内容的社会情境来调动学生的多模态参与意识，在情境中完成数字学习任务。情境的设计要注重：其一，情境设计要与微课的内容密切相连，把教学内容放在仿真的模拟情境中充分调动学生学习兴趣；其二，情境的设计要反映学生的心理特点，符合学生的心理发展水平；其三，情境的选用要有启发性，有利于学生的思辨行为；其四，情境的选用要有完整性，要按照"发现问题—提供策略—解决问题—避免问题"的思路开展，这样才能使学生在浅层学习中所得的知识运用于解决问题中，通过理解和思辨达到高阶认知，实现深度学习的目标。

3. 有效结合活动设计和交互设计

微课应更多考虑学习过程，通过设计有效的学习活动支持学习者对学习内容的深度认知。高校英语教学中，传统的课堂活动包括任务的角色扮演、分角色朗读、对话、师生问答、生生问答、音频、视频模仿等。而在多模态教学环境中，要调动多个器官的参与，因此，活动的内容会更加丰富，体现了人际交互、人机交互、内容交互、人与界面的交互、人与媒介的交互等交互内容，因此在多媒介情况下要加以充分利用。如在以训练学生听、说及跨文化综合运用能力为主要目的的"Booking Hotel"微课设计中，可以设计多种形式的学习活动，如设疑、角色扮演、视频导入、动画模拟、人机互动等，让学生参与整个宾馆预订的过程。在基础词汇和常用表达模块，可以调动学生浅层习得的内容，采用小游戏、积分奖励等方式完成，而对于预约过程，采用视频学习、小组互动等多模态的形式来完成；而在知识迁移运用方面，可以设置活动，让学生采用实地演练、拍摄、剪辑等方式来完成。基于交互设计的基础上，学生的活动设计应包含三点：① 探究学习活动。微课是学生的自主化学习，探究式活动最能调动学生的兴趣；② 交流学习活动。学生在学习过程中可以完成师生、生生交流，线上、线下和面对面交流；③ 评价学习活动。学生只有通过合理有效的评价活动，才能检验学习效果，完成知识迁移运用，实现深度学习目标。

4. 优化资源设计和界面设计

多模态教学环境下，高校学生的英语学习过程中更多地体现为混合学习和移动学习。资源庞杂丰富，体现为碎片化、微型化、主题化和媒介化。针对英语某一主题、问题、教学环节或语法、词汇、结构等知识点的微课，还要为学生的延展性思维提供更多的辅助资源，如在线课程、网络资料等。教师在资源选择时要基于专业知识和教学敏感度对资源进行筛选、监督及协调。在资源选择上，既要有为满足学生浅层学习的基础词汇、短语、语法等，更要有提供相关的可以促进学生深度学习的拓展性和迁移应用知识。总体而言，在资源设计方面，要体现在四点：一是针对性；二是关联性；三是深入性；四是迁移性。此外，还要为学生提供质疑、求解和交流的线上线下交流平台、用于形成系统化知识体系的学习平台等。

此外，在高校英语微课的界面设计上，依据 ARCS 模型和认知负荷理论，微课的界面不仅要美感，更要能够激发学习者动机、符合学习者的认知规律。对于需要特别提醒和标注的重点知识采用加粗、下划线、自动化定义、颜色等手段来强化学生的瞬时记忆能力和深度理解能力。在界面设计上要遵循手段服务内容的原则，对于重点内容，采用特殊的界面操作也是吸引学生关注的重要手段之一。

5. 完善评价设计

高校英语微课制作无论是涉及学生听、说、读、写、译或以体现跨文化交际能力提升为目标的综合能力方面，都是为了促进深度学习。因此，在评价设计上，要包含学习过程、学习结果以及奖励激励性等评价。评价的方式必然包含教师评价、生生评价、互评、自评等。评价设计内容既可以回顾应用学生在浅层学习中所获得的机械记忆知识，如词汇、语法基本结构，更要能使学生针对具体化的、深入化的问题进行质疑和反思，从而体现微课设计思路，而非知识点的罗列。评价可以通过配套的线上测试、线下测试、课内展示、讨论、交流、知识的迁移运用等形式进行。最后，通过奖励激励评价体系，如在英语课程内通过积分换取学分等方式完成对学生的激励和奖励。

高校英语要提高学生听、说、读、写、译的全面能力，要求多模式的教学环境以调动学生的各个感官和各种意识、情绪的参与，体现不同的心理活动，因此高校英语微课顺应了多模态教学环境的要求。而多模态的教学环境则促进了高校英语微课的发展。高校英语微课的终极目标是促进学生的深层学习，培养学生的高阶能力。但是在制作的过程中要把浅层学习所获得的基础及机械记忆知识，如词汇、短语、基本语法结构、篇章阅读技巧等进行关联和深化运用，在内容选取、资源设计、评价手段等设计要素上更是要紧密围绕以激发学生的学习动机、满足学生的自主化学习需求为主要目标。在微课设计中，如何满足针对不同学生的个性化学习，如何使微课的设计真正把浅层学习和深层学习结合起来，则是值得高校英语微课制作者思考和探究的问题。

二、信息化背景下高校英语微课教学方法

信息化时代为高校英语教师带来了海量的资源和全新的教学方式，微课就是其中应用较广的一种新型教学方法。微课这一概念最早的提出者是美国的教学设计师戴维·彭罗斯，其理论基础是在短时间内运用构建主义来组织教学，为线上学习或移动学习服务。近年来，微课在我国高校英语课堂上被大量运用，且已取得良好的实际运用效果。微课的具体形式是以线上网络教学视频为主，在5~10分钟的时间内针对某一个或两个知识点进行仔细解读。微课教学目标明确，课程短小精悍，知识点明确清晰，可以帮助学生在课堂上快速掌握对应的学习要点。微课具有良好的实际应用效果，而且教师在实施微课教学前可以针对学生的学习状态，设计目标明确的微课内容，进而实施高效教学，从而提高学习效果，提升教学效率。

微课教学与传统的教学方式存在一定的差异，但是两者不是截然不同、毫无关联的，微课的教学内容与传统的教学资源具有明显的联系。要进行高效的微课教学，就要充分研究传统教学过程中使用的资料与内容，进而为微

课教学提供必要的信息支撑。

（一）英语微课教学的特点

1. 教学目标明确

高校英语教学内容包括单词、语法、课文结构、文化背景等多个层面。教师在准备微课时，既要掌握学生在学习过程中遇到的困难和困惑，又要突出英语教学的某一个层面。例如，如果教师选择单词层面来制作微课，可以针对某一个单词在不同语境中具有不同的含义来制作一系列微课，以此来强调该单词在不同语境中的用法，既可以节省上课时间，又可以加深学生对该单词的用法掌握，教学目标明确，从而达到良好的教学效果。

2. 教学内容简明扼要

微课的最大特点就是"微"，它的教学时间在 5~10 分钟，教学内容具有高度的集中性。一般一次微课在应用过程中应基于高校英语教学的某一知识点或者某一教学层面，所以微课教学时间短也凸显了其教学内容具有简明扼要的特点。

3. 教学资源丰富

微课一般以视频作为载体，可以借助大量内容丰富的网络资源，并根据学生的需要选取、制作视频课件，这就极大地保证了微课教学的丰富性与多样性，有助于保持学生对高校英语学习的热情，进而提高学生的学习效果。此外，以多媒体形式展现的微课有助于学生在课堂上进行集中学习，实现对重点知识的快速掌握。

4. 教学具有互动共享性

微课以简短的视频呈现，对学生而言具有强烈的吸引力，大多数学生在微课的吸引下，会全面投入高校英语课堂教学，有助于提高学生的课堂参与度，有助于教师在课堂中与学生实施有效互动。此外，教师可以和学生分享具体的微课资源，这样，学生就可以在课余进行自主学习，进而提高学习成效。教师还可以利用微课与学生随时沟通交流，结合学生对微课的反应及时调整自己的教学节奏，进而提高微课教学的科学性和有效性，保证学生高效优质地学习。

（二）在高校英语教学中实施微课教学的意义

1. 微课有助于学生的自主学习

一些学生的英语基础比较薄弱，在学习过程中会遇到很多问题。这些学生在大学英语课堂教学过程中往往难以跟上教师的节奏，对其中很多知识点一知半解，难以有效掌握相关的学习内容，不利于英语学习成绩的提高。微课恰恰可以通过一种崭新的学习模式来解决这类学生的问题。教师在课前准备过程中，可以基于学生的英语实际水平，结合学生的学习需求，制定具有针对性的微课学习内容。微课的内容虽然较少，但是具有高度的集中性和针对性。学生通过对微课内容的仔细学习，可以在较短的时间内掌握一定的学习要点，进而全面提升学生课堂学习的效率和质量。此外，学生可以根据自己的需要向教师寻求对应的微课教学资源，然后在课余时间进行自主学习。学生在课堂上未能完全掌握的知识点，在课后结合微课资源反复学习，直到完全掌握，这样可以满足学生的个性学习需求。学生通过自主学习不断提升自身的英语水平，进而增强英语学习的信心和热情。微课能够促使学生的学习进入一个良性循环，最终达到全面提升学习效果的目的。

2. 微课有助于教师实施课堂教学

传统课堂需要英语教师对教学重点进行讲解和考核。这样教师的时间和精力被大量消耗，很难对学生实施个性辅导。微课教学的出现为教师带来全新的教学方式，教师利用微课引导学生进行学习，还可以留下时间为学生答疑，并对个别学生进行有针对性的辅导。教师还可以把自己的微课视频上传到互联网上，让更大范围内的学生、教师、专业人员观看并点评自己的课堂教学，并通过微课平台实现与其他教师沟通交流的目的。教师在这个过程中不断提升自己的教学水平，发现教学中存在的问题，进而实施有效的改进措施。这对于教师全面提高自己的教学水平具有重要作用和意义。

3. 微课教学有助于提高课堂效率

微课的出现改变了单一枯燥的传统教学方式，为学生展现了一个全新的学习世界。由于微课教学主要依托互联网，这种教学方式可以有效激发学生学习的主动性和积极性。而且微课在较短的时间内集中讲解一到两个知识点，可以让学生具有明确的学习目标，进而在相应的时间内完成相关知识的学习和掌握。这种学习方法与之前的大范围课堂教学比起来，可以有效提高课堂教学效率，使学生在有限的时间内掌握更多的知识，为学生英语成绩的提高起到良好的促进作用。

4. 微课教学有助于促进师生之间的沟通交流

微课教学主要利用互联网完成，学生可以利用微课充分掌握教师的教学风格。学生在进行微课学习之后可以向教师及时反馈自己的学习感受，将自己在学习过程中难以完全理解或者掌握的知识点向教师反映，还可以提出对微课改进的建议，微课教学给师生之间的沟通交流提供了一条全新的渠道。通过学生的学习及反馈，教师可以找到最有效的教学方式，促使微课课堂达到最佳的教学效果，从而在整体上提高高校英语课堂的教学效率和教学质量。

（三）高校英语教学中应用微课的教学方法

1. 合理选择录制方式及内容

微课的视频录制是教学进行的关键，一般来讲，微课的录制方式主要采用图片或者视频，或者兼有图片和视频。在具体的录制过程中，教师首先要对学生的学习状况进行全面的了解，在充分了解学生在学习过程中遇到的困难以及对微课教学的期待之后再录制微课。教师在录制视频的过程中可以结合具体内容进行一定的解释和强调，对于微课学习中的重点知识，及时提醒学生做好笔记或仔细听讲。图片在微课中运用较少，但是图片具有良好的直观性，可以将学习内容呈现给学生，促使学生进行直接的学习。在具体的微课教学过程中，最好将视频和图片两者进行有机结合，进而达到更好的微课效果。这样的方式能够为学生带来内容丰富多样的、富有吸引力的教学内容，激发学生的学习热情，使其在微课学习过程中达到更高的学习效率和学习效果，促进学生英语成绩的全面提高。

2. 把握微课教学的特点

微课教学的特点是只有通过在课堂上对某个教学重点或者难点进行集中教学，才可以提高学生的学习效果与掌握程度。因此，教师在运用微课进行教学的时候，应掌握教学重点难点，根据教学需要播放对应的微课教学视频；在不同的教学阶段应使用微课建立英语知识结构体系，实现不同的教学目标。在微课教学过程中，教师还要保证学生的教学主体地位，教师只是课堂的组织者和引导者。教师需借助现代计算机技术和信息技术，不断拓展课堂教学方法，进而发挥微课教学的优势与作用。

3. 设计微课教学环节

为了全面发挥微课教学的巨大优势，教师需要对微课教学环节进行精心设计。先要为微课学习确立有针对性的教学主题和目标，结合学生的学习实际，设置教学的具体步骤与过程。同时，鉴于微课的短时性，教师在运用微课教学的时候，需要快速切入要点，进而促使学生快速进入学习状态，有效强化教学效果。采取多种教学方式，如切入要点、设置问题、复习知识等。还可以根据教学需要引入学生生活中的生动情景来提高学生对微课学习的热情。无论用何种方法，话题的引入需要凸显出教学主题，为后期的教学开展和知识传授奠定坚实的基础。微课的应用需要教师设置一个清晰的教学思路，为学生构建一个清晰的英语知识结构，在每个学习阶段为学生呈现不同的教学内容。每个教学环节都是整个知识体系中的一个方面，通过微课的学习，在学生头脑中形成一个完整的英语知识体系，加深学生对英语学习内容的理解，最终有效地提高学生的英语成绩，保障大学英语课堂教学的质量与效果。

三、"手机微课"在高校英语教学中的应用

随着信息技术的迅速发展和智能手机的应用普及，学生的学习方式和教师的教学方式都发生了巨大的变化，传统的英语课堂教学已经无法满足当前的教育需求。以建构主义理论为指导，通过对移动手机学习和微课的特点进行分析，研究如何以手机为终端，系统而科学地构建微学习环境，开发微学习的形式和策略，以期为手机微课在高校英语教学中的开展提供参考。

(一) 手机微课的理论基础

社会建构主义教学论的核心思想认为学习是一种主观能动的知识建构，是与社会环境进行互动的过程，明确强调了外在环境和社会因素对认知的作用；强调学生是课堂学习的中心，知识构建的主体，而不是知识被动的接受者，在信息加工和知识构建过程中起着关键的作用。教师在知识的构建过程中起到引导者和发问者的作用，在一定的情境下通过协作、讨论、交流帮助建构意义，而不是单向的知识传输。同时，建构主义学习理论强调通过意义建构获得，而知识的建构来源于活动与学习情境互动。更加强调学习的主动性、社会性和情景性。因此，学习的过程不仅是简单的知识内化，而且是在特定的环境下社会互动的结果。手机微课的学习方式和建构主义学习理论具

有一致性：学生技能的获得不是简单通过教师传授得到，而是通过真实情境的创建，促使学生的学习内容和学习方式与外在情境发生有效的互动，从而激发学生的学习兴趣，达到更好的学习效果。所以手机微课在高校英语教学中具有巨大的发展空间。

微学习指的是学习者主动通过现有的、便捷的手持终端获取片段式学习资源，快速解决问题的学习方式。微课是微学习的具体呈现和应用。微课是以网络为传播途径，以微型视频为授课方式，由学生自主学习。"微课的出现是教育资源建设之重心由助教向助学转变的重要契机。"21世纪是信息时代，手持终端的便捷性和普遍性，信息传播途径的多样性为手持终端微课的可行性打下了坚实的基础。

（二）手机微课的优势分析

传统的高校英语教学以课堂学习为主要学习方式，而课堂教学时间有限，方式比较单一，内容比较单调，知识更新不及时，导致学生学习兴趣缺乏，效率较低，个性特点无法呈现。手机微课可以从根本上改进当前的英语教学，主要体现在以下方面：

1. 以学生为中心，提高学生学习的主动性和自主性

以学生为中心是高校英语教学的至高原则。学生基础参差不齐，接受能力也存在一定差异，因此，通过课堂学习达到预期的教学效果有一定的客观限制。而微课的出现可以在一定程度上改进目前的教学情况。微课是一种提供给学生自主学习的教学资源，既可以作为课堂内容的有效补充，也可以满足学生的个性化需求。教师可以在课前通过手机终端或者计算机登陆，将微课视频上传，学生通过手机终端提前预习，可以极大地提高教学效果。

2. 英语教学更具延展性、开放性和整体性

利用手机终端的学习模式能够有效地利用碎片式时间，不受时间、地点的限制，可以实现泛在学习，比传统的课堂学习更具延展性和开放性。学生在课堂上没有消化吸收的知识可以通过存储微课资源继续进行课下巩固。微课短小精悍，言简意赅，比传统英语课堂更加高效便捷，教学方式更加灵活，可以与进行碎片式学习的手机终端结合，可以达到更为显著的教学效果。

3. 充分利用网络资源，使英语教学也能够实现与时俱进

随着信息技术的迅速发展，网络教学资源日益丰富，而且更具热点性和时效性。英语教学主要从学生的听、说、读、写、译五个方面着手，网络资源的充分利用可以达到全方位的教学效果。例如，可以通过语音合成软件将新闻、故事等转换成音频文件，安卓程序生成器生产图片集和视频集等多媒体应用程序，以制作微课内容。同时，丰富的资源可以激发学生的学习热情，促进教师与学生的垂直性和交叉性互动，增强教学效果。

（三）手机微课的设计原则

在微课设计方面，要以学习目标为指导，充分考虑到学生的学习模式，精心设计微课内容。同时也要考虑到高校英语教学的实际情况。"教学设计、创意和教师的教学智慧才是微课设计和开发真正重要的东西，它才是微课的生命力所在。"因此，高校英语手机微课的设计要满足以下几个原则。

1. 以学生为中心开展互动式教学，实现个性化教学

在微课的设计当中，教师必须从学生的角度来考虑。微课是以学生自主学习为主，因此要充分考虑到学生的学习目的和学习方式。"学生的学习目的是解决问题，微课可以结合学生的兴趣点、疑惑点、困难点，把教学内容分解为一系列小问题，顺着学生的问题思路展开内容讲解。"例如，学生在英语学习中的词汇、语法本身具有独立性，都非常适合通过手机微课的形式体现。将抽象的词汇和语法知识点具体化、可视化，制作微课视频，学生可以充分利用碎片化时间，将本身零散的知识串联。同时，微课设计的提问环节，教师必须深入了解学生的兴趣点，从他们最关心的问题着手，结合切身实际增加学生的参与性。

2. 手机微课的内容设计必须简洁连贯、生动活泼

手机微课是以视频为载体的教学资源，在内容的选择上必须突出视频资源的优势。视频主要通过图像和声音以连续的动态方式呈现。随着信息化的普及，网络为我们的教学提供了丰富的资源，同时，教师可以根据自己的教学内容和教学对象的实际，自主设计更具方向性的视频内容并应用于手机微课。考虑到手机微课使用的是碎片式时间，微课内容必须短小精悍，生动有趣，能够在短时间内达到教学效果，同时，各微课之间也要实现内容的连续性，达到知识系统学习的目标。

3. 手机微课注重情景的创建

建构主义注重学生的学习活动与外在情景进行有效的结合和互动，手机的移动学习，尤其是通过微视频的学习可以将学生的所学知识与社会情景融会贯通，促进知识的内化和意义的建构。英语学习主要是语言文化的学习，在微课视频中加入生活情景和社会实践，可以带给学生身临其境的感觉，增强记忆并且更具实践性。

（四）手机微课在高校英语教学中的课程设计

手机微课的课程设计可以从学生终端、教师终端和智能移动学习平台三个方面入手。教师和学生都可以用智能手机登录，并进行视频上传和播放，同时教师和学生可以通过互动平台进行交流，实现手机终端与微课的有效结合。以下将以清华大学出版社出版，胡扬政主编的《现代酒店服务英语》（第2版）第一单元"前台服务"为例阐述手机微课的呈现形式。

课前，教师将学习任务通过网络平台提前告知学生，将学习内容上传，让学生对于所学内容先有所了解，并且将课文中的重点词汇发送给学生，教师可以通过语音合成软件将词汇合成语音供学生听力训练，也可以将词汇知识设计成微课形式加深理解，学生通过手机终端先进行预习。教师通过网络平台检测学生的课前学习进度，之后将课堂主要讲授内容以微课视频上传。内容主要为"服务流程"，烦琐复杂的内容均以微课予以呈现。微课视频的设计必须体现情景创建的策略。多项研究表明，教学中采用情景创建和案例教学的效果非常显著，而微课可以与案例教学完美结合，更具故事性和趣味性。教师应尽量避免按部就班地罗列酒店英语常用句型，而是可以在微课中设置人物，将以上两部分知识以故事方式展开，创建更为真实的情境，从而达到知识的建构。

学生通过手机终端，在学习过程中对微课视频进行标注，实现标注和微课视频的结合，同时对微课进行提问和评价，教师通过互动平台进行回复，满足学生的个性化需要，改革传统的课堂教学模式，积极构建学生对于英语学习的认知。课堂上，教师通过微课反馈结果来总结分析学生在预习阶段对于微课视频提出的问题以巩固学生的学习效果。鉴于酒店服务英语的实用性，教师可以鼓励学生自己制作微课视频并上传至网络平台，以实现资源共享。"视频的优势并非传递抽象的文字信息，而是传递具体、直观的图像信息，特别是连续动态的图像信息。"学生对于视频的制作普遍有很大的积极性。同时，教师通过平台上学生的反馈可以对学生的学习状况合理评价和监控，实现与学生的实时互动。

微课作为课堂教学的有效补充和延续，可以利用更加丰富的教学资源，充分发挥教师的创新性和学生的自主性。与手机终端的有效结合进一步增强教学效果。

四、微课背景下高校英语一体化教学模式探索

（一）微课在高校英语一体化教学中的运用

微课在高校英语一体化教学中的运用通常分以下几个步骤进行：

首先，在课堂教学导入时，使用了最新的微课形式来进行大学英语课程的导入，教师在进行英语教学前，主要与学生观看微课视频的，和学生一起了解课程，通过微课来确定本堂课的学习计划。微课背景下的教学信息内容丰富。对微课背景下大学英语一体化模式的构建并不容易，大学英语教师和学生之间要通过建立微课平台学习系统，完善微课背景下的教学形式，建立一体化教学模式，明确学习任务，开展学习活动，让学习更加具有针对性。

其次，微课在高校英语一体化教学中的运用有较好的基础。随着科学技术的发展和智能终端产品的开发，很多大学生都配置了智能终端设备，电子化的学习手段运用基础条件较好。很多大学生对信息化的多媒体终端设备兴趣较强，他们会比较喜欢使用多媒体进行学习，因此使用移动设备进行学习能够有效提高学生的学习质量与效率。微课背景下大学英语一体化教学模式的构建要关注微课背景下教学体系的构建，建设者应仔细设计英语学习系统和学习材料。完善英语移动学习系统，在微课背景下教学体系的构建应包括以下几个部分：听、说、阅读、词汇、语法等模块，对测试部分要加以分析，要做好问题的回答。教师应根据自己的教学内容做好教学设计，准备独立的教学学习内容，让学生能根据自己的需要和水平制订学习计划。

最后，大学生进入校园要逐步适应大学的学习生活，在学习技能及学习方法方面不断适应和提高，随着学生学习技能的提升，学生的英语知识水平会有较快的进步。微课背景下多元化的教学方式能满足大学生更加广泛的需要，微课背景下让信息获得的差异化特点更加明显，微课背景下的信息内容丰富，以广博的英语教学内容让学生有更多的选择，轻松引导大学生理解英语信息内容，以提高英语教学内容获取的效果。教师在进行英语教学中，学

生接受信息的多样性、便利性和灵活性特点更加突出，要借助丰富的微课教学模式丰富教学内容，对大学英语的语法、词汇、阅读、写作等进行全方位一体化的讲解，将大学英语知识与微课教学模式结合在一起，形成系统化的教学设计，以提升大学生英语学习的学习效果，也能使学生的综合能力得到锻炼与提高。要做好微课背景下教学硬件设施建设工作，高等院校要加快无线校园网的建设和使用，让校园内的大学生不受网络限制，可以在智能手机终端或电脑终端随时随地打开教学平台进入教学系统进行学习。微课背景下的课程要适应时代的发展，要有充分的学习价值，更要具有针对性和可看性。当前在校大学生通过互联网、智能手机等终端随时随地获取知识，获得现代信息带来的便利。微课背景下大学英语教学模式转变要依靠互联网、手机等媒体进行传播，大学生在之前十多年学习中已经形成了相对独立的学习能力，获得了一定的学习方法，具有解决问题的方法，通过双向互动与师生进行讨论，从而达到对知识掌握和理解的目的。

与此同时，教师在进行微课视频的拍摄过程中，要对微课视频进行全面的分析，根据大学生的特点制作教学视频，同时还要考虑各知识点的具体情况进行统一的规划，以做好微课视频的拍摄工作，将PPT、音频、视频等多媒体技术手段运用到微课后期制作中，以提升教师的综合教学能力。

(二) 基于微课的高校英语一体化教学模式探索

由于班级教学时间有限，微课的教学课件以短小精悍为主，因此，在对微课教学模式进行设计时，教师需要做到以下几点。

1. 坚持从学生专业需求出发

微课背景下的大学英语一体化教学模式的推行中，教师的教学设计应能结合学生在微型课程设计中的专业特点。教师在微课课程内容设计上，可结合专业特色设计课程内容。课程教学应以学生的专业为基础，不同专业有不同的培训计划，课程安排上的侧重点也有所不同。一些专业更专注于培养学生的语言交流艺术，一些专业专注于学生的技能提升。教师可以通过视频、音频、文字等不同形式的微型课堂进行教学。因此，还要求教师在设计微型课程时，要根据专业和项目的具体需要和目标选择合适的微课表达形式，在大学英语教学实践中，教师可以设计其微观内容。在课堂教学过程中教师可在上课前做好微课的准备工作，同时可以模拟英语实际的会话场景，使学生在教学背景下，能够更直观和形象地学习英语。

2. 从完成工作任务出发设计和应用

微课背景下的大学英语一体化教学模式的教学设计要结合大学生的专业特点、工作要求及英语课程教学内容设计微课程内容。在教学中教师还应遵循上述特点选择微课教学资源。由于时间有限，课堂教学和大学英语教学往往采取大班教学的形式。在英语相关知识的应用中存在一些困难，长期积累将对学生学习英语知识和专业技能产生一定影响。通过大学英语一体化教学模式的构建，应用微观课程，学生可在课堂教学之后重点关注自己的问题。在英语教学过程中，教师可以在课前教学、引入微观课堂、课后回顾这三个环节做好教学工作。整个教学过程分为小型教学班组，帮助学生解决自主学习和集体学习中的问题和难题。引导学生通过应用微课堂学习知识，完成教学任务，提高英语综合应用能力。

3. 将提升学生英语工作能力作为完善英语一体化教学模式的设计目标

对于一些英语专业的毕业生，他们需要在工作中使用英语口语进行沟通交流。这要求这些学生在大学英语学习过程中将英语专业教育与工作的要求结合在一起，有针对性地学习。在微课背景下的大学英语一体化教学模式下，教师应根据学生的专业特点、工作要求和学生的学习特点，有目标地设计英语课程。由于大学生对新鲜事物有较强的好奇心，大学生的业余时间大多都会放在终端设备的使用上，因此在上课前，教师要通过网络和 App 终端管理系统提前发布教学任务和内容，让学生能够在业余时间做好课程预习，教师应使用微课堂给学生加以指导和启发。微课背景下的大学英语一体化教学模式建立了教师监督和学生反馈意见的平台，教师可掌握学生的学习情况，为学生提供指导，从而有效地提升学生的自学能力，提升英语应用能力。

随着科学技术和互联网技术的发展，笔记本移动设备和智能手机的使用量在不断增加。在现代高校英语教学中使用智能终端设备和互联网技术开展教学活动已经逐渐成为教学的新趋势。微课背景下构建了大学英语的一体化教学模式，提高了英语学习者的学习兴趣，提高了英语学习的积极性，让教师发挥了更大的教学积极性，提高教学质量。微课背景下大学英语的一体化教学模式让新的教学方法层出不穷，有效地提升微课背景下大学英语的教学效果，使用一体化教学模式，为大学英语的教学发展探索了新的途径。

第二章 混合式学习理论模式下的高校英语听力与口语教学

混合式学习理论模式是一种结合线上和线下教学方式的教学模式，它旨在通过整合不同的教学方法和技术，为学生提供更加个性化、更加灵活和高效的学习体验。在高校英语听力与口语教学中，混合式学习模式可以发挥重要作用，提高教学质量和学生的学习成果。

第一节 现代高校英语听力与口语教学现状内容与目标

在当今经济和文化全球化发展的时代，英语作为一种工具和媒介，在国际交流和信息传输过程中彰显出了越来越重要的作用，英语听力能力成了现代新型人才必备的基本素质。听力教学是英语听力能力提高的最快途径，在现有条件下，将传统教室中的面对面学习和网络在线学习相结合的混合学习方式在听力课程中推广，对促进听力教学具有现实意义和指导意义。

一、高校英语听力教学现状分析

（一）高校英语听力教学的现状

英语听力教学的现状主要有学生畏惧听力、听力基础薄弱、教学模式单一、缺乏适度引导、教材现状不佳等。下面主要针对这几个现象进行说明和分析。

1. 学生的现状

（1）畏惧听力

听力是一种综合的语言能力。听力技能的培养涉及理解、概括、逻辑思维、语言交际等能力的培养。但在实际英语听力教学中，很多学生因为跟不上语音材料的语速，且思维缓慢，不能使听到的语音转化为实际的意义，因而听力效果不佳。也正因如此，学生对听力学习总是心存畏惧。

（2）听力基础薄弱

学生听力基础的薄弱体现在三个方面。

① 英语基础功底差

很多学生即使到了大学阶段，所掌握的词汇量、语法仍然十分有限，对语音的识别能力还很欠缺。这些都直接成为听力的重大障碍。

② 缺乏英美文化知识

听力材料中不可避免地会包含一定的文化信息，而学生对英语国家的历史文化、自然地理、风土人情、思维方式、行为习惯等不了解，就势必会影响听力的效果，甚至会产生错误的理解。

③ 不良的听力习惯

中国的英语教学具有很强的应试性，这种环境不利于学生养成良好的听力习惯。另外，学生在课外也很少练习听力，因而导致他们的听力能力欠佳。

以上这些听力基础的欠缺积累在一起也会导致学生产生怕听的情绪。

2. 教师的现状

（1）机械的教学模式

当前中国英语听力教学多采用"听录音—对答案—教师讲解"的教学模式。这种模式下的听力教学不仅缺乏对学生的有效监督，而且忽视了学生对于语篇的整体理解，只是毫无目标地、机械地播放录音，一遍不行就放第二遍、第三遍，教师盲目地教，学生盲目地听，丝毫无法产生兴趣，教学效果自然不佳。

（2）缺乏适度引导

在应试教学的影响下，英语听力教学也多是围绕考试这个指挥棒而转的。教师大多将教学重点放在如何应付考试上，以考试的方式训练学生的听力能力，而不对学生做任何引导就直接播放录音。这就很容易使对生词、相关的知识背景等尚不熟悉的学生在听的过程中遇到种种障碍，不仅降低了听的质量，而且使学生产生挫败感，因而对听力学习失去信心和兴趣。

与之相反，有的教师总是在播放录音之前对学生进行过多的引导，不仅介绍了生词、句型，还将材料的因果关系等一并介绍给了学生。这样一来，学生即使不用仔细听，也可以选出正确答案，这就很难激起学生听的兴趣，听力教学也就失去了意义。

由此可见，如何对学生进行适度的引导是关系听力教学质量的一个重要问题，太多或太少都会影响教学效果，教师应根据实际情况进行把握。

3. 教学条件现状

（1）听力时间不足

由于大多数学生很少在课下积极主动地练习听力，因此，听力学习的时间主要集中在课堂上。而一节课时间有限，也不可能全部用于听力，因此，学生能够听的时间其实很少。而听作为一种综合性技能，它的提高并非一朝一夕能够实现，这就造成学生听力水平提高缓慢。

（2）教材现状不佳

教材是教学得以开展的重要依据，对教学大纲以及练习的设计和安排有着直接的影响，对教学活动的开展起着关键的作用。好的听力教材不仅可以提高学生的文化素质，还可以开阔学生的视野。但中国很多学校使用的听力教材仍存在内容陈旧、编排不合理等问题，不能反映迅速变化的时代，也无法体现最新的教学思想和教学方法，这也是中国英语听力教学效果迟迟得不到提升的一个重要原因。

（二）造成高校英语听力教学现状的原因

1. 语言的影响

（1）受母语影响

汉语是中国大学生的母语，在语言的接受上肯定会先入为主，在学习英语时难免会受母语的影响。在听英语时，同样会很容易受到母语的干扰。英语作为大学生的第二语言，理解英语的一些思维和学习母语的思维是不相同的。[1] 在听力过程中，学生会很自然地用汉语的思维来理解英语，总是将听到的英语材料先用汉语翻译出来再去理解英语的意思，而不习惯用英语直接进行思维，这必然会影响听力理解的速度和效果。

（2）语言基础知识欠缺

英语语言的基础知识包括语音、语调、词汇、语法、句法等相关知识。牢固地掌握这些知识对于正确理解听力材料的内容起着积极的作用。然而在

---

[1] 梁慧. 程式语对二语学习者英语写作的作用 [J]. 丝路视野，2018（4）：1.

实际的听力教学中，由于学生常常忽视这些基础知识的学习和掌握，结果导致听力教学效果极不理想。如有些学生由于不能准确辨别相似单词的读音，或不熟悉句子的语音、语调，从而造成单词或句子层面上的理解困难，还有一些学生由于没有掌握必要的语法和句法知识，在遇到听力材料中的长句和复合句时，大脑不能快速地做出反应，从而不能厘清句子之间的关系并影响到对全句甚至全文的理解。

另外，还有很多学生存在着词汇量严重不足的问题。词汇是语言的建筑材料，是基础。词汇掌握的多少、词义理解的深浅以及词汇使用的熟练程度都能直接影响学生听力能力的提高。可以说词汇量的大小是学习者所学语言水平高低的一个表现，其重要性正如英国语言学家金斯所说的那样："没有语法只能传达很少的信息，没有词汇则什么也无法表达。"因为很多学生词汇量不足，所以对他们来说提高听力水平则成为空谈。

2. 教学模式的陈旧单一

在中国一些落后的城市和山区，大部分院校仍然采用传统的听力教学模式。这种教学最大的障碍就是设备过于落后或陈旧。在教学过程中，教师依靠的设备只有录音机，教师不断地重复播放录音内容，学生则根据听力材料所给出的问题，按部就班地完成"听录音—回答问题—再听录音、核对答案"这一单调的过程。在放音的过程中又经常会因为机器陈旧而出现故障，或因教室过大而影响后排学生的听音效果和教师的教学进度。

而在有些院校，即使具备语音教室，教师也只是立于台前，学生则整节课坐在座位上，眼睛要么面对冰冷的机器，要么看着乏味的问题，耳朵听到的是枯燥的语言材料。单纯使用语音教室的这种听力教学模式恰恰会使学生的听觉器官产生疲劳，并最终会使其逐渐丧失学习英语听力的兴趣。

3. 学生的兴趣不高

兴趣能激发人的积极性，积极主动学习产生的效率要比消极被动学习产生的效率高得多。然而很多学生对英语听力课并不感兴趣，加上自身词汇量的缺乏以及语法知识的欠缺，使得很多学生觉得听力课难度很大，根本听不懂其中的听力材料，从而产生了抵触情绪。这种抵触情绪又进一步削弱了学生的积极参与性，导致学生对一些活动被动应付，敷衍了事。造成的后果就是学生的抵触情绪越发高涨，学习兴趣越发低落，听力水平自然也就很难提高。所以，激发学生学习听力的兴趣是教师在教学中值得注意的问题。有的教师为了提高学生的兴趣，采用听力课放电影的模式，这样的确能激发学生的兴趣，但如果教师缺乏正确的引导，那么听力课就有可能变成电影课，学生的学习效果也是收效甚微。

4. 文化差异的影响

语言与文化是统一的，二者相互依存。语言是文化的载体，是反映民族文化的一面镜子。人们只有通过语言才能掌握人类社会的文化知识。人们在学习一种民族语言的同时，也就是在学习这一民族的文化。在语言学习中，语言的使用受该语言所属民族文化的制约。在听力理解过程中，学生要接触大量的英语语言文化信息。如果缺乏对英语语言国家文化知识的了解，必定会影响其对话语深层次的理解。反过来，越深刻细致地了解所学语言国家的历史、文化、传统、风俗习惯、生活方式以及生活细节，就越能正确理解和准确使用这一语言。

5. 重视程度低

近年来，英语听力在考试中的比重越来越大，尽管如此，听力在平时的学习中仍没有引起学生足够的重视。大部分学生认为只要把语法、写作等学好就可以在考试中得高分了，从而忽视了听力的重要性。有些学生甚至以为听力可以靠自己的主观意识进行猜测，说不定还能猜对几道题。这种情绪和侥幸心理会直接影响学生英语听力水平的提高。而顺利完成听力需要一个好的心理素质，这种侥幸心理持续时间长了，猜对的概率很低，已经影响了英语的整体成绩，到那时学生会对听力产生恐惧感。进而形成严重的心理障碍，要想提高听力水平也就更难了。

6. 没有形成良好的听力习惯

英语听力的提高需要有一个好的听力习惯，因为一个好的听力习惯对学生听力水平的提高有很大帮助。然而，很多学生没能养成一个良好的听力习惯，不知道在听的过程中主要听什么，也不知道听力主要考查的是什么，具有很大的盲目性。在听的过程中，很多学生常常因为听不懂一个词或一句话，就停下来琢磨这个词或这句话到底是什么意思，而对后面更重要的内容置之不理，从而影响了听力的效果。其实，听力的目的不在于弄懂每个词、每句话的意思，而在于弄懂文章的大意，抓住文章的主旨。所以，在听的过程中，没有必要停留在一个词或一句话上，即使听不懂其中的一个词、一句话也不用紧张、苦恼，这并不影响对整篇文章的理解，也不代表不能理解整篇文章。

因而，学生在学习的过程中要充分认识这个问题，养成良好的听力习惯。

7. 教学安排不合理

在听力教学过程中，教师应对教学有一个统一合理的规划和安排，如在不同的时期、不同的阶段应如何安排，以及在不同时期不同阶段应达到何种训练目标等。有了一个明确的目标和合理的安排，听力教学才不至于盲目、没有方向。学生也才会了解学习重点，明确学习目标。但目前，听力课授课课时少之又少，多数学校每周只安排一课时，因此课堂上教师把大部分时间都用在学生与听力材料的接触上，教师参与机会甚少，因而客观上造成了教师与学生之间在空间和情感上的距离。这种被动的教学模式导致课堂气氛沉闷，学生的学习兴趣丧失，甚至产生了厌倦心理，从而使得听力水平的提高变成可望而不可及的目标。

二、高校英语口语教学现状分析

（一）大学英语口语教学的现状

尽管中国各个地区、各个学校的情况不尽相同，但中国大学英语口语教学现状总的来说可以归结如下几点。

1. 观念方面

大学英语口语教学的观念普遍较为陈旧。目前，虽然许多英语教育工作者和专家学者对大学英语教改提出了很多有现实意义的意见和建议，许多院校也采取了一些改革措施，但应试教育模式仍然存在。由于长期以来中考和高考不考口语，英语教学只重视听力和笔试能力的培养。中学阶段对于英语口语的忽视是造成大学生口语基础差的一个重要原因，也是学生不能真正提高英语水平的原因。此外，大学生为考试而学英语的现象比较严重。尽管从1999 年开始全国大学英语四、六级考试已经在几个院校试行口试，但长期以来，四、六级考试还是注重听、读和写，对口语几乎不做要求。许多学生在考试指挥棒作用下忽略了口语的训练，而高校为了追求过级率，也对提高学生的口语能力关注不够。

2. 课堂教学方面

口语教学效率低，效果不理想，教学方式和手段单一。在课程设置上，目前的大学英语课程中，除极少数高校开设了专门口语课外，基本上只有精读课和听说课。在传统的大学英语精读课上，大多数教师只注重课文的整体理解和一些语言的讲解，并主导整个教学过程。学生上课忙于抄笔记，课后背单词、例句，很少有机会练习口语。而在听说课堂上，由于受应试教育的影响，教师一般只注重对学生的听力训练，却忽视了学生的口语表达能力。大多数学生不是积极主动地参与课堂活动，只是被动地接受知识。

根据一份口语教学情况调查，84%的学生认为，英语口语差的主要原因是"平时练得太少"。❶ 在班级容量上，目前大多数高等院校的大学英语课堂都是大班制授课，通常每班少则 40 人，多则 70 人。一节课下来，即使不包括教师的教学时间及其他课堂活动所需时间，平均每个学生能说话的时间也只有几十秒。只有那么少的时间来训练口语，其效果可想而知。

此外，教学方式和手段还没能达到真正的多样化。目前，在大学的英语教学中，绝大多数教师仍然采用传统的语法翻译教学法。课堂活动主要是以教师为中心，以知识传授型教学活动为主。学生缺乏积极思考的机会，更难有开口交流的机会。在部分高校中，虽然教学条件已经得到了很大改善，但随着高校扩招，学生人数迅速增多，使得语音设备显得相对匮乏，因此大部分高校的口语课程都是在教室进行的，这就在很大程度上限制了英语口语课堂的灵活性。

3. 教材方面

近年来，随着英语口语的重要性逐渐被越来越多的人所认识，市场上也出现了各式各样的口语学习书籍。这些书籍五花八门、良莠不齐。其中，绝大多数涉及的话题较广，编写也较为系统、规范。但是，从总体上讲，大学英语口语教材还是有限的、支离破碎的。有的教材偏理论化，其内容已经不适应当今社会的发展；有的话题与学生的实际生活、思想联系不大；有的话题太过简单或太难，学生感觉说起来没意思或说不出来。高校英语口语教材的编写呈现出一种随机性，缺乏系统性和长期性，不利于口语教学。

4. 教师方面

目前高校连续的扩招给大学英语教学带来的巨大压力远远超出了现有教师的承受能力。同时，许多教师在发音、语法、文化等方面的水平还有待提高，教学理论及教学方法上还需进一步完善。相对于中国老师，外教的英语

---

❶ 邵帅. 大学英语口语教学理论与实践［M］. 北京：知识产权出版社，2017.

发音更纯正，也更了解英语国家的文化习俗。"可他们（外教）不及中国的英语教师了解学生在学习、生活及其他方面的情况，他们对中国的国情也不甚了解，教起书来很难做到有的放矢，教学效果很难上去。"此外，由于外籍教师流动性较大、人数不多且分布不均等客观原因的存在，目前虽然大多数高等院校都聘请了外教，但还不能全部面向公共外语教学。

5. 学生方面

近十几年来，中国的大学英语教学取得了长足发展，成绩卓然，大学生的英语整体水平有了很大提高。然而，非英语专业学生的口语交际能力却相对滞后。从一份学生口语学习的抽样调查问卷中可以看到，约50%的学生认为，在听、说、读、写、译五项基本技能中，"说"是他们最薄弱的一项。此外，一份国内对大学毕业生英语口语能力的调查表明：口语能力强的毕业生仅为5%，能胜任或基本胜任参加国际会议及讲座的仅为7%，能胜任或基本胜任参加对外业务谈判的仅为14%。高校教育是国际竞争力的重要组成部分，而我国目前培养出来的大学生还不能满足社会经济、科技文化等领域对高质量人才的需求，还不具备较强的国际竞争能力。学生主要存在以下问题。

（1）语音语调的困惑

作为语言的基本要素，语音、语调在英语口语学习中起着决定性的作用。语音、语调不过关，口语就不会过关，听力就更难过关，成功的英语交际就成了"镜中月，水中花"。在英语学习的初期，每个学生都应该接受过语音的训练，但是在实际应用时，语音仍是最让人头疼、最难攻克的问题。一部分学生，尤其是多数来自农村地区的学生，语音不过关，开口讲话时，对方却无法听懂；并且因无法辨析对方的发音，就无法达到交流的目的，还会丧失自信心。由于汉语语调的影响，学生在朗读和口语训练中常常不能熟练地运用英语的语调，并常常忽视升降调。其实，语调里蕴涵丰富的情感，同样的一个单词或者一句话因为说话者的语调不同可能表达出截然不同的语意。

（2）句型方面的问题

口语的句子大多较短而结构简单。解决语音、词汇问题的同时，还要积累大量实用、简洁的英语口语句型。由于受传统英语语法教学的定式影响，很多人一开口就是结构复杂的句式，从句套从句，一会儿独立主格，一会儿定语从句。学生自认为创作出了引以为傲的句子，然而这样讲话，英国人、美国人是无法听懂的。因为这样的表达太麻烦、太复杂，令听者疲惫。口语是交流的工具，其目的是让别人迅速明白你的观点，因此不必表达得太复杂。口语的惯用表达句型需要长期的运用积累。平时大家在操练口语时，一定要学会使用口语化的句型。例如，《英语900句》就是一本利于帮助英语学习者掌握口语简单、实用句型的书籍。

（二）大学英语口语教学现状的原因分析

如何提高学生英语口语交际能力一直以来是学者们探讨的问题。虽然许多高校在英语课堂教学中都开始重视口语教学，开展了形式多样的口语课堂活动，考核中也增加了口语测试部分，借以督促学生加强英语口语练习和提高对口语的重视程度；有的学校也对现有的英语教师提供机会进行深造，全面培养英语教师，加强师资队伍的自身素质，总之是尝试多种办法改革英语口语课堂教学，但对学生口语水平的提高作用不大，学生口语的流利性和准确性仍存在诸多问题。

1. 教师、学生重视程度不够

首先，就中国的《大学英语教学大纲》（以下简称《大纲》）而言，它规定了大学英语教学目的是培养学生具有较强的阅读能力，一定的听的能力以及初步的写和说的能力。虽然《大纲》提出了学生应具有初步"说"的能力，但在"听""说""读""写"四项能力中，《大纲》更强调"读"和"听"在当今经济高速发展，口译队伍急需扩大的市场经济条件下，《大纲》已不太适应社会的需求，有重新修订的必要。

其次，就教师队伍而言，相当多的教师不太重视英语的口语教学工作。根据调查研究证明，30名英语教师中，对四项技能并重已达成共识，然而，令人难以置信的是仅有20%的人重视英语口语的教学工作。

最后，就学生而言，尽管他们受到了经济浪潮的冲击，然而，由于传统教学模式的根深蒂固，英语口语虽然受到学生一定的重视，但并没有引起高度重视。许多学生只是在择业面试失败后，才深切体会到英语口语的重要性。

2. 应试教育的负面影响

英语教学一贯是以教师为主导，以语言知识为中心，以阅读为主要的学习途径，以词汇量为目标，这仿佛已经形成了一种根深蒂固的外语学习文化方式。所以大多数学生在入学前很少接受过系统的听、说训练，英语口语水平很弱，导致多数学生在课堂活动中不愿张口，而把注意力过多地集中在做题技巧上，以应对课程考试以及英语四、六级考试。英语四、六级考试虽然在日益改革中加大了听力的比重，但对于口语的要求也仅限是分数高于550分（四级）和520分（六级）的学生。所以教师在课堂上设计口语活动时，往往只有固定的为数不多的几个口语好的学生参与，不能从根本上提高大学生的英语口语水平。

自大学英语四、六级考试推行以来，一些学校把学生英语四、六级通过率作为衡量一所学校英语教学水平的唯一标准。所以许多学生寄希望于及格万岁，而不注意口语能力的培养。总之，传统模式的应试教学下，学生和学校都无法真正重视英语口语应用能力的培养。

3. 教师素质不足

培养满足当前社会需求的大量人才对英语教师提出了新的挑战。坦率地说，现有的英语教师队伍的整体素质很难满足英语教学改革和提高学生语言交际能力的要求。实施英语口语教学首先要提高教师的综合素质，没有高素质的教师队伍就培养不出高素质的人才。作为一名英语教师必须具备扎实的业务基础和语言功底、渊博的知识、较好的教学组织能力、因材施教的能力、口头表达能力和科研能力。然而，在英语口语师资队伍中，这样高素质的教师十分匮乏。

4. 教师口语教学理念陈旧

在传统英语口语教学中，相当多的英语教师在教学中把重点放在知识传授与阅读能力的培养上面，热衷于讲解词汇和语法，不重视口语训练。学生上课忙于抄笔记，课后背单词、背课文，很少有机会练习口语。虽然随着英语的教学改革，外语教学的重心已由传统的以"教师为中心"转向以"学生为中心"。但在英语教学中部分教师一味强调自主性学习，把老师的作用看得很低，尤其在口语课堂上，为了强调以"学生为中心"，这些教师就把口语课变成了英语角任由学生自己讨论，或让学生做报告演示。这样忽视了教师是课堂教学的设计者、控制者与参与者的角色，教学效果并不佳。

5. 学生缺乏自信心

越来越多的学生已经意识到自己在听、说能力方面的不足，同时也感受到了各级各类英语考试和就业形势对英语口语能力的严格要求，因此他们对于教学中加强听、说教学相当渴望，但不少大学生虽然已经认识到英语口语交际能力的重要性，但由于缺乏自信而不愿开口，怕说错，怕受到老师的责备和同学的嘲笑，这种缺乏自信甚至恐惧的心理也阻碍了口语交际能力的提高。

焦虑会给学习者带来心理压力，特别是当他们要用英语进行口头表达时，这种口语的交际性、灵活性和出错的公开性使学习者产生的焦虑程度尤为严重。在中国，英语课堂是学生练习英语口语的主要环境，因此研究课堂环境下如何降低学生的语言焦虑，提高他们的口语能力是十分有必要的。

三、高校英语听力教学的内容与目标

（一）高校英语听力教学的内容

在现阶段的大学英语听力课堂教学过程中，应该包括语音训练、听力知识、听力技能、听力理解和逻辑推理五个方面。下面分别对其展开介绍。

1. 语音训练

学习一门语言，首先要学习它的语音，掌握词汇的正确发音。语音知识的缺乏会直接导致听不懂听力材料。语音训练包括对听音、意群、重读等的训练，训练的程序应该按照词—句—文的顺序。学生在语音训练中存在很多问题，主要包括以下几种：

（1）很少注意英语的读音规则，如轻、浊辅音后加 ed 以后区别的发音。

（2）同音词或发音相似词的辨析。

（3）对语流上出现吞音、连续、弱化等情况的掌握不佳。

（4）难以区分美式发音和英式发音。

近年来，语音教材逐渐增多并呈流行趋势，学生缺乏对语音规则的学习和技能训练，因此在真正的语言环境中，很难快速、正确地做出反应，从而影响了听力的理解。基于此，教师在日常学习中要加强学生的语音训练，从而提高学生的语音辨别能力，为提高听力理解打下坚实的基础。

2. 听力知识

听力基础知识是学生英语听力技能培养与提高的基础，主要包括语音知识、语用知识、策略知识、文化知识等。语音教学是听力教学的重要内容。在实际的交际过程中，同一个句子会在发音、重读、语调等的变化中产生不同的语用含义，表现出交际者不同的交际意图与情感。在听力教学过程中，使学生掌握英语的发音、重读、连读、意群和语调等语音知识对学生语音的识别能力和反应能力的提高有积极的促进作用。同时在教学过程中，教师还应对学生进行听音、意群、重读等方面的训练，训练内容既要包括词、句，也要包括段落、文章，使学生熟悉英语的表达习惯、节奏，适应英语语流，从而为学生提高听力理解打下坚实的基础。这种训练还能在无形中培养学生的英语思维能力，促进其第二外语习得能力的提高。

听力知识还包括语用知识、策略知识、文化知识这几个方面，这些知识的科学教学也是提高学习者英语听力能力的重要手段。其中语用知识的学习能够帮助学生理解话语内涵，增加其对话语的理解程度。策略知识的学习能够帮助学生依据不同的听力材料和听力任务进行策略选择，从而提高听力的针对性。文化知识的学习对于学生日后英语的跨文化交际有着积极的促进作用，有利于不同文化背景下交际的顺利进行。

3. 听力技能

英语听力技能的教学能够有效提高学生英语听力的科学性与针对性。对于技能和技巧的合理运用，能够为跨文化交际水平的提高打下基础。

（1）基本听力技能

听力技能主要包括以下几项内容。

① 辨音能力

听力中的辨音能力指的是使学生了解音位的辨别、语调的辨别、重弱的辨别、意群的辨别、音质的辨别等。这种辨音能力的训练不仅能提高英语听力水平，同时对学生理解能力的提高也大有裨益。

② 交际信息辨别能力

交际信息辨别能力主要包括辨别新信息指示语、例证指示语、话题终止指示语、语轮转换指示语等。交际信息的辨别能力能够提升听力的有效性和针对性，促进学生对话语的理解效率。

③ 大意理解能力

大意理解能力主要包括理解谈话或独白的主题和意图等。大意理解能力的提高为学生在整体上把握话语内容做铺垫。

④ 细节理解能力

细节理解能力是指获取听力内容中具体信息的能力。在英语学习和考试过程中，对细节的理解能力能够帮助学生提升做题的准确度。

⑤ 选择注意力

选择注意力是指根据听力的目的和重点选择听力中的信息焦点。针对不同的听力材料，进行注意力的选择训练十分重要，这种练习有助于学生把握话题的中心。

⑥ 记笔记技能

记笔记技能是指根据听力要求选择适当的笔记记录方式。掌握良好的记笔记技能可以提高英语听力记忆的效果。教师应该了解，听力水平的提高并不是一朝一夕便可以完成的，需要教师循序渐进地进行针对性教学工作。同时由于不同的学生有着不同的学习习惯和学习特点，教师需要因材施教，进行特色教学。

（2）听力技巧

听力技巧的训练包括三个方面：选择注意力、记笔记和词义猜测。

① 选择注意力

选择注意力指的是在听的过程中能将注意力集中于听力材料的总体或重要部分，避免在听的过程中受到来自信息源或其他各种信息的干扰，影响对所要获取信息的提取。注意力的选择与听的目的有关，也就是说，为什么听决定了听时的注意力。如果听的目的是获取有关事件发生地点的信息，听者就能够有意识地把注意力集中到与地点有关的信息上；如果听的目的是了解事件发生的原因，听者就会把注意力集中到事件发生原因表达方式上，或把注意力集中到事件前后的相关事件上，并且会关注一些与此相关的词汇或短语。

② 记笔记

记笔记是听力训练过程中需要掌握的一种重要技能。日常生活中人们也需要记忆一些东西，比如打电话时人们需要记录对方所说信息，如果见面还要记住一些更多的细节，如见面的时间、地点；听课或报告时也需要做适当的笔记。因此，在听力训练过程中，为了避免遗忘也要适当记录一些所听的内容。

③ 词义猜测

词义猜测是听力课堂教学中必须要培养的一种能力。学生常常会遇到这样的情况，当听的过程中出现了一个不熟悉的单词，学生往往就会纠结于此，耽误下面的听力内容。这是听力的一大忌讳，可谓是因小失大。因此，遇到不熟悉的单词，一定不能慌，要静下心继续听下面的内容，并且结合上下文来推测词义。根据上下文信息判断说话者所表达的含义是信息理解的基础，根据上下文的信息判断说话者在讲什么，将要说什么。

4. 听力理解

英语听力知识的学习与听力技能的教授是为英语听力理解服务的。语言由于使用目的、交际者等因素的作用会带有不同的语用含义，因此对话语的正确理解成为英语听力教学中的重点和难点。教师在听力理解的课堂教学过程中，应该使学生懂得如何从对字面意义的理解上升到对隐含意义的把握，继而提高英语的综合语用能力。具体来说，英语听力理解主要包含以下几个阶段。

（1）辨认阶段

辨认主要包括语音辨认、信息辨认、符号辨认等方面。尽管辨认处于第一个阶段，属于第一层次，但却是后面几个阶段开展的重要基础。一旦学生无法辨认听到的内容，那么理解也就无从谈起了。辨认有不同的等级，最初级的辨认是语音辨认，最高级的辨认则是说话者意图的辨认。教师可以通过正误辨认、匹配、勾画等具体方式训练和检验学生的辨别能力，如根据听到的内容给听力材料的句子排序。

（2）分析阶段

分析要求学生能将听到的内容转化到图、表中去。这个阶段要求学生可以在语流中辨别出短语或句型，以此对日常生活中的谈话内容有大致的理解。

（3）重组阶段

重组要求学生用自己的语言将听到的内容以口头或书面的方式表达出来。

（4）评价与应用阶段

这是听力理解的最后两个阶段，要求学生在前面三个阶段即获得、理解、转述信息的基础上，能够运用自己的语言对所获得的信息进行评价和应用。在实际教学中，可以通过讨论、辩论、问题解决等活动进行。

以上这几个阶段是一个循序渐进的过程。任何级别的听力学习都必须经历由辨认到分析再到应用的一系列过程，然后才能逐步得到提高。

5. 逻辑推理

除听力知识、技能和理解以外，语法和逻辑推理知识也是正确判断和理解语言材料的必要条件。因此，现代英语听力课堂教学必须重视对学生语法知识的巩固和逻辑推理的训练。在听力训练过程中，学生要对信息有一定的预测能力，当能预知将要听到的信息范围时，头脑中该范围的知识储备就会被"激活"，那么听力理解的效果就会更好。在听听力材料时，判断是随时可能发生改变的，因此学生要根据材料运用逻辑推理能力建立或改变自己的推测。

（二）高校英语听力教学的目标

高校英语听力课堂教学对于英语人才的培养有着重要的影响作用。英语听力课堂教学的主要目的就是促进学生的学习，培养学生在现实生活中进行真实交际的能力，能够借助听力完成现实生活中的各种任务。在不同的学习阶段，英语听力课堂教学的目标也不相同。《大学英语课程标准》对听力课堂教学的各个目标级别做出了三点要求，具体如下。

1. 二级目标

（1）能在图片、图像、手势的帮助下，听懂简单的话语或录音材料。

（2）能听懂简单的配图小故事。

（3）能听懂课堂活动中简单的提问。

（4）能听懂常用指令和要求并做出适当反应。

2. 五级目标

（1）能根据语调和重音理解说话者的意图。

（2）能听懂有关话题的谈话，并能从中提取信息和观点。

（3）能借助语境克服生词障碍，理解大意。

（4）能听懂接近正常语速的故事和记叙文，理解故事的因果关系。

（5）能在听的过程中用适当的方式做出反应。

（6）能针对所听语段的内容记录简单信息。

3. 八级目标

（1）能识别不同语气所表达的不同情感。

（2）能听懂有关话题的讨论和谈话并熟悉要点。

（3）能抓住一般语段中的观点。

（4）能基本听懂广播或电视英语新闻的主题或大意。

（5）能听懂委婉的建议或劝告等。

在教学过程中，教师需要以《大学英语课程教学要求》为其纲领性文件，规划教学的方向与目标。在《大学英语课程教学要求》中，对于英语听力教学主要分为了三个教学目标。

1. 一般要求

（1）能听懂英语授课。

（2）能运用基本的听力技巧。

（3）能听懂日常英语谈话和一般性题材的讲座。

（4）能听懂语速较慢（每分钟 130～150 词）的英语广播和电视节目，能掌握其中心大意，抓住要点。

2. 较高要求

（1）能听懂英语谈话和讲座。

（2）能基本听懂用英语讲授的专业课程。

（3）能基本听懂题材熟悉、篇幅较长的英语广播和电视节目，语速为每分钟 150～180 词，能掌握其中心大意，抓住要点和相关细节。

3. 更高要求

（1）能听懂英语国家人士正常语速的谈话。

（2）能听懂用英语讲授的专业课程和英语讲座。

（3）能基本听懂英语国家的广播电视节目，掌握其中心大意，抓住要点。

通过对高校英语听力课堂教学目标的列举可以看出，英语听力理解和知识运用能力是英语听力课堂教学的重要关注点。因此教师在听力课堂教学中应该合理安排教学活动，切实提高学生的英语听力能力。

四、高校英语口语教学的内容与目标

（一）高校英语口语教学的内容

1. 语音

发音错误以及语调的不同很容易给理解带来困难，甚至使听者根本无法理解所说的内容，因此正确的发音和语调就成了口语教学的首要内容。其主要包括发音、语调、节奏等。

（1）发音

发音包括单词发音和句子发音，同时学习者也要掌握重读、连读、语气减弱、语调、节奏等技巧。因而，语音教学不仅包括音素、音节、单词发音，亦应包括重音、连读、略读、送气减弱、语调和节奏方面的教学。

（2）语调

语调是指语音的"旋律"，也就是声调高低的变化。在一定程度上是由重音控制的，因为在声调高低的比较中，重要的变化只出现在重读音节上。英语语调分为上升调和下降调。重音、语调、意群等都会对交际者意义的表达产生影响。同一话语，重音不同，句子所表达的含义也就产生了差异。

（3）节奏

英语的节奏规律是靠重读音节与轻读音节的组合加重复来体现的。英语口语中的节奏基本体现在各个重读音节之间，其时距大体相同。各个重音与它跟随的若干轻读音节（用"·"表示）构成一个节奏群，有时一个节奏群是一个空拍开始的，空拍在英语中也叫 silent stress。节奏群用来表示。用大致相同的时间来朗读每个节奏群。因此，为了真正取得节奏效果，碰到轻音少的节奏时，就可以念慢些，轻音较多的节奏群则必须念快一些。

两个重音之间的轻读音节越多，在每个轻读音节上花的时间便越少。有时一个节奏群是以空拍开始，后面紧跟着几个轻音节，这样的节奏群常见句首或句子中需要停顿的地方。

2. 词汇

语言能力的培养是交际能力培养中至关重要的一环，而词汇则是使交际得以进行的语言能力的核心。口头的表达能力是一种创造性技能，在合乎交际礼仪的交流框架构建起来后，整个交流的空间就有赖于词语作为文化和思想的载体来填充。在英语教学中不难发现，许多学生对单词的所谓"掌握"只是一般性的识记中文释义和拼写，能够脱口而出，造出相关句子的人却寥寥无几。也就是说，语言交际框架的最基础阶段和层次的问题没有得到解决，在这种情况下，学生的口语能力很难得到提升。

可见，学生口语能力差的最根本原因之一是词汇掌握程度差。从这一意义来讲，口语教学的内容也应包含词汇教学。要强调词汇教学的交际化，口语教学须从语音，从单词的音、形、义的练习以及词的搭配、造句入手，不断扩大学生的掌握式词汇或积极词汇，这是口语教学的一个十分重要的切入点，更是提高学生口语能力的前提和关键。

3. 语法

语法在传统的英语教学中一直处于中心位置。但是问题依然存在：学生能够较熟练地解答语法选择题，但在口头或笔头交际中却不能熟练地应用。因此，语法教学也是口语教学的一个部分，或者说语法教学也应交际化。语法教学交际化需要完成以下三方面的任务：

（1）训练学生听懂特定的口语句型。

（2）训练学生熟练地使用句型表达自己的思想。

（3）向学生讲授英语口语句型的特点并让学生掌握使用。

有的教师和学生把词汇和语法教学与口语教学对立起来，这是口语教学中一个严重的认识误区。

4. 会话技巧

会话技巧对口语的顺利进行以及交际的有效进行有着十分重要的促进作用。会话技巧主要包括以下四个方面。

（1）请求

A：Are you going out tomorrow?

B：No, not really.

A：Are you using your bike then?

B：No. You want to borrow it?

A：Yes, if you're not using it.

（2）邀请

A：What are you doing tonight?

B：Nothing important. Why?

A：Come to my place for dinner, then.

（3）宣布

A：Did you listen to the news last night?

B：No, anything important?

A：Well, an earthquake was reported in...

（4）失误补救

"I'm awfully sorry, I really have been rambling on..."

"I meant to ask the other day..."

"That reminds me that..."

"Just a second, I'm trying to think."

在口语交际中不仅要求语言的准确性还要求语言要具有得体性。交际的得体性要求学生应掌握一定的文化背景知识，只有了解各个国家不同的风俗习惯、禁忌以及相关的背景知识，才能得体地交流。要实现沟通交流就要了解不同国家的文化，在表达时要尽量回避一些当地语言的禁忌。如果不了解文化背景差异，在交流时就会经常出现歧义。例如，在中国，人们习惯在打招呼的时候说"吃了吗？"或"去哪儿啊？"这并不是真的在问听话者要去哪里，它只是两人见面之后的一种寒暄语，这在中国很常见。但是如果对西方人说这些，他们则会认为你触犯了他们的个人隐私。

西方人与中国人之间的价值观存在较大差异，他们崇尚个人自由，个人意识较强，因此在一般性打招呼中，西方人习惯于谈论天气等内容，因为他们认为这些内容不会触及别人的个人隐私。这就是文化差异在口语交际中的具体体现。这样的例子有很多，这些差异性都强调了文化对语言表达的重要影响，因此在口语教学中应该增强学生的文化意识，使学生对英语国家的文化有一定的了解。

（二）高校英语口语教学的目标

1. 一般要求

一般要求指能在学习过程中用英语交流，并能就某一主题进行讨论；能就日常话题用英语进行交谈；能经准备后就所熟悉的话题做简短发言，表达比较清楚，语音、语调基本正确；能在交谈中使用基本的会话策略。

2. 较高要求

较高要求指能用英语就一般性话题进行比较流利的会话；能基本表达个人意见、情感、观点等；能基本陈述事实、理由和描述事件，表达清楚，语音、语调基本正确。

3. 更高要求

更高要求指能较为流利、准确地就一般或专业性话题进行对话或讨论；能用简练的语言概括篇幅较长、有一定语言难度的文本或讲话；能在国际会议和专业交流中宣读论文并参加讨论；能使用较高的讲话技巧，如引起听众的注意、维持听众热情、协调与其他讲话人的关系。

由以上目标层次可知，随着英语学习的深入，口语教学目标的难度和深度不断加大。教师在口语教学中，应该根据学生的具体情况、教学计划的安排等设定口语的教学目标。不过，尽管对不同层次的学生，口语教学目标有所不同。但是，有一个目标是不会变的，既要求准确，又要求流畅和得体。就口语教学目标而言，得体是最为重要的，而得体本身就包括准确。

总之，根据《大学英语课程教学要求》，大学英语的教学目标之一是培养学生说的能力，使学生在今后的工作和社会交往中能用英语有效地进行口语的信息交流，以适应我国社会发展和国际交流的需要。

第二节　高校英语听力与口语教学应用混合式学习理论的意义

混合式学习理论在高校英语听力与口语教学中的应用，具有重要的意义和价值。首先，随着"互联网+"时代的不断深入，混合式学习模式已经成为大学英语信息化教学的一个重要方向。这种模式结合了传统的面对面教学和线上教学的优势，旨在打破时间和空间的限制，为学生提供一个更加灵活和个性化的学习环境。

一、混合式学习理论应用于高校英语听力教学的意义

随着信息技术的不断发展，不少学生学习语言的环境发生了很大变化，他们通过网络和各种移动终端可以随时随地进行原汁原味的外语学习，但是，学生的听力训练和水平并没有因此得到改善。当然学生的听力水平不高的原因是多方面的，主要原因有：

第一，学生对听力课不够重视。在校大多数学生只是把课堂听力课作为训练听力的主要途径。但是每周几小时的机械操练很难真正提高学生听力水平。而有些学生因为听力基础差，对自己听力水平缺乏自信，更是缺乏探究知识的直接动力，这需要教师有的放矢地加以引导和启发。即使有些学生会进行课外的语言学习，由于缺乏教师的正确指导。听力训练也是事倍功半。

第二，目前大学英语听力教材种类繁多，内容繁杂滞后，录音材料缺乏真实情境。大学英语听力教学如果只拘泥于现有教材的有限内容，势必会影响学生对英语听力训练的兴趣和积极性，进而影响听力教学效果。

第三，学生入学时英语听力水平不一。由于受高考指挥棒的影响，有些省份听力不计入高考总分，学生的语言知识水平相当，但听说能力差异很大，尤其是城乡差异明显，这给大学英语听力教学带来了很大困难。第四，大学英语班级授课规模过大。对于过大的班级规模教师仍是采用整齐划一的传统授课方式，这也加剧了学生听说能力的两极分化，教师也只是充当了"按键人"的角色，学生成了信息的被动接受者，对于在信息时代下成长起来的学生来说，这种方式严重影响了他们的学习兴趣，教学质量也因此受到了极大影响，学生听力水平也不能得到有效提高。

基于上述原因，要培养学生的综合应用能力，就必须改变这一听力教学现状。转变教学理念，改变枯燥乏味的传统听力教学模式，借助多媒体网络和移动技术，运用混合式教学模式，构建真实的听力语境，向学生提供丰富的听力训练材料，通过多种渠道和方式有效改善教学效果，提高学生的听力水平。混合式教学模式的核心是教师的"在线教学活动""现实教学活动"和学生的"在线学习活动""现实学习活动"的有机结合，强调在恰当的时间内应用合适的学习技术达到最好的学习效果。在混合式教学模式中，教学活动从传统的课堂延展到课外，从面授延伸到网络，从师生交流扩展到生生交流、人机交流，教学的内容、方式和手段从单一到多样，既能充分发挥教师的引导、组织、启发、监控、评价作用，也能充分尊重学生的主动性、积极性和创造性。基于此，大学英语听力教学运用混合式教学模式很有必要。

二、混合式学习理论应用于高校英语口语教学的意义

（一）有利于提高高校英语课程设置的合理性

大学英语四、六级考试推行口语测试之后，大学英语课程开始侧重听说能力培养。未来应该倡导单独设置口语课，让学生享受有针对性的专业口语教学和充分的口语表述练习时间。此外，为学生提供充分的平台资源和自修课时，引导学生课下自主学习。

（二）有利于高校英语口语教学混合式平台课程的建设

大学英语口语教学应该依据先进的教学理念，借力现代化网络授课平台，建设英语口语网络平台教学和评测系统，授课形式应由传统课堂变为线上线下混合教学模式，利用网络多媒体的灵活互动特性和网络教学平台的丰富口

语资料储备，为学生提供多元化和真实灵活的语言学习环境，真正做到以学生为中心。

（三）有利于高校英语口语测试和评价反馈系统的全面优化

借助网络教学与测试平台，参照国际语言测试的网考模式，将考官考生面试模式与网考模式相结合，利用数字网络平台的听说训练和测试系统进行随堂测试和阶段性、形成性测试，从而及时点评，及时反馈，开展分类型分阶段的多维口语评测，综合判断学生的真实语言应用水平，构建更为科学的英语教学与反馈系统。

（四）有利于有机结合教学评测与教学研究

利用网络测试和平台测试体系为教师改善备课授课和科研工作。利用测试结果，有反思、有目的地选取下一阶段教学材料。同时利用测试结果，为相关的教学科研提供第一手资料，更有效地构建教学团队，持续促进教学团队的自身完善，更好地循环作用于网络共享课程的建设。总之，混合式教学理念和方法的充分发挥基于网络资源和环境的课程教学优势，有助于大学英语口语课程的设置和建设，各科目之间教学融合，优势互补，教学相长，培养教学团队的教研合作；学习方式、资料和环境等的有机混合有利于激发学生的学习自主性，促进资源共享，有利于学生的英语口语学习与实践。

第三节 现代高校英语听力与口语教学中的混合式学习理论应用研究

混合式学习理论在现代高校英语听力与口语教学中的应用具有重要的意义。混合式教学模式颠覆了传统的教学手段，重新定位了师生角色，并丰富了教学内容。它将现代技术与大学英语教学紧密结合，能够克服当前大学英语听说教学所面临的一系列问题，从而极大地提高教学的效果和质量。

一、混合式学习理论在高校英语听力教学中的应用

（一）混合式学习在高校英语教学中的应用形式

1. "课上"与"课下"的融合

传统意义上的课上时间用来学习新知识，课下则只能承担预习和复习的

功能。而混合式学习则打破课上、课下及预习、学习、复习的界限，实行课下自学听力内容、完成相关练习题，课上听力策略讲解与复习的课堂反转；连结碎片化学习与系统性学习，记录听力学习过程和结果，激发学习者对于听力学习的兴趣，促进学习者间的交流协作。而借助于智能移动终端的学习方法又可以将听力学习内容变为"口袋丛书"，学习者可以选择在乘地铁、等公交、食堂排队的间隙时间完成教师设计的听力材料，满足了"互联网+"背景下的学习者随时随地进行学习的要求，也体现了混合式学习中的"在适当的时间"进行学习的特点。❶

2. 固定教学设备与移动教学设备的配合

除了听力教室普遍使用的包含主控台、耳机、音箱、学生台式电脑（或显示器）在内的固定设备，在混合式听力学习中，智能手机、笔记本电脑、PDA 和便携式音视频播放器等移动设备均可以作为教学设备使用。只要将用于学习的音视频材料、Word 文档、PPT 切割成适当大小，通过数据线或应用软件（微信、QQ）的上传、下载功能就可以将所有听力材料装进移动设备，供学习者进行学习。同时，连接互联网的移动设备还可以依靠应用软件的交互功能，实现教师与学生、学生之间的实时交互。这种在互联网环境中的多种教学设备混合搭配使用则体现了混合式学习中的运用"适当的学习技术"进行学习的特点。❷

3. 传统教学模式与 E-Learning 的整合

面对现代信息科技的发展以及传统教学模式的弊端，E-Learning 应运而生。而在其兴起后的二十多年的时间里，人们发现了这种新型学习模式也有着自身无法逾越的弊端，并且逐步认识到 E-Learning 并不能完全代替传统的课堂，而应该将二者有机地结合起来。具体应用于外语听力教学中，则是应该利用 E-Learning 的自主、灵活和信息容量大的特征来进行课前知识点的学习和课后练习与测评，而利用传统课堂集中、交互和高效的特点来完成知识点、听力策略的讲解以及具体答疑，使两种教学模式互为补充，相得益彰。这种学习方法既符合教育教学规律又能够迎合学生学习者乐于使用网络、崇

---

❶ 李君君，鲍丹，陈建龙. 大学英语听力混合式学习模式研究［J］. 英语广场，2015（4）：70-73.

❷ 赵凌云. 混合式学习理论与高校英语教学的创新探索［M］. 吉林出版集团股份有限公司，2020.

尚个性化学习的特点，成为听力教学中的一种"适当的学习风格"。

4. 不同难易程度的学习内容的混合

外语听力课堂的教学效果通常与学生的听力水平密切相关。如果学生的听力水平参差不齐，则很难达到高效、实用的听力课程教学效果。在混合式学习中，以多媒体网络教学平台和智能移动终端为载体的课上与课下相配合学习的过程，允许教师引入互联网中海量听力练习、设计适合不同层次学习者的学习内容，既能有效优化学习资源，又能提高学习者学习效果，实现传递给"适当的学习者""适当的听力技能"的"适合教育"的学习理念。在外语听力课程中，混合式学习实现了"各种学习方式、学习内容、学习策略、学习模式、学习媒体、学习资源、学习活动和学习环境的混合，满足了不同学生的学习风格和学习需求，使学习成本和学习效果达到最优化"。

（二）混合式学习在高校英语教学中的应用步骤

外语听力课程混合式学习模式的教学过程分为课前、课中和课后三个阶段进行。

1. 课前阶段

教师将准备好的课件通过互联网上传到学生的移动设备以及多媒体网络教学平台，这样就完成了下发新知识要点、听力内容和练习的过程。学生在接到任务后，可以选择在图书馆、宿舍、家里的台式电脑上登录网络教学平台进行新课程的学习；同时，由于所听内容篇幅短小，学生也可以选择通过智能手机等各种移动设备在自己任意空闲时间完成学习，并将相应练习答案上传回网络教学平台或移动设备软件（微信、QQ）群组。整个自学过程均由学生自行掌握时间、地点和完成的速度等。

2. 课中阶段

反馈与策略归纳课堂教学是教师面授的过程，按答疑、知识归纳精讲、进阶训练以及新课导入四个步骤进行。在答疑阶段，首先由学生根据课前自学内容提出疑问，教师的任务则是解答学生提出的问题并公布听力内容正确答案。其次在知识归纳精讲阶段，主要根据前面所反映的学生对课前自学知识的消化、吸收程度，由教师以推理演绎法提炼知识点及听力策略，并通过师生互动了解学生的掌握情况。再次在进阶训练阶段，学生通过小组讨论作答教师给出的与本课知识相关但难度略高的听力练习，进而从夯实基础知识的层面上升到提升听力技能的层面。最后则是新课导入阶段，学生在教师的引导下了解下一讲听力主题、自主学习注意事项以及记录所布置的学习内容和回收练习的时间及方式等。在这种"提问—作答—讨论—提炼归纳—再提问—再作答"的过程中，学生能够发现知识结构之间的逻辑联系，达到承前启后、融会贯通的效果。

3. 课后阶段

自测及新一轮自主学习在课后，及时了解学生对于所学知识的掌握程度以及监督学生自主学习进展是混合式学习中教师的重要职责，教师设计各知识点及阶段性测试内容并通过多媒体网络教学平台在线测试功能发布给学生，学生可根据自己时间自行完成。在线测试的答案登载于学生系统中，学生分数由系统自动生成并报送教师和学生自己。测试题的答疑则通过移动设备群组中师生、生生实时在线讨论解决。同时，教师也会利用互联网的无限延展性，通过移动设备的群组提供给出学生更多相关知识的听力学习资源，学生可根据自己的水平选择适合自己的练习内容进行知识的巩固和升华。另外，新的学习内容也会通过多媒体网络教学平台和移动设备发送到学生手中，以便开始新一轮的自主学习。

（三）混合式学习在高校英语教学中的应用策略

1. 课前拓宽教学来源，构建学习交互通道

课前阶段是教学与学习的准备阶段，这一部分不仅包括知识的准备，也包括学习情境的铺设以及学习心理的搭建，做好课前准备工作对教学任务的顺利完成有着事半功倍的效果。

（1）拓展教学资料来源，立体化听力材料

英语学科由于其自身的学科特性，有较强的文化性，作为文化的重要组成部分，文化为其创造了丰富的语言内涵，同时语言又被刻上了深刻的文化烙印；随着课程改革的不断推进，高校教材的内容更多地收录了有以英语为母语国家的政治、经济、文化、风俗等相关的内容，这就意味着为高校英语教学提出了更高的要求和难度。因此在听力教学之前，为了保证教学目标可以在有限的时间内顺利完成，帮助学生克服由于背景文化知识缺失或者知识面过窄而造成的听力学习障碍，帮助学生在走进听力教学课堂之前就对所听主题有了一定的背景知识的认识；教师可以提供更多立体化的资料，这样一来学生不再是空着脑袋进课堂,学生是带着课前激发的求知欲望和学习的兴趣来进行听力材料的学习,传统听力教学费时低效的困难迎刃而解。

教师可以通过网络上质量较优的英语学习网络平台,如普特英语听力网、大耳朵英语、可可英语等对同学进行背景知识的介绍和求知欲的激发、导入相关基础词汇和语法内容,克服单纯的语言基础知识上的障碍,增加学生信息库的容量;利用 QQ 语音等实施异地听力策略的指导,塑造学生对听力材料进行预测和联想的意识和能力。

同时听力材料不仅局限于文本材料、音频资源,丰富多样的视频资源也可以用来为听力教学服务,达到多器官刺激学生的目的,学习的趣味性就得到了显著提高;然而不论是文本、音频还是视频听力资源的选择,都应该遵循短小切题、概括性强的特点,避免学生产生较大的学习负担,要让学习在轻松愉快的氛围中进行;还有重要的一点就是保证材料难度成阶梯形分布,难易搭配,满足不同学习成绩的学生的学习需求,方便学生根据自己的实际情况进行自定步调的自主学习,形成学习的自主性环境。

听力材料应尽量坚持实时性、新颖性、知识性以及趣味性的统一,切不可以为了追求新颖和趣味而丢弃教学的主题和目标内容,选取 VOA、BBC 的时事新闻、近期的影视片段、采访、广告、演讲、英语歌曲等不同形式的真实听力材料,而不要局限于常规的测试听力训练材料。

(2)合理筛选听力教学材料,保证学生有效认知

网络平台为教师提供了丰富多彩的教学软件和教学课件,面对丰富的听力教学资源,教师应该根据已经确定好的教学目标和所要完成的教学任务以及班级学生的听力情况和学校多媒体设备的情况精心去筛选、设计和编制教学内容,把丰富的网络听力资源作为面对面听力教学的补充,切不可贪多和贪新,因为根据心理学的研究我们知道,学生的记忆是在有效理解材料的基础上进行的,如果教学材料超出了学生的认知负荷,不仅不会收到预期的教学效果,反而会增加学生的认知负担,产生心理恐惧与排斥;注意电子听力材料的启发性,把学生的认知规律和注意特性考虑在内;切不可将多媒体的听力教学演变为新式的人机灌输的"填鸭式"教学,理想的教学模式应该是学生积极主动的自我获取、自我提高最终达到自我的实现,把学习视为一种愉悦的体验。

（3）延展社会网络，构建学习交互通道

随着互联网技术的不断成熟与普及，各种社会型交际软件走进了我们的生活，改变着我们的生活方式和人与人之间的交互渠道，这些社会性软件实实在在地反映着社会的存在和交互关系，人们的交流变得"透明化"，人们越来越信任这些交互平台与软件，因而在此基础上的信息和知识的互换变得越发频发，内容越发丰富；我们将这些社会性软件应用到教学中，增加师生、生生之间交互的机会，方便课下异地交流的目的，帮助学生从单一的自我学习圈中走出来，融入整个学习网络中，达到丰富个人节点的目的，避免"回音壁"效应的产生。

教师建立一个英语听力学习平台，平台的管理者是教师，也可以选择一个电脑方面比较精通的同学作为协管员，在上课之前教师将下节课想要讲授的新内容划分为几个模块，设置好学习任务通过网络交流平台布置给每位同学以及事先划分好的学习小组（小组内各成员学科基本能力、认知风格、学习风格互补），每位同学可以通过学科资源库或者教师建立的网络平台所提供的"情境""协作""会话"条件去完成自我只是构建，实现个体化、自主化学习；如果遇到难点、完成不了的任务，可以网络学习交流平台或者学习共同体与同组同学交流，利用教师事先设定好的学习情境完成个人学习任务和小组作品报告。

首先教师是网络学习共同体中的组织者，根据学习内容和学习者的特点对学生收集到的资源进行组织与设计，保证学习资源的有效性；其次教师是这个平台的监督者和秩序管理员，如果遇到不和谐现象，教师在群里对学生发起警告，帮助大家"重回正轨"、同时教师各成员节点的健康状况应做到心中有数，实时查看网络各节点的联系情况，并做好各节点间的连接关系的梳理工作，以保证各成员节点都能积极融入网络学习共同体中的信息、知识流动当中来，真正发挥这个学习共同体的积极效力。最后在这个学生线下互动的过程中，教师要始终"监视"学生活动，保证学生互动方向的正确性和高效性，做到松而不散，活而不乱。

2. 课中集结信息节点，完成协作学习

完成了课前的准备工作之后，教师对于课堂教学应该有了设计的蓝图，准备了丰富多元的听力资源；学生也不是"空着脑袋"走进课堂，学生已经完成了相关的认知图式的建立，上课对于学生来说是激发与扩充已有知识网络的动态过程。教师需要做的就是适时地利用多媒体手段呈现高吻合性和知识性的听力资源，在开放的、灵活多样的教学形式中帮助学生保持学习注意力，顺利完成学习任务。

（1）合理选择听力教学媒体，保证听力教学的教育性

赫尔巴特曾经说过："没有无教育的教学，也没有无教学的教育"。教学是一个知、情、意、行统一的过程，因此教学媒体的选择要考虑教学过程的教育性。固然多媒体课件、音频视频听力材料以及网络平台可以给学生提供更加丰富的学习材料，但是我们不可以忽略了必要的师生互动、生生互动以及课堂教学氛围给教学任务的完成所带来的积极影响。语言的学习就是一种交际的过程，具有极强的实践性、人文性和文化性，师生的有效互动和生生的探讨交流可以为语言的学习提供真实性、灵活性以及创造性的交际环境，促进语言的输出和传递。时刻注意教师的言传身教对于学生的影响。

（2）营造轻松活跃的课堂气氛，提供灵活多样的教学方式

根据心理学研究，人的注意分为无意注意、有意注意以及有意后注意，所以我们的教学应该努力利用刺激物的强度、刺激物之间的显著对比关系和刺激物的新异性去进行。运用注意的外部表现去了解学生的听课状态，适时调整教学节奏，运用无意注意的规律去组织教学，音量适中，语音、语调做到抑扬顿挫，遇到重点、难点还要去加强语气，伴以适当的手势和表情，保持学生的注意力和学习的兴趣。

混合式的英语听力教学应该综合采用情境教学法、任务型教学法、交际教学法，将以教师为主导与以学生为中心统一起来，优化组合，力求教学效果最优化。教师应该努力去营造一种轻松活跃的听力课堂，提供灵活多样的教学方式，师生对话示范、同桌对话、分组讨论等教学形式混合，这样学生的注意力就容易集中起来，学习兴趣和积极性也会得到明显的保持和提高。

（3）培养良好的听力习惯，保持积极的学习心态和愉悦的学习体验

在听力过程中，学生的注意力应该放在对信息的理解上，而不是去死扣自己听不懂的词汇和短语，然而目前学生对于听力的认知出现偏差，大部分学生会去刻意要求自己听懂材料的每一个单词、理解每一个句子，认为这样才会理解整个材料，才会完成教师的问题；所以教师在听力教学过程中，应该不断去培养学生的预测和联想能力，要学会对听力材料进行自我信息加工，抓住关键词和对于重要的时间、地点、任务进行记录，通过推测抓住文章的

中心思想。

在听力教学过程中，学习者的心理情感因素也起着非常重要的作用。影响听力教学效果的心理因素是复杂的，大概包括学习动机、学习风格、自我效能感以及性格特征等，积极的心理因素使学生在听力过程中处于积极向上的心理状态，降低大脑皮层的神经活动产生抑制性反应，保持较高的注意力和记忆力，帮助学生建立持之以恒的学习态度和坚韧的意志品质，提高听力效果。因此教师在教学过程中应该根据课前对学生的了解，有针对性的多采用鼓励性语言去鼓励班级学生积极参与课堂，帮助同学明确听力学习的动机，调动学生的积极性和树立自信心，让学生敢于在课堂上张开嘴去表达自己，不去畏惧错误，教会学生正确认识和面对错误。在大部分的英语课堂上，同学们纠结的多是自己的表达用词是否得当，语法是否准确，然而语言表达的目的在于听者是否可以听懂，所以表达的唯一标准就是流畅，引导学生正确认识错误，降低焦虑害怕心理。

以多媒体技术为依托的英语教学课堂改变了传统教学的单向活动性、知识传授性以及教师一言堂的弊端，努力做到通过多媒体技术实现多方向的互动教学。

3. 教师线下异步指导

教师课堂几十分钟教学的结束并不是真正意味着学生学习的结束，新时期的学习发生在随时随地，这就需要学生在课下利用教师设置的"云学习"环境进行自我知识的归纳与总结，同时教师也要通过交流平台实现课下对学生的异步异地指导，建立学生的多元评价模式。

（1）帮助学生利用"云学习"环境，完成自我知识管理

根据学生的能力、成绩、性别等因素而确立的听力的学习共同体或者学习论坛，增加了学生学习的参与感和主人翁意识，学生根据自己的实际需要参与到课程的学习中来，由之前的旁观者变为现在的主人翁，学习的使命感和荣誉感将会有所提高；学生通过教师精心筛选的听力网络连接资源去补充学习课上的听力教材内容，既可以避免被网络上其他内容吸引，分散注意力，又可以高效利用最优的资源，节约了筛选信息的时间和精力，在这种情况下，学习的资料不再是简单的听力教科书和配套练习册，听力学习资源被立体化、形象化、多样化起来，既有传统练习册保证新授知识的练习和巩固，又有多媒体课件、影像资料、扩充听力习题库来拓展学习能力，满足了听力不同程

度以及不同学习风格的同学的学习需要，拓展了学生的视野，增强其举一反三，融会贯通的能力，每位学生的听力对象似乎被个人定制了一般，将个性化教学、因材施教落到了实处，每位学生的特出才能和个性品质都得到了有效发掘，最大限度地保证学生的全面发展。

（2）教师通过网络社区，获得听力学习反馈与非实时指导

教师授课的结束并不意味着整个教学过程的终止，学生课下的评价与反馈以及复听情况也是听力教学的必不可少的组成部分。具体包括学生对于听力教学资源库和教师布置的听力网络课程的学习和利用、教师布置的听力输出作品的完成和上传、自主测试、新课预习以及基于听力特定项目的小组学习等环节。

知识的获得并不是学习的终极目标，知识的应用才是知识掌握与否的标准，也就是指"管道"比"管道中流通的知识"更加有意义，所学知识要转变为学习者解决新问题的辅助手段和工具。所以，在课下学生的自主学习都是采用问题导向式或者任务驱动式的学习，把问题的求解作为学习的目标，在学习过程中提高学习者对知识的实际应用能力。

教师借助于网络进行多媒体课件的制作、网上非实时指导、网上布置任务、网上组织学生自主学习和小组协作学习，学生借助于教师创建的学习共同体或者学习社区完成教师布置的作业，通过网络提供的博客、电子邮件和QQ以及微信等聊天工具获得教师的同步或者异步指导。遇到难点问题和同组同学讨论或者去资源库查找资料，让学生意识到学习行为是发生在小组间的，培养学生把学习成果分享的意识以及团结协作的意识。

（3）采用多元评价模式，实现学生全面发展

听力课堂教学方式和学习方式的转变必然带来学生评价方式的变化，新式的英语听力课堂要求教师必须采用多元评估方式来对学生进行评价，混合式学习所关注的不仅是结果性评价，学习过程的评价也是教师和学生所关注的对象。让教学评价贯穿于教学过程的始终。学生所展现出来的各种学习行为的变化都应该被教师记录在案，比如学生在小组讨论中的积极程度、在教师提问中的踊跃度以及用全英文与教师、同学交流的频率，与听力习题的正确率一起构成一个全方位的学生评价，保证学生的全面发展；同时教师也要注意学生在听力学习的及时反馈，在教学过程中及时修正教学进度和教学事件，把教学反思穿插在教学过程中。

通过课前、课中以及课后三大阶段的教学策略的设计，全方位地保证教学效率，使在教学过程中教师的主导性作用和学生的主体性地位得到了切实保障；课堂教学与课后扩展相互补充，既巩固了听力课堂教学的内容又可以实现学生在课下自定步调的自主性学习，学生根据自己的实际情况选择听力练习内容，也可以通过教师帮助搭建的交流渠道中进行合作学习。线上线下高频率互动，把听力的教学与学习环境镶嵌到整个学科知识网络中，构建自己的个性化学习环境。

二、混合式学习理论在高校英语口语教学中的应用

（一）混合式学习在高校英语口语教学中的应用策略

文秋芳的输出驱动理论认为，就教学过程而言，输出比输入对外语学习的内驱力更大，以语言输出为驱动不仅可以促进接受性语言知识的应用，还可以激发学生学习新语言知识的欲望。然而现实中应用型大学的英语课程课时很有限，一个教学班级人数往往超过 60 人，再加上学生普遍英语听说基础薄弱，教师很难充分有效地在课堂上开展英语听说活动，也难以满足学生提升语言输出能力的需求。

在传统的英语听说课堂上，大部分时间是教师先进行语言输入活动，学生主要是被动听取录音和教师的内容讲解。而在混合式教学形态下，教师需要对课堂教学环节进行重新设计以加强学生的参与度和主动性。建构主义理论认为"情景""协作""会话"和"意义建构"是学习环境中的四大要素或四大属性，而混合式学习会对这些要素进行重构。通过研究混合式学习的一些精品课程我们能了解其背后的教学要素安排，并经由大学英语口语教学实践来设计和反思可以激活学生语言输出能力的高效课堂。付诸实践方面，首先，英语教师需要安排混合式学习的课程计划表，把口语训练目标落实到课程单元教学中。教师应当明确每个单元的语言点、口语应用重点和难点，单元主题可以训练哪些方面的语言输出技能，并探索恰当的教学方法，设计多感官参与、内容形式多样的自主学习任务。然后在课堂上教师需要把各种教学活动分类，明确每个活动相关联的训练主题。在高校英语口语教学中实施混合式学习一般分为课前、课中和课后三个步骤。

第一步，课前可以先根据课程单元内容鼓励学生弹性开展组队学习，每

组都能自由选择学习内容、自由把握学习进度。在整体化的学习计划下，网上的部分，教师设计出"核心知识"的模块，将最基本的、将来会考试的知识汇总于其中。这样迫使学生提前在网上做好预习。然后学生自选学习任务，以满足个体的需求和兴趣。整个过程中，英语教师可以通过网络或社交媒体对学生提供指导、监督和帮助，促进学生表达技能、合作能力、自我认识等方面的发展。在这个阶段，教师充分发挥学习的指导者和知识内容的意义建构者的作用。

第二步，传统的英语课堂"以教师为中心"，教师花费大量时间对学生灌输语法和词汇知识，学生却很少有开口的机会，即便得到开口机会，也往往由于对主题内容缺乏个人想法和个人体验而无话可说。混合式学习的英语课堂上，教师可以采用苏格拉底式的问答，转单项讲授为互动提问，不断引导学生表达、聆听和思考，帮助学生获得参与感和成就感。上课期间还可以采用任务型合作学习让每个小组展示自己的成果，由学生们组织举办不同主题的派对，并与同学进行英语会话，来有效提升学生的口语能力。由于学生已经在课前预习了相关单元主题的内容，掌握了一些基本的词汇和表达方式，获得了较多授课内容的知识输入，所以能在课堂上更好参与语言输出活动。在这个阶段，学生的角色是知识内容的主动建构者、学习的主体，而教师则是学习的促进者。

第三步，传统的听说课程评价方式以听力考试为主。采用混合式学习后，教师的评价工具和手段应该更加多元化，更侧重于过程性评价。所以课后可以在网上鼓励学生用各种方法展示自己的语言表达能力和所学知识，比如开设课程的交流讨论板块，在线测试、网上作业、部分课堂活动的录像，让学生在自评和互评中提升信心。最终的学科成绩可以采用口语和听力测试相结合的方式，加大平时表现的分值比重，达到以评促学、以评促教的目的。

(二) 大学英语口语混合式教学生态模式建构

1. 有形课堂与无形课堂的混合式建构

在"互联网+"时代，应充分发挥互联网技术及思维方式的优势，将现实有形的大学英语课堂教学与虚拟无形的网络教学相混合。如今的课堂已经远不是粉笔加黑板的形态。多媒体、网络技术的发展给大学英语课堂注入了新鲜的活力。语言学习本身是一个极为枯燥的过程，与互联网相结合，使语言学习变得更加立体、丰富和实用。在语言学习中，传统大学英语口语课堂教学与网络教学平台学习优势互补，相互促进。传统大学英语课堂教学为口语训练提供了面对面交流、沟通的平台，有助于学生更真切地融入社会情景中，达到言语交流与非言语交流的和谐统一。

网络教学平台的优势在于能够为学习者提供丰富的学习资源和多样化的交流工具，突破时空限制，满足随时随地学习的要求。有形课堂与无形课堂的混合式建构将两者的优势充分结合起来，从而达到更理想的教学效果。口语水平的提高既需要基本知识点的课堂讲授，也需要有大量真实环境中的语言训练。学生以个人或小组为单位，在生活各个真实场景中进行合作学习，完成口语操练任务，教师通过互联网时空如微信、QQ、网络教学平台等社交工具建群，及时进行答疑与指导，加强与学生的互动交流，有效填补了课后教学时间的空白，有助于学生合理利用课后大量碎片化时间，实现时时练习、处处练习，从而达到强化口语训练的目的。

2. 多样化教学方式的混合式建构

"互联网+"时代下，传统单一的以教师为主导的大学英语口语教学方式已经不能满足社会对人才的需求，口语教师可以努力尝试综合接受式、探索式、自主式、合作式、项目式等多样化的教学方式。多样化教学方式的混合式建构有利于增强学生口语表达的主动性和积极性，提高学生学习的主体地位，促进师生间的互动交流，将学生与教师、学生与学生之间的认知和情感互动完美融合，形成良好的"教学相长"的学习氛围。

具体而言，在口语教学过程中，教师可以在课前将每次口语课预习任务呈现在网络教学平台中，学生以个人或小组为单位自主开展预习、讨论，对任务的内容做出预先准备。在这期间，教师可以通过教学平台或网络通信工具与学生保持沟通，必要时进行指导。这就为课堂的练习与任务完成节省了大量的准备时间，保证更多的学生能够参与课堂口语活动，提高口语学习的有效性。在课堂教学环节，学生可以利用网络下载丰富的、具备知识性和趣味性的、与课堂教学内容相关的视频资料和音频资料，从中进一步选取发音纯正、难度适中的材料进行深度学习，如进行模仿表演或配音，还原视频中的剧情，适应语速，改正语音语调，加深对口语中连读、重音、爆破、弱化等相关发音技巧的理解。对于热点新闻、有争议的社会问题，可以学习脱口秀、演讲视频，选取自己感兴趣的话题与组员进行讨论或辩论，提高阐述观点和表达意见的能力。在这一过程中，教师要积极为学生的口语表达提供指导和支持，成为学生学习的引导者和促进者，及时观察学生在口语任务中个人参与情况和口语输出质量。对于学生在课堂展现的口语活动，教师也应及时给出点评。在课后教学环境中，教师应充分利用网络教学平台、微信群、QQ 群与学生进行互动，合理布置口语复习任务，实时掌握学生的学习反馈和问题，切实督促学生课外合作学习，保证课外学习效果。网络技术的发展使得教师由"台前"逐步转移到"幕后"，口语教师更多扮演的是引导者、启发者、策划者、舞台设计者、导演、主持人，以及督促者和评价者的角色，互联网、多媒体和移动设备则是道具。

3. 多形态教学资源的混合式建构

具体而言，大学英语口语课堂教学应突破传统仅是教师预先下载各类教学资源的局面。在这一过程中，教师通常会遇到部分教学资源有下载权限限制的问题，下载数量有限。在"互联网+"教学环境下，教师和学生在面对面的课堂教学环境中就能够直接共享网络中丰富多彩的教学资源。教师还可以利用微课技术录制与知识点相关的微课视频，学生可以根据课堂学习情况进行自主学习、查漏补缺。学生完成的对话练习、英文短剧、新闻采访、英文演讲等视频也上传到网络教学平台，实现资源的共享。随着网络技术的进一步发展，教师在口语课堂中可以直接连线远程直播、及时会话等，让学生直接感受到真实的语言环境和文化环境。教师也可以在课后利用微信群、QQ群、网络教学平台等将学习资源、网络链接、授课课件等资源及时推送给学生，为学生课后学习提供资源保证。

4. 多元化教学评价的混合式建构

在传统的大学英语口语教学评价中，教师是评价主体，终结性评价是较为常见的评价方式。在"互联网+"时代下，充分关注学生学习的个性化、自主化也需要有效的教学评价方式。教学评价的目的是检验教学成果及学生的学习效果，及时发现教学中的问题，从而更好地促进教学。"互联网+"教育背景下，大学英语口语教学评价体系日益多元化，形成性评价与终结性评价结合、线上评价与线下评价结合、行为性评价与形成性评价相结合的方式能够及时有效地监督每一名学生的学习效果，有助于教师在第一时间内掌握学生的学习状况，综合考察学生的自主学习能力、课后学习态度。

具体而言，在口语教学中，学生的音频、视频学习资源利用情况、口语活动中的合作程度、课堂回答问题情况、答疑情况、作业提交情况等信息都能被准确收集并加以量化。教师通过数据的收集，分析成果，提出改进措施，作为学生口语成绩过程性评价的一个重要构成因素。此外，教师不仅需要自己对学生课堂及课后的口语成果做出评价，也应鼓励学生参与自评和小组互评，提出值得学习及改进的地方，训练学生观点阐述的能力。教师在综合学生自评、互评基础上做出终结性评价。口语教学评价中纳入学生自我评价、同伴互评等，能够全面体现教学个体口语学习情况及与同伴合作学习情况，及时督促和指导学习过程。"互联网+"教育背景为学生相互交流、讨论，及时分享口语成果提供了便捷条件。在网络技术支持下，学生的评价反馈更具有及时性与科学性的特点，从而达到充分调动学生口语表达积极性、有效性的目的。

大学英语口语是一门应用性和实践性较强的语言课程。传统大学英语口语教学学时少，教学渠道单一，无法满足社会对应用型人才的需要。"互联网+"背景和混合式教学理论给大学英语口语教学改革提供了新的理念和思路，也带来了新的挑战和机遇。大学英语口语教学应充分利用网络技术的优势，打造网络教学与课堂教学有机融合的混合教学生态模式，建构多样化教学方法、多形态教学资源以及多元化教学评价，促进技术与课程深度融合，推动英语口语教学向个性化、科技化、数据化方向发展，顺应新一轮大学英语教学改革趋势。

第三章　混合式学习理论模式下的高校英语阅读与写作教学

使用混合式教学模式，可以将应用型高校英语阅读课程的理论教学与实践教学相结合，同时在应用型英语阅读教学中融入更多听说读写方面的内容，提高教学内容的丰富程度，进而提高课堂教学的效果。此外，混合式学习理论融合了传统教育理念和现代教育理念，是一种新型的学习理念。教师在英语一体化教学中应用混合式学习理论是非常有意义的，有助于充分发挥学生的主体地位，能够有效培养学生的自主学习能力，促进教学相长，实现师生共同进步。

第一节　现代高校英语阅读与写作教学现状内容与目标

阅读是学习英语语言的一种能力，也是一种心智技能。阅读作为语言学习的基本技能之一，不仅让我们获得信息和乐趣，更是巩固和扩大目的语知识的重要途径。英语阅读教学一直都被视为英语语言教学中一个重要的组成部分。其目标是培养学生英语的综合运用能力，提高学生的自主学习能力，增强学生的综合文化素养，使学生能够适应我国经济发展以及国际交流的需要。本节主要论述了高校英语阅读教学现状分析、高校英语阅读教学的内容与目标、混合式学习理论应用于高校英语阅读教学的意义以及混合式学习理论在高校英语阅读教学中的应用等内容。

一、高校英语阅读教学现状分析

（一）高校英语阅读教学存在的问题

阅读教学是英语教学的重点，但长期以来一直存在着一些误区，很多教师一直认为上课只要是就文章多提问并加入文章结构的讲解，就是在进行阅读教学了，其实这只是一种程式化的做法。要真正讲好阅读课，还是要从词汇、句子结构分析开始，进而讨论文章的结构、内容及作者的写作风格和文章的历史、文化背景等方面，把一篇文章讲透、讲深才是真正上好了阅读课。

1. 阅读课目的不明确，重点不突出

眼下阅读课的基本格局是读一篇短文，做一些包括词汇、阅读理解、阅读技巧、分析中心思想、消化细节、解读结构、中英翻译等的多项练习，看似全面，什么都没有漏掉。可惜课时有限，每周仅两节，时间那么少，要解决的问题却那么多，结果只能如蜻蜓点水，每一方面都接触一下，但哪一方面都不深入。学生更是无所适从，每节课都匆匆完成一个项目，又被赶往下一个。一个学期下来，似乎该完成的学习都完成了，一节课也没有拉下，但学生的阅读能力却没有什么长进。

2. "精读"与"泛读"界限不分明

"精读"实际上就是细读，要求学生高声朗读，反复背诵，要求教师充分备课，讲解细致。而"泛读"要读得泛，读得多，读得快，读得懂，通过多读来培养语感。而现在的情况恰恰相反，"精读"处理过粗，"泛读"则又处理得太细。于是造成"精读"不"精""泛读"不"泛，两门课之间的本质性差别被抹去了，直接影响阅读效果。❶

3. 阅读量太小

现代英语教学注重英语综合应用能力的提高，可以说"泛读"更加重要。而现在的状况是，"泛读课"读得很少，学生所阅读的篇章也很短，阅读量很有限，这很难让学生学会阅读。可"泛读课"课时有限，不可能多读，所以应该向课外要时间，充分利用学生自主学习时间完成部分阅读。同时学生可以自主地在网上或杂志上选择他们感兴趣的文章，在无压力状态下轻松阅读，这样既增加他们阅读的兴趣，又能起到提高英语阅读能力的作用。

4. 教学模式不当

大学英语阅读教学有两种主要的教学模式。

（1）以语言形式学习为主的教学方法

这种教学方法认为阅读课就是学习词汇和语法，只要能读懂句子，就学

---

❶ 王笃勤. 英语阅读教学 ［M］. 北京：外语教学与研究出版社，2012.

会了语篇。这种教学方式老师只要借助教参和字典就能通览全篇，弄清楚文章的主要脉络和词义、句义即可，同时这种方式对于学生通过考试也有立竿见影的作用。然而这种阅读教学方式只侧重对文章词汇、习语、固定搭配、重点句型等的掌握，不能引导学生对整个语篇进行整体掌握，了解文章的语篇结构、写作意图、主题意义等。此外，这种教学模式通常采用一种传统的灌输型教学方法，不能启发学生的创造性思维，也很难调动学生学习的积极性。

（2）以语境和功能为主的教学方法

这种教学方法注重对语义的理解，知识面的扩大，语境特征的掌握，不注重对基础的词汇和语法特征的学习。在这种阅读教学模式下，老师通常让学生快速阅读语篇，然后讨论语篇的主题意义、交际目的、语篇结构等。

在这种阅读教学过程中完全忽略了对基本语言形式的学习，但在大学英语教学过程中，很多老师发现有相当一部分大学生在口语表达和写作训练中经常出现词汇的拼写错误、语法错误等语言形式上的错误，学生的英语语言基本功并不扎实。可见，这两种英语阅读模式在一定程度上都存在较大的缺陷。要想既能提高学生在语言形式上的英语基本技能又想在语篇和语境上有较高的把握能力和鉴赏能力，需要有一种能够将语言形式分析和语境分析有机结合的新型教学阅读模式来指导英语阅读教学。

5. 学生自身不良的阅读习惯

对许多学生而言，英语阅读是一件费时费力的苦差事，他们往往花费大量的时间和精力去阅读一份英语材料，却依然不知其所云。由此，他们逐渐对英语阅读丧失兴趣，进而惧怕阅读，甚至放弃阅读。要提高学生的阅读能力，首先要培养学生的阅读兴趣，其次要帮助他们提高阅读效率。审视学生的阅读习惯和阅读方式，会发现现在很多学生都有不良的阅读方法。具体有以下几个方面。

（1）见生词就查字典

有些学生阅读文章时，一遇到生词就习惯性地停下来查字典。本来按照上、下文的意思进行推测是完全可以理解的，但就是不愿意那样做，生怕出现错误，这实际上是对自己没有信心。这样的阅读大大放慢了阅读速度，使自己阅读到的内容支离破碎，很难理解阅读到的信息，阅读效率自然低下。

（2）过分注意语法

有些学生在阅读时明明读懂了，却死抠语法，非要把一个句子肢解成各个语法术语。这类学生的错误在于没有真正明白语法在语言学习中的地位和作用，忽视了学习语法只是过程，是为了更好地学会使用语言，而不是学习的最终目标。要克服这种毛病必须认识到死抠语法的害处，它会使学习者死钻"牛角尖"，忽略学习语法的最终目标是借助语法进行交际，落脚点是理解和表达交流的内容。语法知识的掌握是靠针对性学习的结果，在实践中用来解决疑难问题，而不是见到什么句子都用语法规则去套，那不是学习语法的目的。

（3）边读边译

在阅读时，许多中国学生总是以母语模式去思维，恨不得将每个句子都翻译成汉语，这不仅会影响阅读速度，也会使自己进入阅读的误区。因为中文和英文的词汇并不一一对应，它还受到社会制度、风俗习惯、思维方式、价值观念、道德标准、生活方式等方面影响。因此，在学习英语时，学生要学会用英语的文化模式进行思维。此外，教师还可利用快速阅读训练帮助学生摆脱这种不良习惯，因为快速阅读的文章难度适中，要求学生在规定的时间内完成，这样学生就没有时间去重复翻译，学生也会逐渐地学会用英语思维了。

（4）慢读加声读

许多人在阅读时，常常喜欢慢吞吞地用手指着文字，轻声地念出来，或嘴上不念出来，心里却在发出读音。他们以为，这样慢慢地读，就会对文章信息了解得更多，理解程度也越高，事实则不然。做一个实验，看一篇文章（英、汉均可），人们就会发现，快速无声的阅读更能使读者抓住文章中心，了解文章里的信息，而那种慢读加声读的不良习惯反而阻碍了读者对文章的理解，因为它过分依赖言语而非语意，这对阅读效率的提高是十分不利的。

（二）高校英语阅读教学问题的原因分析

1. 学生语言基础知识薄弱

阅读的过程是读者和文本互动的过程，是读者对文本不断解码和编码的过程，读者的语言知识对读者的阅读理解影响最大，读者对文本信息的加工有赖于其语言知识。由于大部分大学生词汇量不足，阅读量偏少，因此在进行英语阅读学习时，他们总是文章看不懂、内容不理解，这就导致教师在上阅读课时总喜欢对文本内容一词一句的翻译来帮助学生理解，形成一种以教师为主体，学生被动灌输知识的教学模式。

2. 教师受传统教学观念的影响

由于受传统教学观念的影响，很多老师总是习惯于以教师为中心的教学模式，课堂上满堂灌，从头讲到尾，忽视学生学习的主体地位，缺乏对学生阅读兴趣的培养和对学生阅读策略的指导。在这种教学模式的长期影响下，学生对老师产生一种严重的依赖感，不会去主动学习，缺乏自主学习能力，学习效果也非常的低效。

3. 教师自我发展停滞不前

随着国家的发展，人们对教育越来越关注，对高校英语教师的专业水平也提出了更高的要求，但是有些教师平时疏于阅读教学理论的学习，自我发展停滞不前。阅读教学中唯经验论，认为经验是其实践的总结，其一切阅读教学活动都是围绕教材，阅读课变成阅读练习课，大部分时间花在语言知识的讲解上，阅读教学变成教教材而不是用教材，重"考"不重"教"缺乏阅读技巧和方法的指导。还有些教师平时自己在阅读时不积极使用策略，导致他们的阅读策略教学意识淡薄，在阅读教学中不自觉地屏蔽了策略教学。

4. 英语阅读考试形式单一

一直以来，英语阅读考试基本上都是以选择题为主的形式进行的，这种形式方便了教师阅卷却不能了解学生的阅读思维过程，而且对英语阅读教学也产生了消极作用，许多教师把阅读课变成了阅读选择题训练，以至于很多学生不通过思考也能选择，甚至有的学生根本连文章都不读直接瞎蒙答案，这样对学生阅读习惯的养成和思维能力的提高很不利。

可以将混合式学习与英语写作教学结合起来，充分利用现代信息技术，发挥线上线下两种教学模式的优势，发挥学生的主体性，促进学习者之间的互动和合作学习，降低写作焦虑，提高英语写作教学效果。

二、高校英语写作教学现状分析

（一）高校英语写作教学中存在的问题

写作始终都是英语教学的一个薄弱环节，并形成了对待英语写作"教师犯难，学生发怵"的现状。从当前的英语写作教学状况看，英语写作教学还存在如下几个问题。

1. 课程设置不合理

在英语教学中，因课时有限，对单元课文讲解、听力理解、阅读理解等耗时过多，留给写作教学的时间就少之又少，进而导致写作变成了可有可无的教学内容。另外，由于一些学校并没有设置专门的写作课程，所以写作教学的效果自然得不到保障。尽管当前的英语教材均有对应的"听、说、读"等配套练习，但却少有"写"的材料。虽然每一个单元均有专项写作练习，但它们多是被动性的，配套教材的短缺使写作技能训练非常零碎，不够连贯。在这种情况下，加之课时得不到保证，学生的写作水平显然是难以得到提升的。

2. 教学方法陈旧

在传统的教学模式中，英语教学过分注重词汇、语法等知识点的讲解，却很少涉及语篇的结构以及语篇的内容分析等。这就导致学生虽然知道很多的词汇和语法知识，但在语言表达时却不尽人意。学生在写作中经常出现无话可说，或者语言空泛没有内容的问题，这都是因为教学方法过于陈旧，无法适应现在社会对英语人才的需求。当学生完成一篇写作后，教师一般只对学生的写作内容中的语法知识进行讲解，并不会针对其构思和语篇结构等进行评价，这也是导致学生写作能力差的一个重要原因。教师在写作教学中与学生的互动较少，对学生的有效性指导很少，久而久之，学生就对写作失去了兴趣，写作能力的提高也就无从谈起。

3. 批改方法不够科学、系统

在英语教学中，一些教师的批改方法缺乏科学性和系统性。学生交上了作文之后，教师经常忽视学生在整个写作过程中思维能力的培养，将批改的重点放在纠正拼写、词汇以及语法等句子水平上的错误，甚至一些教师不给学生独立写作的机会，而是一味地要求他们抄写范文和背诵范文。这种批改方式使学生成了被动的接受者，所以学生很难主动地认识并改正自己的错误，进而出现了教师反复改，学生反复错的局面，导致学生对写作消极应对，望而生畏，写作水平难以提升。

4. 应试倾向明显

学生写作能力较差，这不仅是教师的教学方法不够科学、系统等原因造成的，还受到中国应试教育制度的影响，当前中国的考试制度对写作的考核很少，写作考核的分值在总体分值中所占比重较小。写作考核的试题通常都是命题式作文，这就使得很多学生的作文构思千篇一律，文章结构也很类似，普遍采用"三段式"结构，这样既不利于学生创新思维的形成，也不利于学生克服母语对英语写作的影响。

5. 教学改革较为滞后

随着新课程改革的全面推进和不断深入，英语教师对新课程下的写作教学有了新的认识，但在实际的英语教学过程中，写作教学的改革相对较为滞后。有不少教师不注重对学生英语思维能力进行多方位、多角度的训练，也不使用各种方法训练学生英语思维的发散性、创造性、广阔性与深刻性。事实上，英语教学是一项整体工程，写作教学与口语教学、阅读教学以及其他形式的教学之间是互动互补和彼此关联的整体。但在当前的英语教学过程中，教师并没有将写作教学放在这个整体的项目中，这就产生了为写作而写作的现象。

（二）高校英语写作教学问题的原因分析

造成这些问题的原因是多方面的，概括来讲主要有下面几个方面：

1. 系统性不足

写作教学的系统性不足主要表现在三个方面：教学目标不系统、教学方法不系统以及写作指导思想不系统。

（1）教学目标不系统

任何一种技能的学习都不是一蹴而就的，其教学也不可能取得立竿见影的效果。因此，英语写作技能的培养也需要一个循序渐进的系统过程。这种循序渐进首先就要体现在教学目标的系统性上，这是实现英语写作目标的基本保证。

英语写作目标缺乏系统性是因为总体目标（即针对学生的生理、心理特征，结合写作教学的自身规律，并在英语课程要求中明确规定的总体任务）与阶段性目标（即根据总体目标制定的一系列的阶段性目标）之间互不协调，总目标与子目标之间连贯和衔接的科学性严重缺失。造成这一现状的原因可能是显性目标与隐性目标系统不平衡导致的，也可能是教师对写作的目标体系与学生实际写作之间关系的模糊认识所造成的。无论是什么原因，这种写作总体目标与阶段目标的不协调显然会影响目标的总体实现。因此，学校、教师都必须克服这些不利因素，把握好英语写作教学的总体目标和阶段性目标。

英语写作教学目标之所以难以实现，一个主要的原因就是教师对英语写作教学目标与学生实际之间关系的认识不清。事实上，目标是教师和学生对学习结果的期待，是一个未实现的状态，因此教学目标与学生的实际之间必然存在一定的差距，适当的差距对学生写作能力的提高而言是有利的，而过大或过小的差距则不利于学生写作能力的提高。基于这一点，英语写作教学可被视为帮助学生向目标逼近的过程。英语教师和学生可以借助目标与实际之间的距离，设定一些教学或学习的步骤，并熟悉实现每一环节目标的条件、困难和可能性。否则，一旦教师对写作教学的目标与学生实际之间的关系和意义认识不清，就会导致行动和反应上的迟缓，直接影响写作教与学的质量。

（2）教学方法不系统

英语写作教学系统性不足还体现在教学方法上。所谓方法，就是一种对活动程序或准则的规定性，是一种能够指导人们按照一定的程式、规则展开行动的活动模式。系统性是英语写作教学方法的内在规定，是有效运用教学方法的重要基础。离开了系统，教学方法也就失去了意义和价值。这是因为，教学方法实际上是整个教学系统的一个子系统。它与教学目的、教学内容以及师生间的互动均联系密切：没有明确的教学目的，写作教学就会迷失方向；而脱离了教学内容，教学方法也就毫无意义；缺少了师生之间的互动性和双边性，教学方法也就没有了价值。因此，不同的教学目的、内容、师生关系应该对应不同的写作教学方法和运作。不同的内外条件，写作教学方法的系统运作会呈现不同的水平和层次。因此，英语写作教学方法的运作必须根据教学系统中的各项组成部分来实施，否则就会造成种种矛盾和冲突，影响写作教学的效率。而对照中国英语写作教学中所使用的教学方法可以看出，这些方法大多是无效的、失败的，因为它们大多不系统、不连贯，缺乏针对性。

（3）写作指导思想不系统

写作指导思想是否系统对写作教学质量的影响极大。写作技能和写作能力的生成虽然需要通过大量的练习来获得，但多练不等于泛练。如果写作练习缺乏目的性，即使花费再多时间也是无用的。另外，从遣词造句到段落和篇章的生成，从写记叙文到写议论文，从构思、行文到修改，整个写作是一个由浅入深的系统操作过程。因此，教师对学生的指导也应具有系统性。然而，中国的英语写作教学大多缺乏这样一种系统性。教师教的时候以及学生写的时候都没有一个明确的目标，更没有一个长远的规划，而是跟着教材随机地教授写作方面的知识和技能，这就大大降低了写作教学的效果。

2. 重形式、轻过程和内容

长期以来，中国英语写作教学一直存在重形式、轻过程和内容的问题，导致这一问题产生的原因如下。

（1）欠缺英语思维

在英语写作教学中，教师往往强调学生要用英语思维来写作，避免使用中式英语。然而要做到这一点很难。毕竟对中国学生来说，英语是一种外语，汉语才是母语。学生的汉语思维模式已经根深蒂固，要想使英语思维成为习惯是极为不易的。

另外，很多人认为，英语写作中侧重语言形式的作用是必然的。所以，在英语写作教学中，重视文句的规范性与文章结构，忽视文章的内容和思想的现象仍然大量存在。部分教师也将文章结构和语言形式看作写作教学的主要内容。而初学写作的学生更是将学会把握文章结构和形式视为写作学习的终极目标。这些最终都使写作的教与学流于形式，很难触及写作的核心。

（2）受历史传统影响

在早期的英语写作中，为了快速写出一篇符合要求的英语文章，人们常常模仿类似文章的语言形式和文章结构来写作。久而久之，教师和学生都将形式作为了英语写作教学的重点，而忽视了写作的过程和内容，写作变成了一种模仿，而非创造。

事实上，内容和过程对于写作来说也是很重要的。一篇好的文章应该具有丰富、深刻的内容，而这些内容仅仅依靠对形式的模仿是无法实现的。语言的形式和文章的结构仅是作者表达思想和情感的一种手段。学生能否把握文章的结构和格式固然重要，但如果过分强调它们的作用显然并非好事。因为文章的思想和观点是写作和写作教学的根源，而文章结构和语言形式则是写作和写作教学的支流，根源上得不到保证，支流显然就失去了存在的基础。因此，英语写作教学必须处理好源与流、本与末、主与次的关系，在注重写作形式教学的同时还要重视写作内容的教学以及学生写作能力的培养。

3. 教与学相互颠倒

一方面，写作教学中仍存在教师大量讲解理论知识的问题，使学生，尤其是初学写作的学生，很容易觉得写作枯燥、无用，产生厌倦、畏难等情绪，因而丧失对写作的兴趣，最终影响英语写作教学目标的实现。

另一方面，教师常以自己的写作经验为基础来指导学生写作，常对学生使用一些不恰当的话语指令或规则指导学生，剥夺了学生的话语权，限制了学生的独立思考，简化了学生写作过程的心理体验，遏制了学生写作中的创造性，使他们产生盲从的心理。这显然颠倒了写作教学中的师生地位，而且也很容易使学生在写作过程中在构思、行文和情感体验上出现雷同现象，写作创造能力得不到真正的提高。

4. 重模仿、轻创作

重模仿、轻创作是中国英语写作教学的一大弊病，尽管模仿是写作教学的起始状态，也是学习写作的必经阶段，更对中国学生学习写作起到了促进作用，但模仿并非写作的最终状态。它虽然能够提高学生写作学习的效率，但过度的模仿并不利于学生写作能力的持续发展。因为写作不仅是一种个体的心智行为，更是一种创造的过程。从构思、行文到修改，写作过程始终体现着作者的个性特点与独立思考能力。写作过程中的意义和价值都是由学生创造而来的，一味地模仿必然会抑制学生的写作积极性与主动性，进而影响学生写作动机和兴趣。

5. 批改方法缺乏有效性

作文批改的方式方法也是写作教学中存在的一个显著问题。很多教师在批改作文时，重点仍然放在纠正拼写、词汇以及语法等方面上，而忽略了学生在写作过程中思维能力的培养，这会使学生过分追求写作时的语言正误，而忽视了对文章结构、逻辑层次的把握。

另外，教师对学生作文的批语也同样重要。有的教师一味指责学生写作中的错误，而缺少鼓励，这会打击学生写作的主动性，导致他们消极应付、望而生畏，对自己写作中出现的错误不能很好地改正。

三、高校英语阅读教学的内容与目标

（一）高校英语阅读教学的内容

高校英语阅读教学的内容涉及多个方面，其过程既是一个思考、理解和接受信息的过程，也是一种复杂的心智活动和情感活动的过程。

1. 英语课堂技能

英语阅读课堂教学内容包含培养学生的各种阅读技能，具体包含以下方面。

（1）辨认单词；

（2）猜测陌生词语；

（3）理解句与句之间的关系；

（4）理解句子及言语的交际意义；

（5）辨认语篇指示词语；

（6）通过衔接词理解文字各部分之间的意义关系；

（7）从支撑细节中理解主题；

（8）将信息图表化；

（9）确定文章语篇的主要观点及主要信息；

（10）总结文章的主要信息；

（11）培养基本的推理技巧；

（12）培养跳读技巧。

2. 社会文化背景

教学实践表明，学生的文化背景知识越丰富，阅读的能力就越强。阅读理解过程是学生的文化背景知识与所接触的阅读材料之间互相作用的过程。阅读材料本身是无意义的，它只是为学生指路，让学生根据自己早已具备的知识，去建立起作者表达的意思。如果学生大脑中没有这个背景知识，那他就很难正确理解这句话的意思。因此，在阅读过程中，文化背景知识越丰富，阅读范围就越大，难度就越低。教师在阅读教学中应该重点培养学生从意义上驾驭文字、从理解上驾驭知识的英语阅读技能。这既要求教师在阅读教学中指导学生通过大量的阅读丰富背景知识，又要求教师帮助学生通过文化背景知识的增加，提高英语阅读能力。

总之，文化背景知识是一个人所读所闻所感的日积月累，也是人生一切经验的积累。而英语阅读是吸收信息，特别是提高英语能力的最重要的手段之一，文化背景知识在阅读中的作用不可低估。为了提高英语阅读能力，教师在教学中应有意识地帮助学生排除非语言障碍，利用各种途径，充实他们的文化背景知识。

实践表明，对于稍有英语基础的学生来说，使用内容较熟悉的阅读材料有助于英语知识的吸收，因为学生或多或少已具备相关的背景知识，容易理解文章。可以集中注意力学习语言表达和语法知识。

总之，英语教学目的是要使学生达到掌握语言的能力，并使之加以合理运用的程度，因此，不可忽视文化背景知识在英语教学中的重大作用，它是英语教学中不可忽视的重要环节。

（二）高校英语阅读教学目标

《大学英语课程教学要求》也明确了英语阅读教学的目标，主要包含以下几个方面。

1. 一般要求

（1）能读懂一般性题材的英文文章，阅读速度达到每分钟 170 词；

（2）能借助词典阅读英语教材和题材熟悉的英文报刊文章；

（3）能读懂生活和工作中常见的应用文体的材料；

（4）能使用有效的阅读方法。

2. 较高要求

（1）读懂英语国家大众性报纸杂志上一般性题材的文章；

（2）能阅读所学专业的综述性文献，并能正确理解中心大意；

（3）在快速阅读篇幅较长、难度适中的材料时，阅读速度能达到每分钟 120 词。

3. 更高要求

（1）能读懂有一定难度的文章，理解其主旨大意及细节；

（2）能阅读国外英语报纸杂志上的文章；

（3）能比较顺利地阅读所学专业的英语文献和资料。

4. 流程阅读

流畅阅读指快速的、有目的的、交互的、理解性的、灵活的阅读。它是通过学生的长期努力不断发展的结果，而阅读教学的目的就是培养流畅的读者。

（1）流畅的读者的特点

第一，流畅的读者解码比较快，他们对上下文的依赖性较小。流畅的读者上下文的意识也许更强，只是在阅读中他们并没有过多地依赖上下文而已。

实际上随着读者水平的提高，他们对上下文的依赖性将会越来越少；

第二，流畅的读者很大程度上不是依靠猜测来理解词法和句法的含义，而是靠一种无意识的自动解码。对于不理解的单词，一个流畅读者通常是跳过而不是利用上下文等策略猜测词义；

第三，流畅的读者能够根据自己的生活经验，利用自己已有知识预测文章的发展和作者的态度，利用预测的信息评估已读信息，判断其是否有价值，从而对作者的写作意图做出反应；

第四，流畅的阅读者能够有效地运用各种阅读策略监控其阅读过程、理解阅读材料。

（2）影响阅读的因素

要培养流畅阅读的能力，就必须了解促进或影响阅读的各种因素，从而能于教学之中利用有利因素，控制不利因素。一般来说，影响阅读的因素有以下几种。

① 背景知识

缺乏必要的背景知识是造成阅读困难的主要原因之一。

② 词汇的扩充

词汇的扩充是阅读理解的主要组成部分，词汇量的大小预示着阅读能力的高低。词汇量的缺乏、不能自动解码是构成阅读困难的首要原因。据调查，90%有阅读困难的学生都有解码技巧方面的困难。

③ 句法结构

句法结构的陌生同样会给学生理解带来困难，不过句法所造成的理解障碍远不如词汇所带来的困难。

④ 阅读策略

阅读策略是有效阅读的保证，不能正确运用阅读策略就很难在规定的时间内完成阅读任务。

⑤ 兴趣

兴趣可以加深读者对材料的理解，而缺乏兴趣常常是进行有效阅读的障碍。

⑥ 阅读教学

阅读教学的开展对学生阅读能力的提高起着至关重要的作用。教学的程序、采用的技巧、选用的材料、过程的监控、阅读的评估等从不同的侧面影响着阅读教学的有效开展和学生阅读水平的发展。

四、高校英语写作教学的内容与目标

（一）高校英语写作课堂教学的内容

高校英语写作教学的内容主要包括以下几个方面。

1. 结构

（1）谋篇布局

谋篇布局是写作的必要前提，作者可以根据写作目的选择适当的扩展模式。一般来讲，篇章结构是：引段—支撑段—结论段，段落结构是：主题句—扩展句—结论句。当然，不同题材、体裁的文章有着不同的布局方式。议论文主要用于陈述读者认为正确的观点以说明的顺序扩展细节阐述原因重点用来总结或重述论点说明文主要用来介绍主题以时间、重要性等顺序扩展细节说明主题重述主题、描述细节。

（2）完整统一

完整统一要求语篇中的各个部分都与语篇的中心思想有关联，而且各个部分之间互相也有联系。要使一个语篇的表达具有统一性，最主要的是要弄清楚想讲什么，然后将相关信息组织起来，无关的内容一律删除。

（3）和谐连贯

在写作过程中，不仅思路要有逻辑性，段落中句子的顺序也要具有逻辑性。句子与句子之间想要有机地联系在一起，内容需要一环紧扣一环，流畅地展开，使段落成为一个和谐连贯的整体。运用正确的起连接作用的过渡词或词组，可以把句子与句子有机地联系起来，使行文更加流畅，并能引导读者跟着作者的思路去思考问题。英语写作中常见的过渡语包括：表示时间或步骤、表示并列、表示转折、表示让步、表示比较、表示举例或解释、表示相反、表示进一步关系、表示因果、表示结果或总结的过渡语等。但要指出的是，过渡语不可不用，也不可滥用，过渡语的使用需要确保结构流畅、简洁，避免冗长、累赘的描述。

2. 句式和选词

写作中的句式表达除了一般句式外，学生还需掌握其他句式的使用，如强调、倒装、省略等。这些句式复杂多变，因而这就需要学生多加练习。教师可在句式写作教学中采用示范和讨论的方式，增强学生对句式的认知，帮助学生掌握正确的表达方式。词汇的选择通常与个人的喜好有关，它是个人风格的体现。但由于选词也是作者与读者之间的交流方式之一，所以选词还要考虑语域的因素，比如正式用词与非正式用词的选择、褒义词与贬义词的选择等，此外还应考虑角色及读者对象的因素。

3. 拼写和符号

拼写和符号属于英语基础知识范畴，它主要考查学生单词的拼写和标点符号的运用正确与否。尽管拼写和符号都是细节方面的问题，但仍不可被英语写作教学所忽视。构思再出色的文章，如果拼写和符号错误较多，就不能称之为一篇好文章。

（二）高校英语写作教学的目标

高校英语写作教学的目标一般有以下三个方面的要求。

1. 一般要求

（1）能掌握基本的写作技能；

（2）能写常见的应用义；

（3）能描述个人经历、观感、情感和发生的事件等；

（4）能在 30 分钟内完成不少于 120 词的一般性话题的短文，且中心明确，结构完整。

2. 较高要求

（1）能就一般性主题表达自己的观点；

（2）能描述各种图表；

（3）能写所学专业的概要；

（4）能学所学专业的英语小论文；

（5）能在 30 分钟内完成不少于 160 词的短文，且内容充实，条理清晰，语句简洁流畅。

3. 更高要求

（1）能以书面形式比较自如地表达个人的观点；

（2）能用英语撰写所学专业的简短的报告和论文；

（3）能在 30 分钟内完成不少于 200 词的各类作文，且逻辑性强，观点明确。

第二节　高校英语阅读与写作教学应用混合式学习理论的意义

　　混合式学习理论在高校英语阅读教学中的应用具有重要的意义。首先，混合式教学模式整合了课堂学习和网络学习的双重优势，为大学英语阅读教学提供了丰富的资源和多彩的舞台。这种模式不仅连接了课上集体讲解与课下独立学习，还连接了课上评价展示与课后反思。其次，混合式教学模式有助于将应用型高校英语阅读课程的理论教学与实践教学相结合。最后，它可以在应用型英语阅读教学中融入更多听说读写方面的内容，从而提高教学内容的丰富程度和课堂教学的效果。

一、混合式学习理论应用于高校英语阅读教学的意义

（一）促进教师教学角色的转变

　　混合式教学模式应用于英语阅读教学中能够有效提升教师的教学水平。随着网络信息技术的发展，新生的教学模式对传统英语阅读的教学模式发出挑战，教师在教学中扮演的角色也发生了翻天覆地的变化。在混合式教学模式下，教师不再是英语阅读课堂的主体，对课堂全面的控制作用逐渐转变为引导作用。在全新的教学模式下，教师在课堂上的教学不再采用"填鸭式"的教学手段，而是由学生在课外进行线上的自主性学习，教师在课堂外起到督促作用，而在课堂上起着指导学习深入讨论和答疑解惑的作用。教学的主体转变为学生，学生真正成为课堂和学习的主人，由被动地接受知识转变为主动地寻求知识，这一教学模式顺应教学改革发展的需要，有利于教师转变教学角色，促进学生更有效地进行英语阅读学习。

（二）促进学生自主学习的能力提升

　　英语阅读教学应用混合式教学模式能够有效提高学生自主探究学习的能力和水平。在混合式教学模式下，教师和学生的角色进行充分转换，学生成为课堂学习的主人，从被动地接受知识转变为主动地探求知识。学生在课外进行线上的自主性学习时会得到教师的充分指导，在教师精心设计的环境下，学生会对自身学习英语阅读时的难点逐渐明晰，并且能够主动与其他学生进

行讨论，旨在解决学习中的相关问题，对于一些难点也会在课堂上进行主动提问，在教师的指导下解决问题。在这种教学模式下，学生会形成一种良性的竞争，渴望在英语阅读中与其他人一争长短，从而自觉投入英语阅读的探索学习中。❶

（三）促进师生之间的良好互动

英语阅读教学应用混合式教学模式有利于增强师生之间的良好互动。传统英语阅读教学的模式下，教师在课堂上先进行英语阅读练习，然后对阅读题目和答案进行讲解，学生在课堂上被动地接受教师传授的知识，课堂气氛一般都比较沉闷，很难促进学生的有效学习。在新的教学模式下，学生在课外进行线上的自主学习，教师主要在课堂上引导学生对线上学习的问题进行讨论，并且对学生学习中的疑难部分进行解答。这种教学的方式不仅有利于课堂教学效率的提升，还有利于在课堂上营造出自由探讨的学习氛围，让学生在课堂上能够畅所欲言，对自己的观点进行充分地表达。例如，部分学生在线上学习时发现一道阅读题目的答案存在问题，而部分学生认为答案是正确的，在课堂上两方在教师的引导下展开辩论，教师帮助学生查找更多相关知识资料来印证各自的观点。在辩论中，教师作为裁判参与其中，与学生之间形成良好互动，帮助学生有效学习。

（四）有利于强化语感，提高学生英语口语和写作技能

众所周知，语感在心理学上应属于被称为理智感的情感范畴。人除了有属性的感觉外还有特殊的关系感觉和情感，借助于这些理智感人们能够直觉地认识各种各样的联系和关系。当人所感觉到的联系和关系还未被意识到的时候，直觉的认识只能是感性的。语感应理解为对语言的感性反映。语言是作为交际手段的复杂体系，使用语言的语感无疑也是一个复杂的结构，可在三大范畴中反映出来。一是，反映词所标志客体之间的联系与关系；二是，反映语言特征的（指语音、词汇、语法、修辞等语言特点）联系与关系；三是，反映两种不同语言体系之间的联系与关系。人在实际掌握语言时，所有这些语言联系和关系已直接体验到，但并未意识到，语言联系和关系的所有

---

❶ 赵凌云．混合式学习理论与高校英语教学的创新探索［M］．长春：吉林出版集团股份有限公司，2020.

这些感性反映形式构成巨大而复杂的感性复合体，这便是语感。这种语感使人能够不必意识到语言的这些或那些特点而实际掌握语言。为了使学生高频率接触除课本以外的英语材料，教师通常会引进各种英语报纸、杂志或书籍等，为学生们提供拓展阅读，并在英语阅读教学的过程中，不断强化阅读输入。随着时间的推移，学生在教师的引导下会逐步养成坚持阅读的习惯。阅读的输入，这不仅有利于培养学生的语感，也在潜移默化中提高了他们的其他技能，如口语表达能力、写作能力等。另外，通过阅读英语短文，学生有机会接触地道的英语表达方式，这既巩固了其原有语言知识，又帮助其积累新的语言知识，无疑对其阅读能力、写作能力的提高都有很大帮助。

（五）有利于接触外来新鲜文化，开拓学生视野

语言是文化的载体，我们都知道要想学好一门语言，必须多多接触它的本土风情与民俗文化，那么英语课堂便给学生提供了一个了解英国、美国等大国的风俗习惯和异域乡情的绝佳平台。有了这些大量多姿多彩的生活场景与日常故事的熏陶，学生们的阅读水平便有了很大的提高，因为在阅读的过程中还可以拓展对外国文化的了解，何乐而不为呢？再者，成绩、语法、时态等绝不会成为限制我们快乐学习的拦路虎，越是困难越要用巧妙的方法应对，让学生吸收外来优秀文化的精髓才是英语学习的最高境界，这样才能切实地帮助学生在阅读的过程中增加自信，降低失分的概率，换而言之，英语阅读材料涉及大量英语国家的风俗、习惯，以及大量的生活场景、日常故事，这对丰富学生语言文化知识有着很大的帮助。语言学家曾经说过："语言是文化的载体"。可见对外语的学习，掌握语法、句式和基本语言技能不是最终目的，了解和吸收一种文化的精髓才是外语学习的最高境界。而英语阅读教学在帮助学生巩固和积累语言知识的基础上使学生对英语国家的历史、文化、政治等有了更为深入的了解，更大限度地提高了学生的语言素养。

二、混合式学习理论应用于高校英语写作教学的意义

（一）有助于丰富教学空间和教学资源

传统的教学模式下的英语写作教学活动的开展，主要是由教师在课堂上对英语写作当中的重点内容予以讲解，再通过范文分析的方法让学生了解英语写作如何去写，而后由教师布置课后的英语写作作业，最后由学生课下完

成，由此可以看出，传统教学模式的弊端在于很容易受到课堂时间和有限资源的限制，这使得老师不能真实地了解学生的写作水平。然而混合教学模式则不同，不仅能够为学生提供丰富的英语写作素材，而且还能有效打破传统课堂教学时间不足的限制，让学生通过网络化的教学方式来深入地学习和掌握更多的英语写作技巧和知识。●

（二）有助于激发学生的自主学习自信心和积极性

与传统的"填鸭式"英语写作教学模式相比，混合式教学模式则更注重对于学生英语写作自信心和积极性的培养，通过多样化的教学方式，学生可以根据自身实际情况，对英语写作学习的时间和内容做出合理科学的安排。同时在混合式教学模式下，学生在进行英语写作的过程中可以通过互联网进行线上交流互动，通过教师对学习过程中的困惑和难点进行及时的线上解答，进而达到事半功倍的效果。除此之外，将混合教学模式应用到英语写作教学当中，学生可以通过"线上"提交作业的方式来有效地解决传统纸质版作业所带来的不便，由教师通过电子版本对每一位学生在写作当中存在的优缺点进行在线批注，学生则能够根据教师的批注情况做出及时的修改，从而帮助高校学生养成良好的英语写作习惯。

第三节 现代高校英语阅读与写作教学中的混合式学习理论应用研究

混合式学习理论是一种将传统的面对面课堂学习和网络在线学习相结合的教学模式。在高校英语阅读教学中，混合式学习模式具有独特的优势和广泛的应用价值。混合式教学模式整合了课堂学习和网络学习的双重优势，为大学英语阅读教学提供了丰富的资源和多彩的教学工具，有效地连接了课上集体讲解与课下独立学习、课上评价展示与课下实践应用。此外，混合式教学模式在应用型高校英语阅读课程中，能够将理论教学与实践教学相结合，同时融入更多的听、说、读、写方面的内容，使教学内容更加丰富，从而提高课堂教学的效果。为了成功地实施混合式教学模式，高校英语教师需要转

● 赵娟. 甚于混合式教学模式的大学英语写作教学研究［J］. 江西电力职业技术学院学报，2019（32）：2.

变传统的教学思想，积极学习多媒体技术，并与时俱进。教师可以通过多种比较活动来认知新旧教学模式的差距，特别是混合式教学模式在英语教学中的推动作用。总的来说，混合式学习理论为高校英语阅读教学提供了一个全新的视角和方法，有助于提高教学质量和学生的学习效果。

一、混合式学习理论在高校英语阅读教学中的应用

（一）混合式学习理论在高校英语阅读教学中应用的原因

1. 网络技术的发展

第三次科技革命之后，信息技术得到世界的广泛关注，互联网不断发展，并逐渐融入人们的日常生活中。与此同时，网络技术也开始应用在教育领域。世界上最早提出混合式教学法的是国外的培训机构，"它是指课堂教学与网络化教学的混合，通过引入 face to face 的教学改进 E-Learning 的不足。"❶ 在中国首次提倡混合式教学法的是北京师范大学的何克抗教授，他认为混合式教学能实现传统教学模式和网络化教学模式的优势互补，在充分发挥教师主导作用的同时，也能充分发挥学生的主体作用，增强学生的主动性和创造性。随着语言研究的不断深入，混合式教学法已广为外语教学者所使用，这对于学生和老师来说都是一个有益的教学方法。

2. 传统教学方法的弊端日益显现

当前我国高校英语教学常见的传统课堂教学模式是学生预习，教师讲解语言点或者逐句讲解，课堂提问，课堂练习等。当前的高校英语阅读教学法过分强调"离开语境的单词或句子"的教学，教师一旦讲到英语阅读就使用旧的传统教学法，似乎只有详细讲解单词的用法和辨别词义才算完成了阅读课的教学任务，其实学生阅读的主要障碍不仅在于英语单词，而且语法上的困难也决定了英语阅读材料的难易程度。

传统教学和混合式教学两者的结合可以达到最佳的学习效果。混合式教学模式包括教学方法的融合和教学信息资源的混合。它不仅仅是把这些相关的组成部分混合在一起，而是考虑如何在合适的时间更好地整合它们，从而达到最佳的学习效果。与传统的教学模式相比，混合式教学模式具有明显的

---

❶ 李新 . 混合式数学在高职英语教学中的应用研究［J］. 湖北函授大学学报，2016（8）.

优势，增加了学习者参与学习的机会，提高了学习效率。教学设计的目的是以学习理论、混合式学习理论和互动理论为理论基础，用系统的方法分析教学问题，确定教学目标，以获得最佳的教学效果。以制定解决教学问题的策略，尝试解决方案，评估试验结果，修改过程。良好的教学设计可以使教学取得更好的效果，提高资源的优化配置，提高教学质量和教学水平。因此，在混合式教学模式的背景下，高校英语阅读课堂教学设计也要适应混合学习模式的要求。传统面对面的课堂教学模式一般存在内容乏味、教学手段单一等诸多弊端，而混合式教学模式背景下的网络课程、扩展资源、各种教学活动等在很大程度上弥补了这种不足。主要有以下几点。

第一，认真准备教学。教学条件和教学方法是教学的灵魂，直接影响着教学活动的设计，决定着教学是否能顺利开展。混合式教学包括教育方式的混合、学习方式的混合、学习环境的混合、学习资源的混合。因此，这是一项复杂而全面的教学任务。可以先让学生提前预习学习任务，这些任务可以是教科书，也可以是相关视频，要求学生事先阅读和回答问题，把困惑和自己未能解决的问题提交课堂，学生和教师讨论把课外阅读内容，形成文本或视频上传到网络教室，学生阅读后在线讨论典型问题，然后在课堂上讨论解决。

第二，"线上+线下"教学模式应紧密相连。"线上+线下"教学是一种优势互补的模式，这种教学模式背景下的综合阅读课程主要的方法就是利用多媒体投影和相关网络教学资源来处理视频资料、介绍背景知识、分析阅读及讲解语法要点等各种活动或练习。

首先，在课前，教师要利用多媒体组织好课堂教学，在整个教学活动中教师的主要角色就是决策者、指导者、组织者、传授知识、启迪思维和释疑解惑者，为学生的进步提供必要的反馈，学生学习策略的培训者，向学生传授适合个人特点的学习方法。

其次，在英语阅读教学过程中涉及的文化知识鼓励学生进行提问或讨论，先在学生中间进行，然后由教师补充总结。学生若对课堂上涉及的课文理解、阅读技巧、语法等还未掌握全面，可上网再次学习、练习，直到掌握为止。

再次，学习者在课堂上完成每个单元规定的英语阅读任务以后，可进入网络自我测试环节，自测题有听力、词汇、阅读、完形填空、写作等类型，题目来自教师发布在网络版教程中的其他阅读任务，和一些配套习题。测试结束，系统将自动计算并报告得分，学生可根据得分情况决定是否返回重新学习。

最后，由于课堂授课班级大、人数多、学生的理解程度也参差不齐，我们在教学中很难保证每个同学都能掌握课堂上的学习内容。教师可以将无法完成的课堂内容挂在网上，供同学们自学，可以以专题的形式编写成文并附有相应的练习，将不同时期的学习内容进行归纳总结，挂在网上供同学们自学。学生遇到不懂的问题可在课堂上一起讨论、解决。这样做不仅满足了不同层次同学的需求，更利于个性化的学习。

第三，关注师生、生生间的互动。在课堂上，除了师生互动之外，教师还设计了一些与阅读内容有关的有趣问题，供学生思考和讨论。教师可以提出适当的意见。学生也可以提出自己的问题，让全班讨论和回答。学生还可以主动参与收集和安排教学所需的材料，如词汇学习和应用、文本结构分析与应用、主题阅读训练、主题拓展阅读训练、西方文学欣赏等。材料可涉及文字、图片、动画、音频、视频等媒体形式。这种在线研究性学习方式，为学生从接受式学习到自主学习搭建了桥梁，帮助学生实现学习方式的转变，使学生在学习过程中获得经验、内化和各种观点。

3. 适应学生学习的需求

英语，归根结底不是我们的母语，它的使用主体是欧美国家，我们学习它当然不会像学习汉语那么容易，除非是从小在说英语的环境下生活，所以我们学习英语不能生搬硬套地背。俗话说"熟能生巧"，要想掌握英语这门语言，关键是要多说，而不仅只是应付考试。混合式教学法应用于高校英语阅读课堂，不仅能使学生学到纯正的英语发音，还可以让学生理解西方人的文化和思维方式。高校英语阅读教学的内容一般是英文文章，其文体不限，要提升学生的英语文章阅读能力，不仅是老师讲解就足够了，还要让学生通过现代化的网络技术去了解西方人的生活方式和文化传统，有利于提高他们对英语文章和外国文化的理解能力，从而整体提升他们的阅读理解能力。

（二）混合式学习在高校英语阅读教学中的应用方法

1. 结合传统教学方式，融入新的教学理念

在英语阅读教学过程中英语阅读被分为精读和泛读，依据教学情况的不同和英语文章重要程度的不同，教师在教学过程中依据文章的情况，调整教学模式。在教学过程中利用互联网依据不同文章的阅读要求，查找不同的教学资源。但在教学时可以在传统教学模式中融入混合式教学模式，即在传统板书书写中应用互联网技术代替教师板书书写的教学重点，比如制作 PPT 课件。互联网技术提供的教学资源在教学过程中的应用，可以更好地吸引学生的注意力。同时结合传统教学模式中的优点，即教学目标明确，教学内容完善，从而加强了学生的课堂带入感。基于互联网技术所采取的英语阅读混合式教学模式，教师在采取这种教学模式时，首先应转变自身的教学理念，清晰地认识到 PPT 课件并不是互联网技术中唯一的教学资源，教师也不只是 PPT 课件播放员，教师要充分发挥自身在教学中的主动作用，善用互联网中的教学资源，比如，视频课程软件、英语阅读 App 等，让学生在学习过程中产生良好的教学体验与学习感知。从而提升学生的英语阅读能力。

2. 建立教学情景，激发学习兴趣

混合式教学模式在英语阅读教学过程中，可以充分利用互联网教学技术中的教学资源，建立情景教学模式，利用互联网技术同时结合混合式教学模式的教学特点，构建出英语阅读文章中的情景，增强学生带入感，让学生能更好地体会英语阅读文章中所体现出的情感，从而让学生更好地解答阅读问题。混合式教学模式并不是只能在课堂教学过程中利用互联网技术为学生提供教学资源，还可以让学生在学习过程中充分发挥自身的主观能动性，使学生在学习过程中可以通过自身利用互联网技术，收集教学资源，如英语视频、英语阅读 App 等，利用自身的零散时间自主进行学习，从而激发学生的学习兴趣。

3. 阅读与写作结合，培养学生学习方法

英语阅读量的增加，为学生进行英语写作积累了大量的写作素材。因此教师在课堂教学过程中可以通过混合式教学模式中的在线训练，借助互联网技术，实时对学生进行教学，进而提升学生的学习水平。混合式教学模式结合互联网技术，提高了学生的学习自主性，让学生在自主学习的过程中养成了良好的学习习惯。

4. 学校要建立健全相应的软硬件环境配置

一种新型教学方法的有效实施，离不开相应的软硬件环境配置。学校不仅要建立覆盖全校区的网络，还要有相应的软硬件设施配置。与此同时，学校还应该有相应的激励机制，鼓励老师在课堂教学中多采用混合式教学法，以对学生形成潜移默化的影响。

（三）高校英语阅读混合式教学的典型模式——翻转课堂

1. 翻转课堂在英语阅读教学中应用的意义

翻转课堂与大学英语教学相互结合优势多多，先简要介绍以下几点。

（1）培养了创新合作的能力

随着网络时代的到来，媒介融合与网络多元的趋势日益明显，社会对人才的需求更加强烈也更为苛刻，不仅要求人才具备专业的从业技能，更要兼具较高的职业素养与创新合作意识，而英语阅读则是培养创新与合作意识人才的途径之一，传统的课堂教学教师控制整个课堂，由教师提出问题并引导学生解决问题，学生在教师的指引下开展阅读训练，而翻转课堂模式则不同，因为教师地位的弱化，学生可以自主掌控自己的学习过程，在自主参与英语阅读的过程中发现自己的知识薄弱点和阅读盲点，针对既存的疑难问题思考如何解决问题，探寻解决问题的有效策略，而这一过程本身就是学生自主意识培养的过程。翻转课堂还为学生提供了交流与探讨的平台，借助"翻转课堂"这个平台，基础扎实的学生可以指导基础薄弱的学生，同一学习层次的学生可以就某项阅读疑难问题进行探讨交流，各抒己见，学生在合作交流与互帮互助的过程中增进了情感并提升了自己的合作创新意识。

（2）培养了学生的综合实践能力

翻转课堂模式强调以学生为主体，无论是在课前还是课上，都强调学生自主学习探索新知，发现问题以及合作交流解决问题，发挥他们学习的主动性与积极性。这种模式不仅增强了学生的自主学习能力，也提升了学生的问题解决能力，并且通过各种课堂学习活动也增强了学生的合作能力、交流沟通能力、创新能力以及实践能力等。由此可见，翻转课堂让教师的教学方式和学生的学习方式都发生了很大变化，学生的阅读兴趣和阅读水平也明显提高，这说明将这种新型的教学模式应用到大学英语阅读教学中还是非常有效的。

2. 英语翻转课堂阅读教学设计

这里根据翻转课堂的理念，结合学生的水平和特点，以 No. Now. Dr. Mir. 为例，对大学英语翻转课堂进行了如下设计。

（1）课前环节

课前，教师要将相关的资料（网络资源和微课）和练习上传到网络平台，学生的任务是下载这些资料学习并完成作业。

第一步，根据本篇的主题，教师精挑细选了网络上的两段视频：《多利羊是怎样诞生的》和《地平线节目：*Horizon*：*Cloning the First Human*》前一段视频的目的是让学生了解克隆的过程；有一段视频和文章内容有关：由安蒂诺里医生的克隆人实验而引发的关于克隆人的争论。这段视频的目的是使学生了解为什么要克隆人以及有关的风险和伦理道德问题。

第二步，制作微课。根据张一春的定义，"'微课'是指为使学习者自主学习获得最佳效果，经过精心的信息化教学设计，以流媒体形式展示的围绕某个知识点或教学环节开展的简短、完整的教学活动"。大学英语微课制作主要结合重点词汇和疑难句子来进行，因为在传统课堂上，教师在词汇、句子讲解方面花费很多时间。如果这些能在课前学生通过看微课自主学习来掌握的话，势必可以给教师腾出更多时间来从篇章全局出发，把握文章的中心思想和脉络结构，以及进行一些小组讨论，并相应地完成有关任务。

第三步，布置小组任务。根据微课内容，设计的任务一是侧重词汇方面。任务二生词的朗读。单词前后缀的讲解，或将几个生词编成一个故事等。任务三词汇四选一。将课后练习词汇练习改编成四选一的形式，让学生完成。任务四是针对课文的预习问题，例如"Why is there human cloning? What is the consequence if human cloning fails? How should we regulate human cloning?"

（2）课堂环节

字面层次和评断层次是阅读理解的两个层次，通过课前阅读和观看视频，许多学生理解的内容只停留在字面层次，即读者通过对英语词汇的功能和句子结构的正确辨识，接受文字的基本信息，经过思维在头脑中逐步形成既定概念。而阅读的目的是要达到高级的评断层次，即包含多项信息收集和反馈活动，其中相关信息的收集、评论、分析和辨错占主导地位。

要达到这个层次，学生必须在课上进行深度阅读，并进行认真讨论分析。例如，教师可以让学生边读边写或者先读后写。学生通过课前的略读和观看视频已经基本解决了语言问题，所以教师可以在课堂上让学生边细读边写或者读完以后写，写的内容要有助于学生弄清语篇意义和提高阅读技能。例如，找出重要的细节及其与文章主题的联系，文章的重要情节以及人物之间的关系，等等。

教师可以让学生仔细研读。仔细研读是培养学生高层思维技能的途径之一。刚开始时，教师组织学生集体进行研读，采用示范研读的模式。在读完一个片段之后，教师可以让学生讨论主题、词语和文章结构，也可以让他们把所读的内容与自己的生活密切联系，与之前学过的内容相联系，或者与课堂上讨论过的内容相联系。接着，教师组织学生对阅读内容进行评论和分析，教师对最佳的评论进行点评以此让学生弄清什么样的评论是更有价值的。这些活动都要在课堂上完成，以便学生得到及时反馈。通过示范，学生可以更独立地仔细研读。在研读的基础上，教师可以组织学生进行合作式研读。学生们可以根据最喜欢的片段进行分组并开展研读，然后他们再与其他组的同学进行交流，对其他组同学的评论展开讨论。这种方式便于学生了解其他同学的阅读方式、讨论方式以及分析方式等。合作式的研读有利于开展班级讨论，有利于学生对自己感兴趣的部分更加深入地分析，有利于培养学生的共情能力，即一种能设身处地体验他人处境，从而达到感受和理解他人情感的能力。

（3）课后环节

① 教师

在一堂阅读课结束后，教师要对学生在课堂上遇到的问题进行及时总结和归纳，并通过网络学习平台等及时给予学生反馈，指出学生在阅读方面的不足以及需要改进的地方。

② 学生

在课后，学生根据教师给出的意见或建议巩固课堂所学的内容，并反思学习过程，使英语阅读能力得到真正提高。

3. 英语阅读翻转课堂教学模式的辅助策略

（1）注重个性化英语阅读

个性化英语阅读教学语言教学理论方面的研究和探索指出外语学生之间存在个体差异，这包括年龄、语言潜能、动机、认知风格和性格等因素。"以学生为中心"的语言教学必须建立在了解学生的外语学习水平、认知风格、情感动机等因素的基础上进行，这从客观上要求英语学科必须实现个性化教学。随着国家英语学科新课程标准的实施和推进，个性化英语教学是当前英语改革的必然趋势。对于学习外语的学生而言，阅读是一项极为重要的语言学习技能，个性化英语阅读教学能否有效开展有着至关重要的意义。

教学需要教师培养学生对阅读的浓厚兴趣，发展学生敢于质疑的思维，通过互动交流来鼓励和评价学生。在阅读一系列的相关文献之后可以发现，个性化阅读教学有着以下基本特征：学生能够进行个性化阅读；学生在阅读过程中发现的问题可以得到教师个性化的指导；学生有充分的时间进行阅读后的讨论和交流；教师对学生的观点和见解进行个性化的反馈。

（2）增强课外阅读

一个人语言能力的提高，仅凭课堂教学是远远不够的，必须有适当的课外阅读。课外阅读是课堂教学的继续和补充。课内是有限的，课外是无限的。学生课外阅读既能巩固和扩大课堂的教学成果，又能提高学生的阅读能力和写作水平，还可以扩大学生的知识面，有助于提高学生的综合人文素养和语言综合运用能力。在实施素质教育、进一步深化大学英语教学改革的今天，大学英语课外阅读仍然是大学英语整个教学过程中不可或缺的重要组成部分。

二、混合式学习理论在高校英语写作教学中的应用

（一）"线上+线下"混合式大学英语写作教学模式建构——以《数字化通用英语写作》为例

混合式教学模式将把传统教学方式的优势和网络化教学的优势结合起来，既发挥教师引导、启发、监控教学过程的主导作用，又充分体现学生作为学习过程主体的主动性、积极性与创造性。依据张其亮等对混合式教学的定义，本次大学英语写作教学实践研究拟从教学形式、教学技术、教学手段、教学目标和教学评价上寻找创新点。❶

以计算机和网络技术为依托的大学英语写作课程体系切实能够提高学生的英语写作能力、自主学习能力、学习动机和写作兴趣。但是如何高效利用优质的数字化教学资源开展"线上+线下"混合式英语写作教学模式的研究还不多见。

本教学实践旨在探讨混合式教学模式中具体环节，如教学内容、教学流程、教学方法和考核方法等如何实施，以及这样的教学模式是否能真正促进学生英语写作能力。

---

❶ 张其亮，王爱春. 基于"翻转课堂"的新型混合式教学模式研究［J］. 现代教育技术，2014，24（4）：27-32.

1.《数字化通用英语写作》课程发展

《数字化通用英语写作》课程的前身为《数字化英语写作》。依托于清华大学杨永林教授团队与高等教育出版社合作开发的"体验英语—写作教学资源平台"进行，将计算机网络技术融入外语教学，实施新的教学模式。北京科技大学、外国语学院大学英语系曾启动了"基于数字化资源平台的英语写作训练"实验课程。与传统写作教学相比，数字化英语写作教学内容更丰富，为写作提供大量的数字化、可共享、高质量的语言输入。

在信息技术与互联网发展日新月异的今天，"互联网+"深刻影响着我们的生活习惯、思维方式等，促使知识学习、获得、产生的方式发生了巨大变化，《数字化通用英语写作》实验课程正是在 MOOC 和 SPOC 大规模发展的新时代、翻转课堂日趋成熟的新环境、新理念这一背景下应运而生的升级版课程。采用"线上+线下"混合式教学模式，恰好与《大学英语教学指南》的改革方向一致：是"信息技术与课程教学的融合"，帮助学生朝着主动学习、自主学习和个性化学习方向发展。

2. 数字化资源平台介绍

"体验英语—写作教学资源平台"所提供的数字化写作资源分为三大类：第一类是系统内置的海量优质教学资源，分为"范文、课件、作业"三大类，近 20 万字的写作范文和学生习作均来自真实的学生群体，很多范文都有专业教师的局部修改、文中批注和文末点评。第二类是授课教师在每次课前制作的课件和与写作话题相关的文字、图片、音频和视频等多模态语料。第三类是学生提交的多稿作文、平台自动评改系统的三级评议、同伴互评的反馈信息、大量的教师反馈信息、各类书面语错误及错误语料、语法练习，以及学生进行数字化写作不同阶段的心得体会。"体验英语—写作教学资源平台"上的多元化学习资源与写作过程环环相扣，创造了真实且生动的学习环境，满足了不同情境的课堂教学需求，激发了学生的学习兴趣与热情，同时也为探索信息化教学的创新模式提供了必要利器。

3.《数字化通用英语写作》课程教学实践

教学采用"线上+线下"混合式写作教学模式，有效管理课余碎片时间，进行线上学习，以配合与写作主题相关的线下课堂活动的展开。每次写作活动都经历以下过程：写前热身（学课件、读范文、看视频）、写初稿（自行修改）、修二稿（同伴互评、写互评感受）、定终稿（写反思）。

同伴互相评阅是以小组为基础的组内互评，2~3人自由组合。学生在独立完成了初稿和第一次自查修订之后，删除文档中修改和批注痕迹，和组内同学交换阅读。根据教师下发的自查单从词汇选择、句法结构、篇章组织、意义表达、观点陈诉、细节描写、主题是否明确等多方面进行评阅。并在文末按照大方赞赏、中肯建议和积极修改这样的步骤尝试进行总结性评价，并写出评语。

教学内容为学生课下自学教师自制的教学微课视频和中国大学慕课写作课程，获得写作体裁、写作技巧方面的信息（线上学习）。课前完成大量阅读任务，观看相关主题视频或音频材料，形成自己的观点，并准备观点发言（线下学习）。课上教师组织学生提取并甄别各方观点，展开小组圆桌讨论，内化应用线上学习的知识，表达自我的同时接受同学提问并针对质疑做出有理有据的回答。之后指导学生阅读分析优秀文章的遣词造句、谋篇布局，把握文章的整体结构和脉络，同时关注文章的句间逻辑衔接与篇章连贯；引导学生构思文章主题并自拟文章提纲（线下学习）；课下完成初稿写作以及初稿自评和同伴互评，在"数字化写作资源平台上"提交（线上学习）。

每次作业均设初稿写作、初稿自评、同伴互评和终稿撰写四个步骤训练。终稿提交之后教师评改。老师提供自评追问列表和同伴互评问题清单，并做出示范，例如：切题、内容、观点、文体、风格、修辞、句型、语法、格式、标点符号等，对作文进行全面考察。

4. 《数字化通用英语写作》考核方法

考核方法主要采用形成性评估和终结性评估相结合的方式。注重评价的多元性，强化过程性评价，将课程考试的重心转移到学生的自学能力、主动探究能力和合作学习能力的考查上来。具体考核方式如下：形成性评估主要包括学生线上和线下学习情况的评估（平时成绩）；终结性评估包括笔试成绩（期末考试），笔试主要考核学生对写作的基本概念和知识掌握程度以及对其写作能力的测试。课程考核成绩计算如表3-1所示。❶

---

❶ 邹妍洵，刘荣君．"线上+线下"混合大学英语写作教学模式实践研究［J］．教育进展，2018，8（2）：151-159.

表 3-1　课程考核成绩计算

考核成绩构成	内容	比例
平时成绩	线上学习：20%	60%
	自我修改：10%	
	课堂讨论：10%	
	同伴互评：15%	
	出勤5%	
期末考试成绩	笔试40%	40%

（二）混合式高校英语写作教学评析

1. 有助于实现"自主、探究、合作"新型教与学的方式

从写作文本质量、词汇多样性和丰富性以及句法句型结构的使用情况来看，经过一段时间的训练，学生能逐步有意识地规划每一次篇章布局，反思每一次写作过程，并积极寻求方法策略训练写作技巧。

唯有数字化环境下的写作课堂才能开辟出"数字化快速反应镜像资料库"，有助于激发学生的写作兴趣和内驱力。也只有混合式教学模式，将传统的课堂讲授翻转至课下自主探究学习，才使得学生们有更多的机会沉浸于小组成员共同进步的喜悦；陶醉于头脑风暴探究写作主题，广交合作者的学习模式。这一切都是传统的写作教与学的方式无法想象，无法比拟的。

2. 改变了传统的"师、生与教学内容"的关系

使用"线上+线下"混合式教学模式能很好地克服课堂面授时间短，师生共同讨论、共同学习、进行思维火花碰撞时间少的缺陷，学生可以在课前按照自己的学习节奏，反复或快速观看教学视频。对于概念解释中的疑点和难点，学生既可以利用网络查询，也可以向教师或同伴提问。

针对知识性强的内容，教师借助网络平台使用教学微视频来呈现；针对技能型训练的内容，教师有充分的时间给予每一位学生个性化的反馈。课前的线上自主学习和线下深度阅读保证了课上的活动时间。另外，由于知识型内容的讲授已经在课前通过视频学习的方式完成，师生间将有更多的课堂面授时间用于语言实践活动，进行质疑、反思和评价。在全新的数字化环境下，教师与学生不再是一对多的单向线性的传输关系，而是生生间，师生间，师生与数字化教学媒介间多向多点非线性交互关系。从而提高学生对于"自由

创作""自我评估""同伴评议"等活动主动积极的参与度。

（三）混合式英语写作教学的典型模式——雨课堂

1. 基于雨课堂的英语写作教学资源设计

教学资源是为教学的有效开展提供的素材等各种可被利用的条件，通常包括教材、案例、影视、图片、课件等，在教学实践中要根据具体的教学内容选择搭配合适的教学资源呈现形式，本书中主要使用到的资源如下：

（1）传统教学资源

传统教学资源包括本课程所用的教材、参考书、课外书等。教材是教学过程中非常重要的参考资料，它具有易于保全、方便书写、使用方便、有真实感等优点，并且具有比较高的权威性，是目前实践教学中不可或缺的教学资源。但是教材的更新与出版速度较慢，跟不上时代的步伐，导致学生的学习脚步落后于社会，学校的教学培养跟不上社会的潮流。

而现在，丰富的网络资源就为我们提供了更多的学习选择，网络上的信息资源具有更新速度快、便于搜索和应用的特点，已经成为当代人的主要信息获取方式。但是网络资源存在着碎片化、不完善的弊端，并且准确性也有待考量。因此在教学过程中可以采用教材与网络资源相结合的资源应用形式，培养学生信息获取及自主学习的能力。

（2）课前电子学习资源

课前电子学习资源包括网络视频、雨课堂手机课件、课前测试题、思维导图等，根据具体的学习内容选择合适的资源呈现形式。

① 网络视频

根据教学内容选择网络上合适的视频片段插入到预习课件中，引发学生的思考，激发学生的学习兴趣，让学生带着思考来上课。

② 雨课堂手机课件

这是课前学习材料的主要呈现形式，是用雨课堂的功能制作的适合于手机观看的 PPT 课件。

③ 课前测试题

课前测试题是用于测试学生课前学习状况的材料。学生可以根据测试情况及时了解自己对知识的掌握情况，查漏补缺，进行自我调节。教师可以根据测试情况掌握学生整体与个别的学习情况，进而有针对性地调整教学设计，以学定教。

④ 思维导图

思维导图又叫树状图，是用来表现知识结构形式的图形工具。它的应用有助于增强记忆力、提高学习效率和创造性地解决学习过程中的问题。在书中思维导图主要应用于课程章节内容的提示与总结，帮助学生进行有意义的知识建构。例如在每节课的预习课件中都会加上关于本节课内容的思维导图，让同学们对本节课的内容有一个整体的把握；在每章课程内容结束之后还会提供整个章节知识内容的思维导图，方便学生进行整体的自我复习，查漏补缺。

（3）课中电子教学资源

授课过程中所用到的教学资源主要有授课用 PPT，随堂练习题，课堂测试题等。

① 授课用 PPT

在专业英语的讲授环节应用的 PPT，这是师生都比较熟知的一种电子教学资源，在授课的过程中开启雨课堂授课，雨课堂会将教师的 PPT 同步发送到学生的手机端，方便学生进行观看，学生在听讲的过程中遇见不懂的地方还可以点击"不懂"按钮反馈给老师，老师根据学生的反馈及时调整课程的教学。

② 随堂练习题

在专业英语教学的过程中，当讲完一个知识点后，可以设置一个随堂练习题，随时检测学生的课堂学习情况，这种方法可以有效提高学生的注意力，帮助学生及时对所学的知识进行巩固，教师也可以根据测试的结果及时了解学生对上一知识点的理解情况，适当调整教学情况。

③ 课堂测试题

在每一章的内容结束之后可以进行一个针对这一章节的课堂测试，这个章节的课堂测试可以搭配章节的思维导图进行操作。在课前为学生发送章节内容的思维导图，让同学们自行复习，在课堂上应用课堂测试进行本章学习内容情况的检测，之后教师可以针对雨课堂的测试分析适当讲解，帮助学生进行查漏补缺。这种章节测试的形式，可以帮助学生对章节知识点进行回顾，帮助教师更好地了解自己的教学效果。

（4）课后电子复习资源

课后应用到的教学材料主要有提高类教学材料，与本课程内容相关的最新资讯，课后巩固测试题（形式上与课前测试题相似，但功能不同）等。

2. 基于雨课堂的英语写作混合式学习模式构建

（1）前端分析

前端分析是通过进行学习者分析、学习目标分析以及学习内容分析，充分了解学习相关信息，为后续的教学设计提供依据。

① 学习者分析

学习的过程是学习者将未知的知识转化为已知的过程，不同的学习者对于知识的认知、理解和掌握程度会存在明显的差异，任何一种教学在设计之前都必须对学习者进行分析，才能找到行之有效的教学方法和教学过程。学习者分析包括对学习者基本情况分析、对学习内容相关知识的了解、学习者学习能力、学习意愿、学习习惯等。学习意愿决定了学习者能否主动进行知识学习，这是在线学习的基本条件，学习能力决定学习者能否顺利地完成在线学习，学习习惯是学习者学习效率的保证。从多角度进行学习者分析，在教学设计中针对学习者学习特点进行各个教学环节的设计，在关键的环节设计学习监管和检查，才能有效地利用在线学习资源，达到提高学习效率的目的。

② 学习目标分析

学习目标分析是学习者通过教学过程后能够达到的具体的、明确的状态表述。现代教育理论认为学习目标包括三个维度的描述，分别是"知识与技能、过程与方法、情感态度与价值观"这三方面的目标。教学目标的确立是教学模式设计中的一个重要环节，决定着教学的总体方向，是教学资源选取、教学活动设计的主要依据。教学目标也是教学评价的重要依据，为评价、考核学生学习效果和对教学计划的有效性评价提供了标准和依据。

③ 学习内容分析

学习内容分析是教学设计的前提，对于学习知识点的关系和内在联系进行分析，得出内容的层次和结构，并以此为依据，在教学过程中采用适当的学习计划和学习步骤展开教学过程。学习内容分析要注重知识之间的层次和结构关系，一般包含序列关系和部分与整体的关系。分析学习内容包括：确定内容知识点、确定学习内容类别、分析知识点结构、评价内容、确定任务等环节。

（2）教学活动设计

教学活动设计从课前、课堂和课后三个方面进行，结合在线学习资源和特征，充分发挥在线学习的优势，与传统教学互补，将在线学习贯穿整个学习过程中。

① 课前教学活动设计

该阶段主要是利用雨课堂让学习者进行自主学习，掌握基础知识，发现问题。首先教师从前端分析结果中整理学习基本信息，包括学习目标和学习内容等，并对学习资源进行合理选择，再将设计好的学习资源（包括课件、学习目标、重难点问题等）通过雨课堂实时推送给学生，学习者利用丰富的学习资源进行基础知识的学习。这种形式的学习中，学习者接受任务和资源，在学习目标的指导下进行自主学习。整个过程有教师的监督和辅导，学生可以随时反馈学习情况，教师根据学习情况和学生的反馈，进行内容总结，了解学生存在的问题和学习需求。这种方式下的学习充分发挥了教师的主导作用和学生的主体作用，学习者在教师的引导下，自主探究，解决学习中遇到的问题，完成任务，实现知识的意义建构。

② 课堂教学活动设计

传统教学的课堂教学活动设计主要是教师讲解、师生互动、小组讨论等基本形式。其优势就是教师与学生可以直接接触，完成提问回答，教师对学生的学习状态、学习进度有直观的评价。但是教师与学生的之间的互动受很多因素的影响，比如师生比、教学环境、学生心理状态等，即教师不能完全及时地掌握整个班级所有同学的学习状态。课堂测试评价结果并不能及时反馈，需要一定的周期。充分考虑了这些问题，在构建教学活动时，以雨课堂为依托，设计了以下多媒体教学、问题反馈、实时讨论、限时测试等教学活动。

多媒体教学是指利用多媒体资源进行教学，包括课件 PPT 和教学视频。以图文动画的形式呈现教学知识点，增加教学生动性，并通过课件同步的功能将教学课件发送到学生手机上，学生可以随时翻阅之前的页面，更好地避免了因教师切换幻灯片导致听课思路被打断的情况，有利于学生按需求和能力调整听课的节奏。

问题反馈是指学生在课堂上的学习，经常会遇到不懂的知识，但是并不能及时反馈给教师，雨课堂设计了不懂反馈功能，学生手机接收到幻灯片的同时，可以看到每页幻灯片下方都有一个"不懂"按钮，如果对该页内容不理解或有问题，可以及时的标注。教师可以通过统计整理出班级对于哪些PPT页面"不懂"标记较多，可以有针对性地讲解重点难点问题，并以此为依据调整授课节奏。

实时讨论依托弹幕实现。弹幕是网络视频中的一项娱乐性功能，是以字幕形式显示的评论同时出现在屏幕上，达到一个实时互动的效果。对于需要全班讨论的内容，学生以这种形式进行互动，能够积极地发表个人观点，调动学习积极性。弹幕讨论的时机和内容需要根据教学内容进行设计，不能全程开启弹幕，一方面会分散学习注意力，另一方面也会干扰教师正常的教学进度，所以需要集中控制，这样才能达到课上讨论的目的。在课堂中引入弹幕进行互动，相当于全体学生进行的集体讨论，对于学生有着亲切感和时尚感，有效地促进了师生之间和学生之间的了解和互动。

由于传统课上的测试速度慢，测试结果需要教师一一批阅才能完全了解全体学生的学习效果，这种方式反馈周期比较长。雨课堂提供了限时测试功能，利用这一功能可以在课上进行选择题、投票题的互动，学生作答后，可以将班级的作答情况进行投屏，快速地了解全部学生的掌握情况。❶选择题型包括单选和多选题，需要设置正确答案，系统可以直接判断学生选择的正确性。投票问题设计的一般是没有固定正确答案的问题，包括调查、征集意见、信息反馈等方面的内容设计，系统会统计每个选项的数量。如果需要主观题，则使用问题反馈的方式，学生可以输入文字或拍照发送给教师，这种方式系统不能统计出所有情况，需要教师手动地选择进行投屏讲解。

③课后教学活动设计

课后复习环节不仅需要丰富的学习资源，也需要科学的教学设计，合理安排学习任务和学习形式。该模型针对课后复习的需求，设计了课后作业推送、难点反馈、课后测试、教学资源分享等教学活动。

第一，课后作业推送。作业是课后复习、巩固学习内容的重要环节，作业内容可以利用雨课堂课件进行课后作业推送，将作业题目、要求、所需资

---

❶ 李蕊．基于雨课堂的混合教学模式在大学英语专业学术英语写作课堂的应用［J］．学园，2019，12（9）：79-80.

源链接编辑在课件中，与课前推送课件相同，可以加入教师的语音讲解指导，这种形式相比于课堂上教师口头布置作业具有明显的优势，可以长时间保留作业信息，允许学生反复思考，避免出现学生因学习不同步而漏听作业，或课上没有理解作业细节等的情况，让作业内容有据可依。

第二，难点反馈。传统授课形式对于学生的反馈信息采集方式有限，无法覆盖全体学生，针对这一问题，雨课堂设计了课后难点反馈这一功能，学生提出学习过程中遇到难点问题，做好标记，教师可以统计所有学生的难点问题和不懂的 PPT 页面，作为复习和加强训练的依据。

第三，课后测试。测试是反馈学习效果的重要方法。课后测试可以设计选择、问答和讨论等形式。客观题既可以通过雨课堂课件推送测试，也可以形成试卷整体推送，并设定收卷时间，系统可以按截止时间回收试卷，评分并统计成绩分布。主观题可以利用雨课堂课件推送题目和要求，以拍照上传的方式回收学生作答情况，这种形势需要教师自行批阅。

第四，教学资源分享。分享与教学相关的视频等资源是学生比较欢迎的自主学习资源形式，更容易吸引学习的学习兴趣，保持学习注意力集中。视频资源包括网络中的相关慕课学习视频、知识扩展相关视频以及教师自行录制的微课。从多角度多层次提供自学视频，帮助学生对知识内容建立一个初步的、直观的了解，部分知识点可以通过视频完成较深入的自主学习，实现教学目标。

（3）学习评价

学习评价需要从多方面反映学生的学习效果、学习状况。该模型从在线学习和面授学习两个角度进行评价，其过程贯穿整个学习的过程，最终达到多元化评价。

多元化评价的目的是通过对学生当前学习状态的评价，激励和指导其进一步的学习，为学生调整学习状态和学习方法提供了依据和方向，对于提升学习效果起到很重要的作用。在线学习从学生参与度、测试成绩、作业完成情况、预习情况和复习情况进行数据记录，完成评价。面授学习的评价从参与度、互动结果、协作学习、作品呈现、阶段性测试等角度进行数据的记录和统计，所有的数据采集是贯穿整个学习过程的，每一个学习活动都有详细的数据记录，生成个性化数据报表，作为多元化评价的参考依据。多元化评价还包括教师评价、小组评价、自我评价等，体现多元化的评价主体以及评价内容。

第四章　高校英语混合式教学的具体应用及其对教师的能力要求

混合式教学理论在高校英语阅读教学中的应用具有重要的意义。混合式教学模式整合了课堂学习和网络学习的双重优势，为大学英语阅读教学提供了丰富的资源和多彩的舞台。这种模式不仅连接了课上集体讲解与课下独立学习，还连接了课上评价展示与课后反思。在混合式教学中，教师的角色发生了变化，他们需要重视引导和启发的作用，凸显学生的主体地位，增强学生的主动性。

第一节　高校英语基础知识、技能与文化知识的混合式教学

混合式教学模式日益受到大学英语教师的欢迎，但由于该教学模式尚未发展成熟，因此在实施过程中缺乏经验积累，有些英语教师并未真正掌握这一教学模式的应用技巧。在英语语言系统中，词汇和语法是最基本也是最重要的组成部分。它们是教师教学和学生学习的重要内容。词汇是构建英语大厦的基石，语法则是词汇组成句子、段落与语篇的规则。如果不能掌握词汇和语法知识，那么是不可能有效运用英语的。

一、大学英语基础知识混合式教学

（一）大学英语词汇混合式教学

1. 什么是词汇

词汇是构成语言整体的重要细胞，是语言系统赖以存在的支柱，"如果把语言结构比作语言的骨架，那么是词汇为语言提供了重要的器官和血肉。"由此可见，词汇对于语言以及语言学习的重要性。那么，什么是词汇呢？关

于这一问题，不同学者有着不同解释，可谓见仁见智，以下就对一些有代表性的观点进行分析。

路易斯站在更高的角度对词汇进行了解释，他将词汇称为"词块"，并把词块分为四种类型：单词和短语、搭配、惯用话语、句子框架和引语。词是语音、意义和语法特点三者相统一的整体，是语句的基本单位，而词的总和构成了词汇。

总体而言，词汇是包含词和词组在内的集合概念，能够执行一个给定的句法功能，是基本的言语单位。

关于什么是英语词汇教学，有学者认为，英语词汇教学是一项包含教学的进程和活动的策划在内，将词汇讲解作为教学内容，以学生充分认知和熟悉应用词汇为目标的教学活动。简单来讲，英语词汇教学涵盖的范围十分广泛，而且是教学中最基础、最重要也是最困难的环节。

2. 大学英语词汇教学的问题分析

（1）教学方法单一，脱离英语语境

词汇的掌握对英语语言学习的重要性是不言而喻的，但词汇的记忆和掌握的过程又是枯燥和困难的，这就需要教师来缓解这种枯燥，需要教师创新教学方法来创设教学情境，营造教学氛围，激发学生学习的积极性和动力。但是就英语词汇教学的现状来看，大部分教师并没有将心思花在教学方法的创新上，而是依然采用陈旧的教学方式，即教师领读单词、讲解词汇用法，学生记忆单词。基于这种课堂教学模式，学生的主体地位被忽视，只能被动地学习和记忆，积极性根本无法调动起来，甚至会产生抵触情绪。此外，教师在教学中对词汇的整体性认识不足，没能将词汇放到具体的句子或情境中，最终导致学生对一词多义理解不深，限制了学生综合能力的提升。

（2）教学效果不佳

词汇的学习和掌握要借助记忆来完成，但记忆的形成是一个漫长的过程，如果学生不能在课后及时进行复习和巩固，那么记住的单词往往会在短时间内忘记。此外，在海量的词汇面前，学生常常会表现出畏惧感。由于缺乏高效的学习方式，加之教学方法方式传统，使得学生的学习热情不高，而且教师未能为学生提供应用的机会，学生通过这样死记硬背的方式记住的词汇很快就会忘记，进而导致教学效果不佳，学生的交际能力也受到限制。

（3）忽视跨文化意识的培养

很多英语词语意义深刻，蕴含着丰富的文化信息，这些词语称为"文化负载词"。调查显示，很多学生对这些文化负载词完全不了解。而这种情况在很大程度上体现了教师在词汇教学中忽视了文化负载词部分，未能有意识地在词汇教学中激发学生的跨文化意识。具体而言，教师存在的问题体现在以下几方面：

首先，对文化教学不够重视。具体体现为以下几点：教师在备课环节的教学目标没有文化意识目标；教师消极地跟随应试教育的脚步；学校很少组织与英语相关的活动。

其次，教师自身的文化素养不够。虽然英语教师具备了扎实的英语专业知识，但是英语文化素养有所欠缺。作为学生的榜样，如果教师的文化素养不高，自然也就无法提高学生的文化素养。

最后，文化教学方法不当。教师文化教学的方法比较单一，基本上是讲授法、多媒体展示法等，大部分教师只是在课堂教学中偶尔提到一些特殊词的文化背景，而很少有意识地渗透文化知识。这种教学方式造成学生只了解词汇的表面意义，而不理解词汇的深层文化内涵。

事实上，跨文化意识和词汇教学是相辅相成的，教师在词汇教学中融入文化知识，能够提升学生的词汇量和跨文化意识，而词汇量的增加又能进一步帮助学生更好地理解西方文化，培养跨文化意识。

（4）学生重知识记忆，轻思维锻炼

在词汇学习过程中，很多学生仅仅依靠死记硬背来记忆单词。这种方法并未将思维的锻炼融入进去，学生也很快忘记。实际上，每一个单词都有应用的语境，只有在具体语境中，才能保证其准确性，因此，学生在对词汇加以理解时，需要从具体语境出发，这样才能实现学生词汇学习的效果。

忽视英语思维的培养是在长久的汉语语境熏陶下产生的惯性思维。很多学生习惯运用汉语的语言逻辑去理解、解释和使用英语，由于英语和汉语二者背后的文化与逻辑存在差异和冲突，因此会影响学生对英语的有效运用。实际上，无论是英语还是其他语言，只有深入了解语言的内在逻辑，才能做到运用自如。英语思维的培养不是仅仅依靠记忆单词或背诵句子就能做到的，还需要学生充分理解英语语言背后的文化历史，这样才能掌握英语这门语言。

（5）学生对语义内涵的理解程度较差

因为我国学生是在汉语环境下学习英语的，所以在理解英语词汇的语义内涵时，会不同程度地受到汉语文化的影响，而英汉词汇之间的语义不对等现象会对学生的词汇理解带来困难。具体而言有两个方面，一方面，学生在本民族文化传统的影响下会形成思维定式，在理解英语词汇时会出现文化语义的偏差；另一方面，中西方文化观念冲突会让学生思维混乱，对英语感到束手无策。如果教师忽视词汇文化背景知识的输入，学生在理解英语词汇时就会出现偏差，甚至会在使用中产生误用问题。

（6）学生缺乏探究意识

一般来说，在大学阶段，学生应该主动去学习词汇，但是在实际的英语词汇学习中，很多学生仍旧从教师那里获取，不寻找其他获取渠道。这样的学习是被动的学习，长此以往，词汇的掌握量是不充分的。同时，学生不会去主动探究词汇，无法得知词汇的文化背景知识，从而逐渐失去学习英语的兴趣和积极性。

3. 大学英语词汇知识混合式教学的实施

（1）使学生在语境中掌握词汇的具体用法

在词汇学习中，将其放在具体语境中，往往能起到事半功倍的效果。在英语语料库中，有大量和语境相关的实例，具体的实例主要通过数据的方式呈现在学生面前。在语境中，学生的注意力能够被有效吸引，使学习的词汇知识得到强化，同时能对相关使用规律进行总结。在语料库中，学生能了解使用频率较高的词汇，加强对词汇具体结构的了解，深化对语言现象的认识，实现对出现频率较高的单词的巩固与理解。就 outline 这个单词来讲，在教材中只是标注其主要意思是概要、轮廓、外形，而在实际教学中，教师可以在语料库中进行检索。这样不仅能够了解具体用法，还能了解相应的使用频率，进而使学生认识到这个词汇不仅能够当作名词使用，还能当作动词使用。在实际教学中，教师可以利用演示的方式使学生了解其使用方式，使学生的自主学习能力得到加强。

（2）对近义词以及同义词进行检索

由于英语是一门非母语学科，因此学生在学习近义词的过程中存在较大难度。语料库在大学英语词汇教学中的使用能够使学生在检索过程中获得相应的参考，然后在此基础之上进行细致的分析，例如 destroy 和 damage 是两个近义词，在实际教学中，就可以在检索栏中输入这两个单词，然后学生会在实际阅读中进行具体分析。在学习完这两个词汇之后，也可以将自己在日常生活中遇到的近义词、同义词进行搜索。通过这种方式的使用，方便学生在学习中进行自主对比，使学生的自主学习意识和自主学习能力得到增强。

（3）在检索过程中了解不同词汇之间的搭配

"词汇搭配"的概念提出已久，并且随着社会的不断发展，其受重视程度越来越高，词语搭配考查了词义，也考查了相应的语法结构以及框架。有关学者认为，词的搭配、语义选择、语义韵以及类连接之间存在紧密联系，它们实现了对词汇组合以及词义的表达。比较普遍的是动词与名词之间的搭配。例如，想要了解 trend 这个词汇，可以在语料库中进行检索，如 short term trend、development trendy、trend up 等，除了这些搭配用法之外，实际上 trend 还有很多用法。这种学习方式的使用能够使学生在学习中对词汇搭配内容有更深入的认识与了解。同时，在实际学习中也可以将查找的内容和已知内容进行对比，找出二者的差异，进而在实际学习中更有针对性。

（4）进行词汇的复习与巩固

英语语料库在英语词汇教学中的使用除了能够为学生构建情境，了解近义词、同义词的相关知识，认识词汇搭配，教师也可以利用这种方式帮助学生进行词汇的巩固。在巩固过程中，练习的方式可以是填空题、选择题，也可以是匹配题。在实际教学时，教师可以将检索出来的内容进行隐藏，然后让学生根据上下文进行猜测与分析，并且在教师挡住的部分填入适当的内容。而在选择语料库时，教师需要以不同的学习内容为依据进行选择。

在语料库中，学生可以实现对学习词汇内容的拓展。英语语料库中有大量内容，能够成为学生在学习中的素材。学生可以根据自己的实际学习能力和情况进行选择，学习的范围不局限于教材中，从而使学生学习到的知识有更强的实用性，实现对英语词汇的有效巩固。同时，这种方式的使用在一定程度上加强了对互联网技术的使用，促进对学生学习能力的培养，使学生在实际学习中逐渐养成良好的学习习惯，实现英语综合学习水平的提升。

（二）大学英语语法混合式教学

1. 语法概念的界定

很多人认为，学生在中学已经学了全部的语法知识，到了大学阶段，没有必要再学习语法知识，也没有必要开展语法教学。其实不然，语法学习贯穿英语学习的全过程，到了大学阶段也需要重视语法教学，也有必要对语法以及语法教学的相关内容进行介绍。

关于语法的定义，语言学家进行了探究，并且发表了不同观点，以下对一些代表性观点进行说明：有学者认为，词汇的变化规则和用词造句规则系统的总称构成了语法。也有学者指出，语法是制约句子中词与词之间关系的准则，某一语言的语法是该语言中所有准则的总和，在语法的制约下，词组成能够被语言社团所接受的句子。还有学者指出，语法是词素、词、习语、词类范畴等构式为单位的组合。

2. 大学英语语法教学的问题分析

（1）语法教学弃而不教或边缘化

英语教学一直都在不断变革，教学内容随之不断改变。随着 2007 年教育部《大学英语课程教学要求》的颁布，英语语法教学内容退出了英语教材，英语语法教学也从英语教学中退出，最终导致英语语法弃而不教或边缘化。具体体现在两个方面：一是教材中没有了语法内容，教师便安排不合理，英语教学中多是精读课与泛读课，没有相应的语法课，即便教师讲解语法知识，也是零星的和碎片化的。二是语法对于英语语言的学习是至关重要的，语法贯穿英语学习的始终，对英语综合能力的提升起着重要作用。所以，教师不应忽视语法教学，而应积极开展语法教学，丰富学生的语法知识，提高学生的语法能力，为学生的英语综合应用能力打好基础。

（2）教学方式单一

英语语法知识繁多，学习起来十分枯燥，因此很多学生都对语法学习缺乏兴趣。想要改变这种现状，就需要教师创新教学方法，增添语法教学的乐趣，激发学生学习的积极性。但是，当前的英语语法教学状况并不乐观，教师依旧采用陈旧的方式，占据课堂的主体，这样学生处于被动学习的地位，不仅与教育理念不符，也不利于学生的学习，很难发挥学生的主观能动性。

（3）教学中忽视语言情景

学习语法不仅是为了掌握语法知识，而且是为了运用所学的语法知识进行交际，所以学生的语法学习需要具体的语言情景。但目前我国的英语语法教学常将语法知识的意义、理解同运用、语境分割开来，这就使得学生无法准确理解语法知识适用于哪种情景，不利于学生有效运用语法。

（4）学生的语法意识薄弱

大学生在中学阶段已经进行了很长时间的语法学习，普遍感到枯燥乏味，因此他们认为到了大学阶段就没有必要重点学习语法了。实际上，到了大学阶段，语法依然是英语学习的重要内容，因为不掌握丰富和准确的语法，是不可能准确、流利地进行交际。

（5）学生缺乏有效的学习方法

大多数学生语法学习的效率非常低，其中一部分学生是因为掌握的学习方法不正确，从而使得语法知识的掌握较为松散，不能成为一个系统。在语法学习中，学生往往比较被动，通常是遇到新的问题以后才会学习语法知识，而当他们学习完一篇文章之后，又把语法学习抛之脑后，这样的学习方式是很难提升学生的语法能力的。

3. 大学英语语法知识混合式教学的实施

翻转课堂是随着信息技术的发展而产生的一种新型教学模式。将该教学模式运用于大学英语语法教学，可有效调动学生学习语法的兴趣，促进学生的自主学习能力，提高学生的独立思考能力，进而培养学生的语法能力。翻转课堂这种教学模式不再以教师为中心，而是以学生为中心，教师只是起到辅助作用。学生是教学环节的重点，师生之间处于互动状态。翻转课堂语法教学模式的流程如图4-1所示。

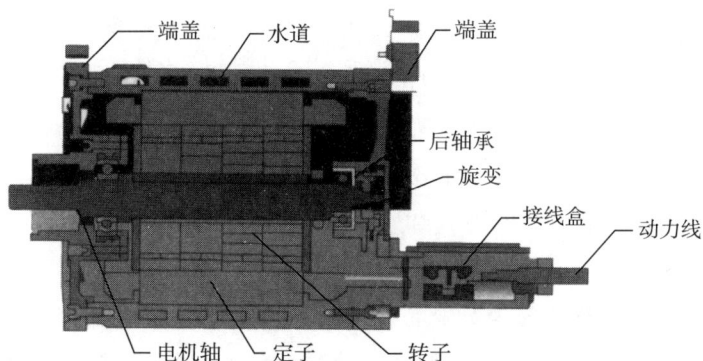

图4-1 翻转课堂语法教学模式的流程

（1）提升微课制作水平，借鉴网络教育资源

相较于传统的语法教学模式，翻转课堂最大的特点在于以视频微课代替了"黑板+粉笔"的教学方式，对于已经习惯了传统教学模式的英语教师来

说，很难在短时间内适应视频微课这种形式。因此，教师首先要熟练掌握微课的制作技术，灵活运用各种制作软件；其次要重视视频微课内容的整合与加工，在内容选择上要结合课本上的语法知识，并借鉴网络上优质的教育资源制作短小精致、内容丰富的数字化课程。

（2）拓宽师生互动渠道，确保语法教学效果

制作视频微课是翻转课堂语法教学的前提，后期的检查、实施和监督是更加重要的部分，师生之间应保持多维互动。首先，教师要指导学生观看视频微课，并对学生的学习内容和时间进行计划，把握学生学习的进度；其次，教师要利用社交软件加强与学生线上线下的互动，对学生在自主学习中遇到的问题进行解答，促进师生和生生之间的讨论，实现英语语法知识的消化和吸收。

（3）关注语法难点，提升教师答疑解惑的能力

基于翻转课堂，教师将制作好的视频微课上传到网络平台，学生自行下载，并在固定时间内完成自主学习。对于遇到的语法知识难点，除课堂学习小组讨论外，主要由教师在课堂上统一解答或个别辅导。对此，英语教师应不断充实自身的语法知识储备，提升自己的语法能力，从而更好地解答学生的疑难问题。

（4）开展差异化教学辅导，促进学生自主学习

在翻转课堂教学模式下，教师要更新教学理念，改变传统的教学模式，主动融入和参与学生学习的各个环节，成为学生学习的指导者和监督者。由于不同学生之间存在个体差异，有着不同的基础水平和认知结构，教师需要采用不同的辅导方式来对不同层次的学生加以辅导，特别是对那些自律性不强的学生，更要采取有效的方式加以辅导，促进他们进行自主学习。

（5）重视教学评价，建立激励机制

翻转课堂语法教学重在学生的自主学习。为了掌握学生自主学习的频率以及参与程度，确保翻转课堂的教学效果，对学生进行考核评价就显得十分必要。这种考核要贯穿课堂教学的全过程，并且评价形式要多样化，包括学生自我评价、小组评价、教师评价等多种考核评价形式。这种全方位的考核评价机制有利于教师掌握学生对语法教学的参与度和配合度，便于教师了解学生对语法知识的掌握程度，而且对学生有着正向的激励作用。

二、大学英语基本技能混合式教学

（一）大学英语听力技能的混合式教学

1. "听"的内涵

在学者罗宾看来，"听是一个涉及主观能动性的活动，其中包含对听者信号进行主动选择，然后编码加工信息，从而对交谈方想要表达的意图、正在发生的情况进行确定"。

理查兹和施密特对"听力理解"进行了专门的探讨。他们认为，"听力理解涉及的对象是第一语言和第二语言，所要做的事情就是弄懂这两种语言。但是，对这两种语言的理解是有本质区别的。其中，对第二语言的听力理解比较关注语言的结构层面、语境、话题本身以及听者本身的预期"。

2. 听力策略

根据认知理论，听力理解是一个需要听者积极构建意义的过程，也是一个复杂的认知过程。在学习中运用认知策略对学生建构意义、提高获取信息的能力大有益处。将基于认知策略的听力教学模式（图4-2）运用于大学英语听力教学实践，对提高学生的听力水平和教学效率十分有利。

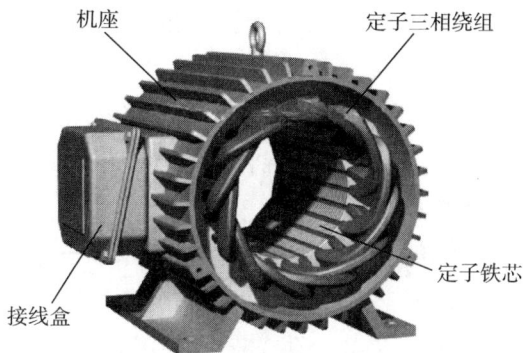

图4-2 听力理解过程中认知策略模型

基于认知策略理论的英语听力学习模式的实施步骤具体如下几个阶段。

（1）听前阶段

在这一阶段，教师主要是让学生了解听力材料的背景知识，让学生学会运用各种资源与策略，可以查阅词典，也可以查看百科全书等，让学生对知识加以积累，为听力的展开做准备。

（2）听中阶段

在这一阶段，教师应培养学生的推测与联想、速记与演绎等能力，通过这些策略对学生的听力活动进行辅助。要求在听力教学中，教师应该将学生头脑中的环境图式激活，让学生对文章内容加以推断。当听第一遍录音的时候，教师应该让学生对文章大意予以掌握，即要求学生从自身的知识出发，运用联想策略，对篇章大意进行归纳。当听第二遍录音的时候，学生需要对细节进行把握，教师应该引导学生集中注意力去听，对重要信息把握清楚。结束之后，如果出现遗漏的信息，教师可以引导学生进行推测，从而让学生从整体上对材料进行把握。

（3）听后阶段

在这一阶段，教师要对学生的归纳与总结能力进行训练，让他们对材料进行加工，运用自己的语言归纳总结出来。另外，教师应该引导学生对听过的内容进行复述或者模仿练习，从而对内容与材料加以巩固。

3. 大学英语听力技能教学中混合式教学的实施

（1）充分利用 TED 资源

TED 是美国的一家私有非营利机构，其宗旨在于用思想对世界加以改变。TED 演讲的领域从最开始的娱乐领域、技术领域等逐渐向各行各业拓展。每年的 3 月，TED 大会在美国召开，其中参加的人物涉及商业、科学、文学、教育等多个领域，他们将自己对这些领域的意见和建议进行分享和探讨。TED 官网的思想性、可及性等为混合式教学提供了具体的借鉴。

（2）建立多元化考核机制

在评价体系上，大学英语听力混合式教学要求以学生的专业能力、综合素养等作为教学目标，提倡学生展开自主学习与听力学习。这就要求教师在评价中必须打破传统的评价方式，即打破仅采用终结性评价、以教师考核为主的评价方式。英语听力混合式教学要求采用多元评价考核机制，即教师考评、学生自评、同学互评等相结合，实行终结性评价与形成评价相结合，使学生从被评价者变成评价者，而教师从单一的评价者变成评价的组织者。

（3）合理设计听力翻转课堂

在课程开始之前，教师需要布置好音频与视频材料，学生自行听这些材料。在课堂开始后，教师主要负责引导，不再对材料进行详细讲解，然后给学生对答案，而是将更多的时间用于为学生讲解听力技能上，然后为学生介绍相关的背景知识。课堂形式的展开方式也可以有很多种，可以是表演形式，也可以是讨论形式等。

教师除了应用教材外，还可以自己录制或者应用他人录制好的音频或者视频。在录制时，设置相应的生词、短语以及句型，并添加一些背景知识。这些对于教师来说不仅可以节省时间，还可以提升学生的学习质量和效率。

教学总是围绕书本内容而展开的，学生接触的英语材料是非常有限的。如果学生的语言输入不足，那么必然会对其语言输出产生影响。长此以往，学生对英语学习就失去了兴趣和积极性。另外，随着网络的发展，网络上有着丰富的教学资源，这些资源对于学生的英语学习是非常有利的。听力学习需要学生进行大量练习，因此教师可以通过网络平台，为学生搜集相关的音频或者视频资料，让他们展开练习。

（二）大学英语口语技能的混合式教学

1. 口语的内涵

对于学习英语口语的学生而言，他们想要使用英语进行口语表达，就需要掌握一些英语的基础知识，如英语的节奏感、语音、语调、元音、辅音等，还需要掌握一些会话技巧，如在交际过程中如何有礼貌地打断他人、如何有礼貌地回复他人等。可见，英语口语能力的提升并不是一件容易的事情，学生除了要掌握发音，还要掌握这门语言的功能。想要掌握一门语言，不仅要学会发音，而且需要把握这门语言其他方面的知识内容，如这门语言背后的社会习俗、文化背景、交际方式、社会礼仪等。可见，语言交际看似简单，其实较为复杂，是上述所有内容的一种综合体现。

2. 口语能力

人们对口语能力这一概念的理解不同，通常会带来不同的教学效果。英语作为一门语言，是随着社会的发展而发展的，其学习理念同样也会逐渐变化。以前，人们认为英语教学的理念就是发展学生的语言能力，让学生掌握基本的语音、词汇、语法、句法，学生只要对这些知识有了充分的掌握，就会流利地使用这门语言进行沟通与交流。然而，现实情况往往与人们想当然的局面大相径庭。这种理念引导下的教学结果的弊端越来越大。

20 世纪七八十年代，西方国家涌现出大量移民。在其影响下，语言学领域的研究者以及作为一线工作者的教师对语言学习的传统模式有了很大的意见，他们的理念开始发生转变。这些人认为，学生只掌握语言的语音、词汇、语法等知识并不能真正地学会英语，更不意味着可以流利地开口讲英语，甚至不能利用自己所学的这门语言在社会上谋生。

之后，一些学者将语言能力视作交际能力的一部分。有些学者认为，交际能力是学生与他人利用语言展开信息互动，进而产生意义。这种能力与掌握词汇知识、语法知识的能力不同。学生要想获得这一能力，就必须了解周围环境。

社会语言能力往往指的是使用语言的人在不同的场合与环境中运用语言的能力，这一能力涉及的层面如下所示：

（1）语域，即正式语言或非正式语言的使用。

（2）用词是否恰当。

（3）语体变换与礼貌策略等。

例如，场合不同，个体就应该使用不同的用语，从而确保自己的话语合乎语法规则以及所在环境。表述过程中发音要清晰，如 walking 在一些正式场合需要发音完整，而不能发成 walkin；在表述时用词要相对正式，应该用 father 这一单词的时候就不可使用 dad 来替代，应该用 child 的时候就尽量不要使用 kid。

语体变换指的是交际者根据不同的交际场合来变换语体，使用不同的语言形式。策略能力指的是交际者在表述过程中巧妙利用一些语言策略来弥补自己语言表述能力方面的不足。所谓语篇能力，即交际者所说或者所写的句子的连接关系，其中涉及两个层面：一是衔接，二是连贯。前者指的是在一句话中，各成分之间的词汇或者语法关系；后者指的是在一则语篇中，句子、语段之间所具备的复杂意义。

连贯性不仅体现在整段话语的每个单词中，而且连贯性的强弱还与听者自身所具有的文化背景知识有着极大关系。有的话语从字面上看虽然体现不出连贯性，然而表述的隐含意义却是连贯的。

3. 口语策略与具体技巧

（1）利用课外活动练习口语

英语课程的课堂时间十分有限，学生仅依靠课堂上的学习时间往往很难满足自身学习任务的要求，教师应该引导学生自觉利用身边一切可以利用的时间和环境来练习口语。在课外，学生学习的知识可以作为课堂教学内容的补充，如果教师能够利用丰富的第二课堂，即课外活动，那么学生自身口语能力提升的速度也是显而易见的。例如，教师可以组织学生进行英语演讲、英语作文比赛、英语短剧表演等，让学生将自己的表演录成视频，在多媒体教室播放，学生通过观看视频来提出自己的建议与评价，这可以在短时间内提升学生的英语口语能力。此外，有条件的教师还可以邀请一些外籍教师为学生进行课外讲座，或者创办英语学习期刊、设立英语广播站等，让学生在丰富自己课余生活的同时，体会到学习英语口语的乐趣，从而更加热爱英语口语学习。

（2）利用美剧学习口语

大学校园中，美剧十分流行，深受学生喜爱。实际上，美剧并不仅是一种消遣方式，还是帮助学生认识西方文化、提高口语表达能力和交际能力的重要途径。对此，教师可以通过美剧来开展口语教学，以改善口语教学环境，激发学生的学习兴趣，锻炼学生的口语表达能力。

① 选择合适的美剧

美剧通常语言地道、故事情节生动且富有吸引力，是一种有利于激发学生兴趣的学习资料。美剧类型丰富，题材多样，不同类型的美剧对学生的口语能力所发挥的作用也不相同。因此，在运用美剧开展口语教学时，教师要对美剧进行筛选，选择有利于发展学生口语水平的美剧。此外，教师还要提醒学生不要只沉浸在对美剧故事情节的欣赏而忽视了对美剧中语言知识和文化背景的学习，鼓励学生带着学习动机来观看美剧。

② 开展层次性的反复训练

在运用美剧进行口语教学时，教师应按照循序渐进原则，开展反复性的练习，逐步提升学生的口语能力。例如，在首次观看的时候，教师要引导学生将精力放在剧情上；在第二次观看时，教师可以引导学生对剧中的表达和语法等进行推敲；第三次观看时，教师可引导学生重点对人物说话的语气以及台词所隐含的内容进行挖掘和分析。分层逐步开展，可以有效加深理解和记忆，对提高学生的口语能力十分有利。

③ 关闭字幕，自主理解

在观看美剧时，很多学生习惯看字幕，脱离字幕就无法正常观看影片，实际上，这样观看美剧不利于提高学生的口语表达能力。在观看美剧时，学生应对台词形成自己的理解，在不偏离剧情中心思想的情况下抛开字幕自主理解，可以有效锻炼英语交际思维能力。

④ 勇于开口模仿

学生要想通过美剧切实提高口语交际能力，就要在听懂台词、了解剧情的基础上开口说，即对剧中人物的台词进行模仿。只有不断地开口练习，才能培养英语语感，增加知识储备，进而提高口语交际能力。总体而言，采用美剧来辅助英语口语教学能有效提升学生的视、听、说能力，还能提升学生的写作能力，进而培养学生的跨文化交际能力。

（3）利用课堂活动练习口语

口语学习的目的是进行交际，学生只有在真实的情境中开口说英语，才能使自己的口语能力得到锻炼。对此，教师可以采用情境教学法开展口语教学，即创设真实情境，让学生在真实环境下学习口语。具体而言，教师可以通过角色表演和配音两种活动来创设情境，锻炼学生的口语能力。

① 角色表演

教师可以根据教学内容让学生进行角色扮演，将主动权交给学生，让学生自主分工、自行排练，然后进行表演。这种方式深受学生喜爱，不仅能打破机械、沉闷的教学环境，还能激发学生说的兴趣，让学生在真实的社会场景中进行社交活动，锻炼口语能力。当学生表演结束后，教师不要急于评价学生，而是应先给学生一些建议，再进行点评和总结。

② 配音

配音是一种有效锻炼学生口语能力的方式，教师可以充分利用配音活动来提高学生的口语水平。具体而言，教师可以选取一部英文电影的片段，先让学生听一遍原声对白，并向学生讲解其中的一些难点，然后让学生再听两遍并记住台词，最后将电影调至无声，让学生进行配音。这种方式不仅可以有效激发学生开口说的积极性，而且可以让学生在欣赏影片的同时锻炼口语能力。

4. 英语口语技能教学的原则

在英语口语教学中，教师应遵循科学的教学原则，以有效提高学生的口语水平，提升教学效率。具体而言，可遵循以下四条原则。

（1）先听后说原则

在英语语言技能中，听和说是相辅相成的，听是说的基础。俗话说"耳熟能详"，只有认真听、反复听、坚持听，最终才能说一口流利的英语。英语口语教学应当坚持先听后说原则，即教师首先应注意提升学生听的能力，其次才是说的能力。只有坚持先听后说原则，才能帮助学生掌握正确的发音，为训练口语能力打下良好的基础。

（2）循序渐进原则

口语能力的提升需要一个很长的过程，不可能一蹴而就。在英语口语教学中，教师应按照循序渐进原则，即由易到难、由理论到实践，层层深入，逐步提升学生的口语能力。我国大学生来自全国各地，不仅英语水平参差不齐，发音也会受方言的影响，教师在口语教学过程中，首先，应该解决学生语音、发音层面上的问题与困难，纠正他们的错误发音，让学生根据从简单到复杂的程序，从语音、语调、句子、语段等逐步进行训练。其次，教师在安排与设计教学步骤时也要遵循科学原则，充分把握难易程度。如果教学目标定得太高，学生学习起来会有压力；如果目标定得太低，学生学习起来会缺乏挑战性和乐趣，因此，教学目标设计要适度，符合学生的实际水平。

（3）内外兼顾原则

所谓内外兼顾原则，是指考虑问题时要顾及内、外两个方面。在这一原则的指导下，教师在英语口语教学的过程中不仅要重视课堂教学，而且需要引导学生合理利用课外活动来练习口语。事实上，学生的口语学习应该以课堂教学为主，并且将课外活动中的口语学习作为课堂学习的一种补充，二者相互促进、相互配合。在课堂教学练习的基础上，学生开展相应的课外活动，将课堂上所学习的知识在课外活动中进行充分实践，从而达到复习、巩固知识的目的。此外，学生在课外活动中还可以运用课堂上所学习的理论知识，将知识内容转化为技能。与课堂活动相比，课外活动的氛围比较轻松，学生的心情也十分愉悦，在这种放松的心情下来练习口语，将会收到意想不到的效果。在课程结束之后，教师为学生安排作业与练习之前，可以将学生分组，让学生以小组为单位来完成作业，通过相互讨论小组任务，可以帮助学生提升自身的口语能力，同时可以适度加强学生的团结协作能力。

（4）互动原则

口语训练本身非常枯燥，长期的枯燥训练会让学生失去学习的兴趣和积极性。因此，在口语教学中，教师要坚持互动原则，适时掌握学生的学习进度与情况。在口语训练时，教师应该努力使其具有互动性，这种互动性能有效提升学生的学习兴趣。另外，为了保证互动性，教师应该为学生设计一些互动性话题，让学生能够展开互动训练。

5. 大学英语口语技能教学中混合式教学的实施

（1）教学理念和教学目标

在大学英语口语教学中，应该坚持以学生为中心，课堂教学应该将学生的主体作用发挥出来，教师充当监督者，这样才能真正提升教学效果。基于这样的理念，大学英语口语教学应该对学生的自信心、准确性等进行培养，发挥英语作为工具性的作用。开学初期，教师应该对不同阶段学生的口语评价标准有清晰的了解，进而展开诊断性评断，引导学生制定口语学习目标，从而提升英语口语教与学的水平。

（2）课前线上翻转预习

大学英语口语教学是建立在英语综合教程基础上的。在课前，预习主要是线上的预习。教师在设置预习任务的时候，应该从单元课文主题设计出发，采用多种形式，如问题讨论形式、朗读形式、角色扮演形式等，便于学生展开移动学习，为课堂的展开做铺垫。

同时，学生应该采用网络技术对相关英文文章、视频等进行搜索，对课堂口语学习任务做好准备。通过线上学习，学生展开英语语言的输入与输出，为课堂展开做铺垫，还能在一定程度上增强学生口语表达的自信心。这种模式颠覆了传统的讲授式教学，实现了从教到学的转变，也调动了学生学习的积极性。

（3）课中线下交流+信息技术

在课堂上，教师检查学生口语任务完成情况的同时，其角色也从操控者逐渐向指导者转变。在课堂上，口语活动除了面对面交流，还可以通过线上语音来参与，这样可以使学生参与其中，增强学生参与课堂的活跃度。

教师对学生的口语情况进行反馈，分析学生的口语流利情况、语音是否准确、词汇是否多样、语法是否标准等，帮助学生对口语进行诊断，进而让学生更有效地进行学习。在课堂中，教师可以利用慕课资源对学生的口语教学进行辅助，实现课堂与网络之间的融合，提升大学英语口语教学的效果。

大学英语口语课堂教学是建立在其他技能教学基础上的，其实学生在"听"的基础上展开讨论与复述是在促进"说"。在阅读中，教师从文章内容中提出一些具备挑战的问题，让学生发散思维，提升综合能力。对于每一单元的课文，学生可以进行朗读，这样可以纠正学生的发音情况，也可以通过复述进一步加强学生的记忆。当然，口语活动结束之后，教师可以要求学生展开一定程度的协作，这样可以使口语与写作相融合，提升学生语言的综合运用能力。

（4）课后线上+线下拓展学习

在课堂结束之后，学生可以运用网络技术展开线上与线下的重复训练，对自己的学习效果加以巩固，提升自身的准确度与流利性。从课堂教学出发，为学生布置新的交互活动，如讨论、角色扮演等，学生在线下做好准备，然后通过手机录像上传，教师可以选取其中一些视频在下节课进行展示。学生利用教师推荐的网站与链接，在课堂结束后开展自主学习，如果在学习中遇到问题，教师可以通过微信直播等形式为学生答疑解惑。这些任务可以让学生的口语学习转到课外。在课堂结束之后，鼓励学生参与第二课堂或者一些朗诵比赛、话剧活动等，这也是线下学习的方式，可不断提升学生的口语交际能力。

（三）大学英语阅读技能的混合式教学

1. 阅读的内涵

（1）阅读活动

阅读这一活动在人类社会中非常重要，其随着文字的产生而不断发展。正是因为文字，人们才能将声音信息转向视觉信息，并对其进行保存。在现代社会中，不仅学生的学习离不开阅读活动，社会生活的各个方面也都离不开阅读活动。阅读活动的性质可从以下几方面进行理解：

第一，阅读是以书面材料为中介的特殊的交际过程。它是作为一种特殊的交际方式而存在的社会现象，"作者—文本—读者"是构成这个过程的三个基本要素。在这个过程中，读者不仅要透过文本去发现、理解作者要表现的世界，而且还要通过与作者在情感、理智上的对话与交流，实现意义的生成及主体自我的创造与重构。

第二，阅读是读者从书面语言符号中获取意义的认知过程。通过阅读，读者可以把外部的语言信息转化为内部的语言信息，将文本所蕴含的思想转变为自己的思想，从而不断丰富和完善自己的认知结构。

第三，阅读是人类社会的一种言语实践行为。它是主体感受、理解文本、建构与创造意义的过程。

第四，阅读是一种复杂的心智活动过程。在阅读活动中，读者先要运用视觉感知文字符号，然后通过分析、综合、概括、判断、推理等思维活动对感知的材料进行加工，把经过理解、鉴别、重构的内容融入原有的认知结构之中，而且这种思维活动要贯穿阅读过程的始终，必须凭借全部的心智活动及特定的智力技能才能完成。

（2）阅读理解

在语言学习过程中，阅读能力一直发挥着重要作用，很多国家都十分重视阅读。在中国教育教学中，阅读能力也深受重视。关于阅读的定义，不同学者发表了不同看法。纳托尔对阅读的理解可总结为以下三组词：

① 解码，破译，识别。

② 发声，说话，读。

③ 理解，反应，意义。

"解码，破译，识别"这组词重点关注阅读理解的第一步，也是十分关键的一步，对于读者而言，能否迅速识别词汇有着重要影响。"发声，说话，读"是对"朗读"这种基本阅读技能的诠释，属于阅读的初级阶段。朗读是将书面语言有声化，在各种感官的共同作用下，加快对阅读内容的理解，有助于语感的培养。通常随着阶段的提升，读的要求会从有声变为无声。"理解，反应，意义"强调阅读过程中意义的理解与交流。在这一过程中，读者不再是被动接受阅读材料中的信息，而是带着一定目的，积极运用阅读技巧去理解阅读材料的主要信息。

艾伯塞尔认为，读者和阅读文本是构成阅读的两个物质实体，而真正的阅读是二者之间的互动。有学者指出，阅读是一项复杂的认知活动，是读者提取文本中的信息并与大脑中已有的知识相结合，从而建构意义的过程。读者理解阅读文本的过程中主要涉及三种信息加工活动，分别是对句子层面、段落或命题层面、整体语篇结构的分析层面。

由上述定义可以看出，很多学者认为阅读涉及读者和阅读文本，并且认为阅读是二者之间的交流互动。简单而言，阅读就是读者积极运用已经掌握的语言知识和背景知识等对语言材料进行处理，同时获取信息的过程。

（3）阅读模式

关于阅读模式，不同学者有着不同理解。基于对阅读不同的理解，人们提出了以下四种阅读模式：

① 自下而上模式

自下而上模式是指在阅读中，读者从下到上、从低层到高层进行解码的过程。这种解码过程是从分析词、句到篇章的过程。受这一模式的影响，传统的阅读教学侧重讲授词、句等基础知识，忽视了教会学生把握整体语篇，显然不利于学生的阅读学习。

② 自上而下模式

自上而下模式是指阅读不再从低层出发，而是从高层次的语境出发，对整个语篇的意义进行预测。在阅读时，应该从自身的已有知识出发，对文本材料加以预测与修正，实现读者与作者的双向交流。在阅读中，读者将自身已有知识调动起来，从文章内容出发，对作者的意图进行推断。受这一模式的影响，阅读教学侧重培养学生的推测能力，主张在提升阅读质量的同时，提升阅读速度与效率。但是这一模式过于强调学生已有知识，忽视了教学中对语言知识的积累和把握，容易让学生产生阅读问题。

③ 图式驱动模式

图式驱动模式认为阅读是一种心理猜测过程。整个过程都在围绕猜测进行。与文本驱动模式的区别是，该模式认为阅读过程涉及两方面，即文本和读者。在文本阅读过程中，读者运用已有的话题知识、语篇知识、文化知识等来理解正在阅读的材料和猜测接下来将阅读的材料。

④ 交互阅读模式

交互阅读模式认为阅读是一种交互过程。这种交互包含两个方面：一方面是读者与文本的交互，另一方面是文本驱动与图式驱动的交互。该模式既注重语言基础知识，又注重背景知识在阅读中的作用，并且认为，只有将解码技能与图式相互作用，才能完成文本的理解。该模式要求教师在阅读教学中既要重视基础语言知识的传授，又要引导学生激发脑海中的已有图式，从而促进学生建构与新知识的联系，提高阅读效率。

2. 阅读策略与阅读技巧

（1）阅读策略

① 引导

包括：预习、解题、介绍有关资料。阅读实践中，可以全部运用，也可以只运用其中的若干项。

预习是学生学习的准备阶段。学生可以在课前预习，也可以在课堂上预习。

解题是指理解课文标题。课文标题相当于文章的"眼睛"，透过标题可以了解文章的内涵和特点。所以，学生通过标题可以找到理解课文的纹理脉络。如课文标题与文章内容的关系，或者是课文标题直接揭示主题，或者是课文标题指示选材范围或对象，或者是课文标题直接指示事件，或者是课文标题隐含深刻寓意等。

介绍有关资料是帮助学生深入学习和理解课文的基础，包括介绍作者生平、写作意图、时代背景和社会影响等内容。

② 研读

研读过程是阅读的核心环节，主要是对课文的内容和形式进行深入的研读和探讨。根据阅读活动的特点，研读过程一般分为三个阶段：感知阶段、分析阶段、综合阶段。

第一，感知阶段。感知阶段是对课文的整体认识，一般包括以下几方面内容：认识生字新词、课文通读、感知内容、质疑问难。

第二，分析阶段。分析阶段是深入课文的具体认识，是对课文内容和形式进行深入细致的具体分析研讨。主要包括文章结构分析、内容要素分析、写作技巧分析、语言特点分析、重难点分析。

第三，综合阶段。综合阶段是对课文的整体理解和把握，是在分析阶段的基础上进行的，是由局部到整体的概括过程，以及由现象到本质的抽象过程。综合阶段的教学任务一般包括概括中心思想、总结写作特点等。

③ 运用

运用过程的基本任务就是学生把分析综合阶段中学得的知识应用于实践，转化为英语能力。转化的途径就是集中训练，一般采用听、说、读、写等方法进行。这是阅读的关键。阅读过程中有多种矛盾，而核心矛盾是学生认识、学习课文的矛盾，其他矛盾都从属并服从这一矛盾。因此，学生应有效地认识、学习课文。

（2）阅读技巧

① 朗读

朗读就是出声的阅读，是通过读出词语和句子的声音，把诉诸视觉的文字语言转化为诉诸听觉的有声语言。朗读有助于增强对语言的感受能力，从而加深对文章思想感情的体味理解；可以促进记忆，积累语言材料；有助于形成语感，提高口头和书面的表达能力。朗读训练的方式主要有：范读、领读、仿读、接替读、轮读、接读、齐读、小组读、个别读、散读、分角色读等。对读物可采取全篇读、分段读、重点读等。

② 默读

默读是指不出声的阅读，它通过视觉接受文字符号后，间接反射给大脑，可以立即进行译码、理解，因此，默读又称"直接阅读"一般说的阅读能力实际多指默读能力，因为它在实际学习和生活中运用得最多。

默读训练的要求：感知文字符号要正确，注意字音、字形、词语的搭配，以及句子的排列；要讲究一定速度，要学会抓重点；在阅读中学会思考，根据文章内容，向自己提出问题并解决问题。

根据默读训练的要求，默读训练可着重从以下三方面进行。

第一，视觉功能的训练。主要是扩大视觉幅度的训练，增加一次辨认字的数量，同时提高视觉接受文字符号的速度，减少眼停次数和回视次数。

第二，默读理解的训练。主要是要教会学生如何调动想象、联想、思维和记忆的作用，以提高理解读物内容的深度和速度。

第三，默读习惯的训练。主要是帮助学生克服不良习惯，如出声读、唇读、喉读、指读、回读等；使学生养成良好的阅读习惯，如认真、专注、边读边思、边读边记等。良好的阅读习惯能够提高阅读效率。

③ 精读

精读是逐字逐句深入钻研、咬文嚼字的一种阅读。

精读训练的基本要求：对读物从整体到部分、从部分到整体、从形式到内容、从内容到形式反复思考，深入理解；对于阅读材料中的关键词语或句子，要仔细推敲琢磨，不仅要理解其表层意义，而且要深入领会其言外之意、话外之象；养成边阅读边思考、边阅读边做笔记的习惯，因为只有真正独立思考的主动的阅读活动，才是有效的阅读活动。

为了提高精读训练的有效性，教师在精读训练过程中，要提供精读的步骤和方法，给予适当引导，使学生逐步练习，直到完全掌握精读技能，形成熟练的技巧与习惯。精度训练可以有不同步骤，各有侧重。具有代表性的精读步骤有以下几种。

三步阅读法：认读—理解—鉴赏。

五步阅读法：纵览—发问—阅读—记忆—复习。

六步自读法：认读—辨体—审题—问答—质疑—评析。

在实施阅读训练过程中，无论哪一个步骤或环节，都需要运用良好的、合适的阅读方法才能保证精读的顺利完成。实际上，精读没有固定不变的步骤和方法，每个教师都可以根据自己的经验和学生的情况提出训练方案，同时鼓励学生在实际阅读和训练中，总结出符合个人阅读情况的步骤和方法。略读对文章的阅读理解要求较低，略读的特点是"提纲挈领，它的优势在于快速捕捉信息，在于发挥人的知觉思维的作用，一般与精读训练是交叉进行的。

精读训练指导应注意：其一，加强注意力的培养，提高在大量文字信息中捕捉必要信息的能力，纠正漫不经心的阅读习惯；其二，加强拓宽视觉范围、提高扫视速度的训练；其三，着重训练阅读后，用简练的语句迅速利用书目优选阅读书籍，利用序目了解读物全貌，利用参考书解决疑问，以及略读中根据不同文体抓略读要点等。

④ 速读

速读是指在有限的时间里，迅速抓住阅读要点和中心，或按要求捕捉读物中某一内容的一种阅读方式。

速读的基本要求：使用默读的方式；扩大视觉范围，目光以词语、句子或行、段为单位移动，改变逐字逐句视读的习惯；高度集中注意力进行阅读；每读一遍都有明确的阅读目标；减少回读；从顺次阅读进入跳读。

速读方法的训练主要有：一是提问法，读前报出问题，限时阅读后，按问题检查效果；二是记要点法，边读边记中心句、内容要点或主要人物和事件等，读后写出提要；三是跳读法，速读中迅速跳过已知的或次要的部分，迅速选取与阅读目的相符的内容，着重阅读未知的、主要的或有疑问的地方；四是猜读法，即根据上文猜测下文的意思，或根据下文猜测上文的意思，能迅速猜测出意思的，就不必刻意去读。当然，速读训练应注意根据学生的阅读基础和读物的难度来规定速度。

3. 英语阅读技能教学的原则

（1）激活背景知识原则

文化语境知识，即所谓的背景知识，是读者在对某一语篇理解的过程中所具备的态度、价值观、对行为方式的期待、达到共同目标的方式等外部世界知识。在英语阅读教学中，背景知识是重要的组成部分，尤其对母语为汉语的人来说，阅读那些源自汉语文化背景的著作要容易一些，但是阅读那些不同文化背景下的相关著作必然会遭遇困境。要想对以英语文化为背景的语篇有深刻理解，必然需要具备相关的文化语境图式，这样才能实现语篇与学生文化背景图式的吻合。读者的背景知识会对学生的阅读理解产生影响。其中，背景知识包含学生在阅读语篇过程中所应该具备的全部经历，包括教育经历、生活经历、母语知识、语法知识等。如果教师通过设定目标、预测、讲解一些背景知识，读者的阅读能力就能够大幅度提高；如果学生对所阅读的话题并不清楚，教师就需要建构语境来辅助学生的阅读，从而启动整个阅读过程。

（2）重视一般词汇教学原则

对于英语阅读而言，词汇是必不可少的组成部分，也是顺利进行阅读的基础。作为一名英语教师，应该理解词汇在阅读理解中所扮演的角色。学生理解基础词汇有助于他们在阅读上下文时猜测出一些低频词汇的含义。根据研究显示，那些经常阅读学术性文章的学生对术语掌握的能力要明显强于掌握一般词汇的能力。因此，学生如何积累一般的词汇是教师需要关注的问题。

在词汇积累教学中，画单词网络图是比较好的教学方式。在英语阅读课堂上，教师可以给出一个核心概念词，然后让学生根据该词进行扩展，从而建构与之相关的词汇。需要指出的是，高频词教学在词汇积累中是非常重要的，其有必要渗透在英语的听、说、读、写、译教学之中，并在细节层面给予高频词更多的关注，这样才能便于学生顺利完成阅读，并根据这些高频词顺利猜测陌生词的意义。

（3）把握阅读教学关键原则

教师将更多的关注点放在教学检测结果之上，而阅读理解中的理解却被忽视。实际上，成功完成阅读的关键就在于完善与检测阅读理解。为了让学生学会理解，可以从学生的自我检测入手，并鼓励他们同教师探讨具体的理解策略，这是元认知与认知过程的紧密结合。例如，教师不应该在学生阅读完一篇文章之后，提问学生关于理解的问题，而是应该为学生示范如何进行理解。全体学生一起阅读，并一起探讨，这样便于每一位学生理解文章内容。

（4）速度与流畅度结合原则

英语阅读教学存在的一个严重问题就是，虽然学生具备了阅读能力，但是很难进行流畅的阅读。也就是说，教师将更多的关注点放在学生阅读的准确性上，而忽视了学生阅读的流畅性。这就要求教师在阅读教学中应该找寻一个平衡点，不仅要帮助学生提高阅读速度，还要保证学生阅读的流畅性。这是阅读教学培养速度的最终目的。一般来说，学生阅读的过程不应该被词汇识别干扰，而应该花费更多时间研读内容及语言背后的文化。要想提升阅读速度，一个好的办法就是反复阅读。学生通过反复阅读，直到实现速度与理解的结合。

4. 大学英语阅读技能教学中混合式教学的实施

（1）发挥网络互动优势，激发学生的学习兴趣

教师可以利用信息技术为学生的英语阅读创建一个平台，让学生充分参与其中，利用这一平台来提升自己的阅读能力。利用信息技术，教师可以为学生准备丰富的阅读资料，实现阅读资源共享。在教学过程中，教师可以依据教材中的内容为学生建立一个网络阅读资料库，将教材中阅读的重点、难点都上传到网络上，同时为学生补充适当的课外知识，以拓展学生的阅读视野。此外，为了避免学生在阅读学习中出现乏味情绪，教师还可以在学生阅读的资料中添加一些图片、视频、漫画、音乐等，在材料的格式、设计上也可以体现自己的特点，让学生爱上英语阅读。

（2）科学合理地选择阅读材料

显然，学生阅读能力的提高离不开大量练习。换言之，英语阅读属于一门技巧训练的课程，需要花费大量时间进行阅读训练。这就要求教师为学生准备科学的阅读材料。在信息技术的帮助下，教师可以为学生找到一些贴近课堂教学内容的阅读材料。在开始上课之前，教师可以为学生布置一些阅读要点，让学生自己上网搜索浏览，这可以在一定程度上培养大学生查询以及获取信息的能力。随后，教师将自己所准备的阅读材料发给学生，让学生通过小组的形式阅读与交流，并分享心得。等到课堂结束的时候，教师可以安排学生对这次阅读活动进行总结，每一位学生都要写出总结报告，然后教师对学生的报告给予恰当的评价。

（3）课内外与线上、线下有效结合

在大学英语阅读教学中运用混合式教学，英语教师要将课内外教学与线上、线下教学模式相融合。首先，在课堂上，主要是教师引导学生对课文展开篇章阅读，使学生能够对阅读技巧与方法加以掌握。其次，在课外的阅读

学习中，教师可以为学生布置一些任务让学生在课下完成，同时要求学生多阅读一些名著与报纸、杂志等，让学生对文章主旨有所了解，从而培养学生的阅读习惯。

（4）科学地进行评估与分类指导

教师除了利用信息技术在课堂上授课之外，还可以利用信息技术对学生的学习成果进行评估。在设计一套合理的教学评估方案之前，教师可以利用网络技术搜索与阅读相关的评价理论或内容，进而结合自身所教授阅读材料中的生词、语法、词汇量、句法等知识来设计评估内容，如此获取的评估结果可以充分了解学生的阅读水平。同时，教师还可以对学生的评估结果进行线上统计，对学生阅读的时间、效率也有充分的了解。

总体而言，大学英语阅读实行混合式教学有助于提升学生的阅读能力与水平。通过教师的设计，让学生对阅读技巧与方法进行合理把握，帮助他们养成良好的阅读习惯。

（四）大学英语写作技能的混合式教学

1. 写作的内涵

写作在人们的日常生活中是常见的。对于写作，不同学者对其解释不同。

有学者认为，写作涉及两大功能：一是写作者为了语言学习而进行写作，通过写作来巩固语言知识；二是为了写作而写作。还有学者认为，写作不仅是视觉上的一种书写过程，还是一种复杂的活动，是对信息进行加工的活动。虽然解释不同，但是对写作的本质认识具有相似性，即写作是写作者用于传达思想与信息的过程，其中要求写作者具备多项技能，能够有效传达信息。

2. 写作策略与具体技巧

（1）自由写作

自由写作就像一扇开启思维情感的闸门，是一种思维激发活动。其主要目的是克服写作的心理压力，激发思维活动和探索主题内容。

① 寻找写作范围

在进行自由写作时，首先要确定写作范围。将头脑中能想到的内容都写下来，这些内容看似无用，但仔细品读就会发现，这些杂乱甚至毫无联系的句子隐含着自己最为关心的情绪，只是隐藏在思想深处，无法被注意到。这样就可以确定一个代表自己真情实感的写作范围，而且找到最为闪亮的句子或词语，为接下来的写作奠定基础。

② 寻找写作的材料

确定写作范围后，就要寻找写作素材。在特定范围内开展自由写作，尽管这是有所约束的写作，但是还要放松地进行。在停笔之后，通读所写的文字，分门别类地整理这些写作材料，提炼出文章的基本线索和层次结构。

③ 成文

在自由写作的基础上，构建真正属于自己的完整的文章。前阶段的自由写作实际上是把构思过程通过文字语言外化了，是对构思过程的一种自由解放，在无束缚中发挥出写作主体的创造性和能动性。

（2）模仿写作

模仿写作这一方法非常常用，即采用已有形式，添加自己的思想展开写作。模仿是学习写作的基本途径，因而看重范文的作用。其结构主要包括仿写、改写、借鉴、博采四个依次递进的层次。

仿写就是按照范文的样子（包括内容）进行训练，主要有仿写范文一点的点摹法和仿写全篇的全摹法两种形式。

改写是对范文的内容或形式进行某种改动，写出与原作基本一致而又有所不同的新作的训练方式，包括缩写、扩写、续写、变形式改写和变角度改写等几种形式。

借鉴是吸取范文的长处为我所用，写出有新意的文章的训练手段，具体方式有貌同心异、辞同意不同和意同辞不同三种。

博采是博采百家之义，训练学生从多篇文章中汲取营养，经过一番咀嚼、消化，然后集中地倾吐出来，写成自己的文章，这样就完成了从模仿到创造的过渡任务。

（3）单项作文

单项作文是我们通常所说的小作文，主要是针对学生在写作过程中出现的具体环节进行局部或片段训练。比如，学生的作文普遍存在命题随意或题目不新颖的问题，这样教师就可以进行"让作文题目亮起来"的专门针对题目的训练。比如，学生的作文中只是叙述，缺少生动的描写和有深度的议论性语句，教师就可以进行表达方式综合运用的训练，让学生将叙述、描写、抒情、议论放在一起做综合训练，或者直接针对作文的立意、命题进行训练，以及对提高学生作文中的文采进行训练，等等。

（4）记叙文写作

记叙文是写人、叙事、状物的文章。记叙文包括通信、特写、游记、回忆录等。在课本中，记叙文所占的比重很大，作文选择记叙文的也很多，教师需要做好记叙文的写作教学设计。

一般来说，以叙事为主的记叙文是以现实生活中发生的、真实的、有一定意义的具体事件作为叙写对象。从理论上讲，可以是社会生活的事件，也可以是日常生活的事件，还可以是自然界的事件。有人把记叙文的表现对象局限于社会生活的典型事件这是不太恰当的。诚然，社会生活的典型事件有其优越性。首先是典型性，并因其典型性而具有普遍意义，这样就赋予了"事件"以现实意义；其次是社会性，并因其社会性而受到人们的热切关注，这样就赋予了"事件"以社会价值，教师在设计记叙文写作教学时要体现教学大纲的要求，要把握记叙文的特点，要考虑到学生的实际水平和接受能力。教学设计形式应该是多样的，可以是常规型的，也可以是探索型的；可以简约，也可以详尽。总之，要有实用价值，要体现教学改革的精神。

（5）议论文写作

议论文写作要求作者通过摆事实、讲道理，直接表达自己的观点和主张。作者对客观事物评析、评论，以表明见解、主张、态度，议论文通常由论点、论据、论证三部分构成。议论文写作教学也是语言教学的一个组成部分，做好议论文写作教学设计十分必要。

一般来说，议论文写作教学设计首先要做好启发。学生生活在一定的社会环境中，每天都要接触许多人，遇到许多事，听到许多议论，其中有令人满意的，也有不尽如人意或令人气愤的。同时，平时他们可能获得某些成功，也可能遇到某些困难或失败，这些都会使他们产生种种感受和看法，这时，教师就需要学会启发他们思考。例如，用一些值得议论的典型事例或现象让他们思考，并将自己的思考用文字形式表达出来，最后写成文章。考虑到议论文中，学生表达观点需要一定论据支持，教师也要在教学设计中引导学生找到论点和论据。

（6）说明文写作

说明文是以说明某种事物或某种过程为写作目的的一种写作形式。要写好说明文，首先要对被说明对象有充分的认识和了解，分析、比较这一事物和另一事物之间的不同点，把握事物的特点，然后紧紧抓住这一特点加以说明，只有这样，才能把事物说得明白。例如，《我们的学校》就要写出我们的学校与其他学校的不同之处，切忌泛泛而谈。

教师在设计说明文写作教学时，应注意说明文给人以知识，所以学生必须对所要传授的知识有所了解，这也是合理安排顺序的前提。如果对"说明文中所提到的事物"没有比较丰富的知识，自己也没有仔细游览过，即使掌握了关于空间顺序或者时间顺序的技巧，也不可能给人以真正的知识。阐释事理亦然，如对事物本身的逻辑关系若明若暗，便无从安排逻辑顺序。

此外，说明文和记叙文、议论文都有条理性，即顺序安排问题。记叙文中的时间顺序安排，应用广泛；写说明文时可有目的、有选择地进行借鉴。另外，记叙文中涉及写景和游记类文字中经常有方位安排的技巧，也可在说明文中运用。议论文以说理为主，根据事物之间的逻辑关系进行判断推理，和事理说明文中逻辑顺序的安排有相通之处。

3. 英语写作技能教学的原则

（1）以学生为主体原则

为了解决学生地位偏差的问题，在大学英语写作教学中，教师应遵循以学生为主体原则，即明确学生的主体地位，尊重学生的主体性，围绕学生展开教学。只有激发了学生的兴趣，提高了学生的主动性，才能使学生成为学习的主体。总体而言，就是要学生积极参与教学活动，发挥学习的自主性，使学生积极自主学习，提高学生的写作能力。

（2）交际性原则

写作是一种重要的交际方式，其最终目的也是交际，因此，大学英语写作教学应遵循交际性原则。具体而言，遵循交际性原则要求教师做到以下几点：首先，教学活动满足学生的即时需求，提高学生的交际能力；其次，写作教学活动要为学生提供写作交际的机会，使学生从中获得乐趣；最后，在修改活动中采用小组或同伴活动，加强学生之间的交流，让学生通过交流活动收集素材，从而为文章增添内容，锻炼学生的思维。

（3）恰当性原则

英语写作教学的恰当性是指写作任务的设计应该恰当。具体来说，写作任务需要具备以下两点特征：一是，能够将学生思想交流的需求激发出来，让学生有内容可写；二是，有助于提升学生的语言水平。虽然这两点要求都说的是作者对写作方法的要求，但是也对写作任务进行了设计。具体而言，教师要想设计一个好的任务，就需要从学生的实际出发，让学生有充足的内容进行写作。同时，教师也需要考虑学生的语言水平，这样他们才能完成写作。

（4）多样性原则

英语写作教学中需要坚持多样性原则，主要体现在训练方式与表达方式上。

从训练方式上说，教师应该采用多样化的方式，如可以通过扩写、仿写等办法训练学生的写作能力，同时，教师应该明白每一种方法的优缺点，让学生在多种方法的尝试中掌握适合自己的方法。从表达方式上说，教师应该引导学生采用多种表达方式展开写作，而不仅是一种方式，这样才是灵活的写作。

4. 大学英语写作技能教学中混合式教学的实施

（1）倡导学生运用信息技术支持英文写作

教师利用信息技术进行英语写作教学可以打破时空限制，实现写作资源的合理共享，并且充分补充英语教学资源。教师在英语写作教学中融合信息技术，可以让学生在网上搜索相关写作内容，并且对所搜索的内容进行整理与分析，最终把得出的结论应用到自己的写作内容中，顺利完成写作任务。

当代高校大学生都熟悉网络，每天都利用手机上网。对此，教师可以利用网络资源为学生增加写作的机会，充分激发学生对英语写作的兴趣，并在学生进行写作的过程中给予充分指导，形成一种和谐、融洽的交流氛围。

（2）利用计算机文字处理程序辅助英语写作，代替原有写作形式

当前，随着计算机技术的快速发展，人们可以利用计算机完成很多工作。在写作练习过程中，学生也可以利用计算机快捷、方便的特点来完成写作任务。很多计算机中带有对写作中的标点、大写、小写、拼写等进行检测的功能，学生可以利用这些工具来检测自己所完成作文中的错误并进行改正。

其中，拼写、语法功能可以有效减少学生作文中的拼写、语法错误，编辑功能还可以帮助学生完善段落之间的连接、组织、转移等要求。另外，学生可以利用添加、复制、剪切等功能来修改自己的作文。此外，很多计算机还带有词典，学生可以利用这一功能迅速找到自己想要使用的词语，或者检查自己所使用的词语正确与否。

计算机文字处理程序的功能在一定程度上减少了写作的重复劳动，省下了很多时间，因此，学生能够花费更多的精力在写作上，增强了他们对写作

的兴趣和积极性。

（3）利用微信、QQ辅助英语写作教学，加强师生间、生生间的交流

微信、QQ可以成为英语教师教授写作课程的助手，帮助教师加强与学生之间的沟通与交流。在写作过程中，学生可以将自己完成的作文通过微信、QQ发给教师，教师在完成批改之后，再利用微信、QQ发给学生。

学生对于教师批改的作文进行修改与反思，最终形成一篇优秀的作文。此外，教师可以鼓励学生利用微信、QQ等与同学或他人用英语进行交流，尤其与英语为母语的人进行交流，这样可以有效帮助学生提升自身的英语运用能力。经过一段时间的沟通，学生可以将自己的交流心得写成作文，可以写生活、学习、旅游、家庭、爱好等各个方面的主题作文，从而实现自身英语写作水平的提升。

（五）大学英语翻译技能的混合式教学

1. 翻译教学的内涵

翻译理论与实践相结合构成的一个重要领域就是翻译教学。在研究翻译的过程中，翻译教学是一个不可忽视的内容。要想提高翻译教学的水平，必须对翻译教学进行深入探究。对翻译教学实践发展起着决定性作用的是对翻译教学理论的探究。随着社会对翻译人才需求的大幅度地增加，对于翻译教学的相关探究就显得极为重要。

但是，目前学界对翻译教学的内涵仍然存在较大争议。学者们对于翻译教学的范畴及翻译教学与教学翻译的区别并未达成共识。加拿大著名学者让·德利尔曾经对教学翻译与翻译教学做过明确区分。让·德利尔指出："学校翻译也称'教学翻译'，是为了学习某种语言或者深入了解这种语言的问题而采用的一种方法"。学校翻译仅为一种教学方法。翻译教学追求目标与学校翻译目的的不同，翻译教学不是为了掌握语言结构与丰富语言知识，也不是为了提高外语的水平。纯正的翻译目的是要翻译出自身的成果，而教学翻译仅是为了考核学校外语学习的成果。在之后的研究中，教学翻译被看成外语教学过程中的一种手段，是传统的语法—翻译教学中为辅助外语教学而展开的练习，目的是帮助学生认识外语与汉语在词汇、语法上的对应关系，提高语言水平与运用能力。翻译教学则是以翻译能力为目标，更注重传授翻译知识、理念与技能，培养学生从事职业翻译的能力。对于教学翻译与翻

教学，我国学者穆雷从学科定位、教学目的、教学重点三方面对其进行了区分，见表4-1。

表4-1 教学翻译与翻译教学的差异

区别点	教学翻译	翻译教学
学科定位	教学翻译	独立学科
教学目的	附属于外语教学，属于应用语言学	掌握翻译职业的理念、技能
教学重点	外语的语言结构及外语语言应用能力	翻译技巧与解决问题的能力；双语转换和职业翻译能力

在之后的十几年中，穆雷对教学翻译与翻译教学的这种区分得到了我国学术界的广泛认同，并且引发了一系列相关讨论。然而，这种区分方式在某种程度上贬低了教学翻译，还束缚了翻译教学多样性与创造性的发展。

近些年的研究有了一些新的突破。罗选民认为，对教学翻译与翻译教学的阐述有利于对概念的澄清，但翻译教学的概念要重新界定。翻译教学是由"大学翻译教学"与"专业翻译教学"组成的，将原来公认的教学翻译也纳入翻译教学的范畴，扩大了翻译教学的范围。但这种方法中，两者的范畴不够清晰，难以适应当前翻译教学发展的多元化趋势。

在当前的大学外语教学中，为了满足学生毕业后进入外企应具备的翻译能力或者想考取翻译证书的需求，很多大学开设了提高应用阶段的选修课。选修课要求学生必须通过全国大学英语四级考试并且对翻译具有浓厚的兴趣，在学时、内容上与英语专业的翻译教学有一定相似性，培养目标是让学生在一年时间里基本掌握必要的翻译技巧、了解翻译理论的框架性知识，具备初步的涉外翻译能力。

2. 翻译教学的理念

（1）将翻译理论作为先导

翻译教学离不开翻译理论的指导，翻译教学的一个重要理念就是将翻译理论作为先导。目前，已经形成的翻译流派和内容繁多，如果将所有观点及相关内容都融入翻译理论，不但会令读者感到枯燥，而且缺乏科学性。不少翻译理论是源自宗教和哲学领域的，所以相对传统，也缺乏实用性。相对来说，较为实用的翻译理论是翻译功能目的论。该理论强调，译本的预期目的与功能决定着翻译的过程。实用文体翻译通常具有现实的甚至功利的目的。

这一目的在很大程度上受翻译委托人、译本接受者及其文化背景和情境的制约。目的和功能是实用文体翻译的重要依据，而功能目的论的理论核心就是目的和功能。因此，翻译的理论与实践有可能得到较好结合。实际上，翻译课程的开设主要是为了培养学生英语语言运用的能力。通过实践可以看出，学生选择这门课程更多的是为了在考试中获得高分或为了工作。因此，将翻译的功能目的论作为翻译的理论依据，用于指导学生的翻译课程，更利于调动学生学习的积极性和主动性。

（2）将语言对比作为翻译的基础

翻译教学首先应该从语言对比入手。对于中国学英语的学生来说，一旦脱离了说英语的环境，我们总会本能地说汉语，其特别体现在初学者身上。但是，如果我们积累了一定数量的词汇，就会很乐于说英语，在此过程中就会对英汉语言进行对比，如不会翻译某些短语，就会用汉语思维进行翻译。

对英汉语言进行对比会出现两种结果：一是同中有异，二是各有不同。英汉语言的不同之处体现在很多方面，如词序的不同、信息中心位置的不同、连接方式的不同等；英汉语言也有很多相同之处，如均有介词，其用法有时也相同。需要指出的是，汉语介词多数是从动词演化而来的，甚至一些词到如今还无法确定是动词还是介词。而英语中的动词和介词截然不同。基于此，英语介词在汉语中一般要用动词来翻译。

（3）将翻译技巧作为翻译的主干

译者要进行翻译，需要采用一定翻译技巧，翻译教学应该将翻译技巧作为主干。目前，翻译课的内容主要来自前人总结的宝贵经验，这些经验主要涉及理解和表达两个方面，具体反映在翻译的方法与技巧上。比如，因为英汉词语的搭配方式不同，所以译者在翻译时应适时调整搭配或增减文字。

（4）将综合分析作为翻译的重要手段

译者要翻译某个句子，通常可以采用多种方法。但是，在所有方法中，仅有一两个是最佳的，此时就要将综合分析作为翻译的重要手段。所谓综合分析的翻译手段，是指从总体及其系统要素关系上连点成线、集线成面、集面成体，并且对各个层面上进行动态和静态的分析观察，透过现象从本质上观察事物的本来面目。在表达过程中，同样涉及分析与综合两方面，分析是手段，综合是目的。

在翻译教学中，教师要遵循以实践为主、以学生为主的原则。翻译教学具体涉及讲解、范文赏析、译文对比、练习和练习讲评五个环节。

讲解。这一环节的主要任务是以英汉语言对比为基础分析译例，提示技巧，将学生对翻译的感性认识上升至理性认识层面。

范文赏析。教师应为学生选择一些语言优美且平易的名人名译，既可以欣赏，又可以借鉴临摹。

译文对比。教师应该为学生提供同一原文的两三种不同译文，这样学生可以进行比较和仔细揣摩。需要指出的是，学生在比较时一方面要看译文的优劣；另一方面要看译德译风。译文对比要做到择优而从，见劣而弃。

练习。练习活动是翻译教学的重要环节，具体涉及课前复习、课内提问及课后作业。

练习讲评。练习讲评主要针对的是两种语言特点的对比和分析，从翻译思维中的一些具体障碍着手，不会过分纠结细枝末节。

3. 英语翻译技能教学的原则

（1）循序渐进原则

翻译能力的提高不可能一蹴而就，而是要经历一个过程。相应地，翻译教学也不能操之过急，而是应遵循由浅入深、循序渐进的规律。所选的语篇练习应该是先易后难，逐步帮助学生提高翻译能力。从篇章的内容来看，应该从学生最熟悉的开始；从题材来看，应该从学生最了解的入手；从原文语言本身来看，应该从浅显一点的渐渐到难一点的。这样由浅入深，学生对翻译会越来越有信心，兴趣也会逐渐增强，翻译能力也会相应得到提高。

（2）精讲多练原则

精讲多练原则主要包含两个层面：精讲和多练。如果翻译教学仅从传统教学方法入手，先教授，后练习，那么是很难塑造好的翻译人才的。因此，在翻译教学中，教师不仅要教授，还需要练习，应在课堂上将二者完美结合。

（3）实践性原则

只注重翻译理论的教授很难培养出好的翻译人才，还需要进行翻译练习。这就是翻译的实践性原则。在翻译教学中，教师应该为学生创造更多的机会展开练习。例如，教师可以让学生去翻译公司实习，通过实践活动来进行体验。

4. 大学英语翻译技能教学中混合式教学的实施

（1）制作个性化的翻译教学视频

在实施教学时，教师可以提前为学生制作视频，将教学内容进行模块化处理。每一个视频围绕某一知识点展开的，如翻译理论、翻译技巧等。同时，在制作视频的时候，应该突出重难点，明确教学目标，为线上、线下教学做准备。此外，教师还需要考虑翻译教学的连贯性，为了实现整体的教学目标而努力。

在课堂开始之前，教师制作视频，设置教学任务，并将其发布到网络平台上供学生阅读，教师通过让学生观看，对学生提出的问题加以汇总并解决。在课堂上，教师对视频中的技巧与理论进行梳理，组织学生进行协作学习，实现知识的真正内化。在课后，教师还可以组织学生撰写翻译笔记，从中了解学生对哪些问题是存在疑惑的，进而对自己的教学方案加以调整。

（2）利用多媒体展开翻译课堂教学，增加英语习得

在翻译教学中，教师可以利用与教材配套的多媒体技术设备辅助教学。不过，由于各个学校的多媒体设备资源配置不同，而且教材所配套的相关资料往往在内容上缺乏系统性，因此教师需要酌情使用。对此，最好的方法就是教师可以根据教材内容自己动手制作课件，然后利用多媒体播放。多媒体课件的制作过程相对烦琐，需要依据具体的教学过程、教学内容、教学目标、教学媒体等，只有将这众多条件融合在一起，并体现互动性原则，方能制作出优良的多媒体课件。当然，这样的课件对于学生翻译能力的提升也是大有裨益的，可以使不同层次学生的翻译能力都得到一定程度的提升。

为此，在进行翻译教学活动之前，教师可以利用声音、图片、动画等教学辅助手段来刺激学生的学习兴趣，使学生在学习过程中始终保持较高的兴趣，将枯燥的翻译理论变得生动、有趣。针对具体的教学过程，教师在其中不仅要教授学生英汉互译的技巧，而且需要补充中西方文化背景知识，让学生对翻译理论形成一定体系。虽然教师在翻译教学过程中所使用的教学模式相对陈旧，但是在内容与形式上与传统的翻译教学已经大不相同。这种不同主要体现在以下两方面。

第一，形式上不再是单调的板书形式，而是以媒体形式呈现，节约了大量时间。

第二，内容上是针对不同层次的学生展开的，在课堂上由教师指导和学生自主选择，有利于改善课堂教学的氛围。

三、大学英语文化知识混合式教学

在混合式教学语境下，除了要教授基本知识与基本技能，还需要传授文化知识。通过利用线上的慕课教学、翻转课堂教学等，将文化知识尽可能地进行输入与输出，从而培养学生的文化价值观，使他们具备文化思辨能力。

（一）文化

每一种文化都是将宇宙万物囊括在内的体系，并且将宇宙万物纳入各自的文化版图。总体来说，文化会涉及人与社会的关系、人的存在方式等层面。但是，其也包含一些具体内容。

1. 文化的定义

对于文化的定义，最早可以追溯到学者爱德华·泰勒。他这样说道："文化或者文明，是从广泛的民族学意义来说的，可以归结为一个复合整体，其中包含艺术、知识、法律、习俗等，还包括一个社会成员所习得的一切习惯或能力。"之后，西方学者对文化的界定都是基于这一定义而来的。

1963 年，人类学家艾尔弗雷德·克洛伊伯对一些学者关于文化的定义进行总结与整理，提出了一个较为全面的定义。

（1）文化是由内隐与外显行为模式组成的。

（2）文化的核心是传统的概念与这些概念所带来的价值。

（3）文化表现了人类群体的显著成就。

（4）文化体系不仅是行为的产物，还决定了进一步的行为。

这一定义确定了文化符号的传播手段，并着重强调文化不仅是人类行为的产物，还对人类行为的因素起着决定性作用。同时，明确了文化作为价值观的巨大意义，是对泰勒定义的延伸与拓展。

在文化领域下，文化的定义可以等同 2001 年联合国教科文组织发表的《世界文化多样性宣言》中的定义：文化是某个社会、社会群体特有的，集物质、精神、情感等于一体的综合，其不仅涉及文学、艺术，还涉及生活准则、生活方式、传统、价值观等。

20 世纪 90 年代以后，很多学者对文化进行了界定，这里归结为两种：一种是社会结构层面上的文化，指的是一个社会中起着普遍、长期意义的行为模式与准则；另一种是个体行为层面上的文化，指的是对个人习惯产生影响的规则。

这些定义都表明文化不仅反映的是社会存在，而且其本身就是一种行为、价值观、社会方式等的解释与整合，是人与自然、社会、自身关系的呈现。

2. 文化的分类

（1）交际文化与知识文化

文化和交际总是被放到一起来讨论，文化在交际中有着无可替代的地位，并对交际产生的影响最大，因此有学者将文化分为交际文化和知识文化。对跨文化交际直接起作用的文化信息是交际文化；对跨文化交际没有直接作用的文化是知识文化，包括文化实物、艺术品、文物古迹等物质形式的文化。学者们常常将关注点放在交际文化上，而对知识文化进行的研究较少。交际文化又分为外显交际文化和内隐交际文化。外显交际文化主要是关于衣食住行的文化，是能够表现出来的；内隐交际文化是关于思维和价值观的文化，不易被察觉。

（2）物质文化、制度文化与精神文化

三分法是将文化分为物质文化、制度文化和精神文化的分类方法。

人从出生开始就离不开物质的支撑，物质是满足人类基本生存需要的必须品。物质文化就是人类在社会实践中创造的有关文化的物质产品。物质文化是用来满足人类的生存需要的，是为了让人类更好地在当前环境中生存下去，是文化的基础部分。

人是高级动物，会在生存环境中通过合作和竞争来建立一个社会组织，这也是人与动物有区别的一个地方。人类创建制度，归根结底还是为自己服务的，但也对自己有所约束。一个社会必然有着与社会性质相适应的制度，制度包含着各种规则、法律等，制度文化就是与此相关的文化。

人与动物的另一个本质区别就是人的思想性。人有大脑，会思考，有意识。精神文化就是有关意识的文化，是一种无形的东西，构成了文化的精神内核。精神文化是人类在认识世界和改造世界的过程中挖掘出的一套思想理论，包括价值观、文学、哲学、道德、伦理、习俗、艺术、宗教信仰等，因此也称为观念文化。

3. 文化的特征

（1）主体性

文化是客体的主体化，是主体发挥创造性的外化表现。文化具有主体性的特征主要源于人的主体性。所谓人的主体性，即人作为活动主体、实践主体等的质的规定性。人通过与客体进行交互，才能将其主体性展现出来，从而产生一种自觉性。一般来说，文化的主体性特征主要表现为以下两点：

第一，文化主体性不仅具有目的性，还具有工具性。如前所述，由于文化是主体发挥创造性的外化表现，因此其必然会体现文化主体的目的性，只有这样，才能促进人的全面发展。另外，文化也是人能够全面发展的工具，如果不存在文化，那么就无法谈及人的全面发展，因此，这体现了文化的工具性。

第二，文化主体不仅具有生产性，还具有消费性。人们之所以进行生产，主要是为消费服务的，而人类对文化进行生产与创造，也是为了更好地进行消费。在这一过程中，对文化进行创造属于手段，对文化进行消费属于目的。

（2）历史性

文化具有历史性的特征，这是因为其将人类社会生活与价值观的变化过程动态地反映出来。也就是说，文化随着社会的进步而不断演进，也在不断扬弃，对既有文化进行批判、继承与改造。对于某一历史时期来说，这些文化是积极的、先进的，但是随着时代的发展，这些文化可能失去其积极性、先进性，被先进的文化取代。

（3）实践性

实践性是人类对文化进行创造的自觉性、能动性活动，而文化是人类进行实践的内在图式。简单来说，文化具有实践性特征，具体可以表现为两点：

第一，实践对文化起决定性作用。人类展开实践的手段与方式决定着文化的性质。在这些实践手段与方式中，物质生产方式居于基础地位。

第二，文化对实践具有促进作用。这是因为实践往往是在某些特定文化中展开的，如果没有文化背景的融入，实践就会非常困难。另外，文化对实践的展开有着重大的指导意义，也正是由于文化的指导，实践才能取得成功。

（4）社会性

文化具有社会性特征，这主要表现在以下两点。

第一，从自然上说，文化是人们创造性活动的结果，如贝壳、冰块等自然物品经过雕琢会变成饰品、冰雕等。

第二，从人类行为来说，文化起着重要的规范作用。一个人生长于什么样的环境，其言谈举止就会有什么样的表现。另外，人们可以在文化的轨道中对各种处世规则进行把握，因此可以说，人不仅是社会中的人，也是文化中的人。

（二）文化知识教学

1. 文化知识教学的目的

当前，英语文化教学的目标是提升学生的跨文化交际能力，具体来说，主要可以从以下三点来理解。

（1）帮助学生树立多元文化意识

了解世界文化的多样性有助于人们建立多元的文化观念。文化不同，其产生的背景也不同，彼此之间不能进行替代。在全球化视角下，不同文化群体之间的交流变得更为频繁，人们需要理解与尊重不同的文化，这样可以避免在交际中出现交际困难或者交际冲突。

在英语文化教学中，教师应该让学生逐渐了解与熟知不同文化，使他们不仅了解自身文化，还要了解他国文化，这样才能建构他们多元化的意识。

（2）发展学生的批判性思维

在英语文化教学中，教师应该培养学生的批判性思维，让学生将本国文化中那些有利的条件综合起来，对文化背后的现象进行假设，从而建构自己的文化观。

（3）为学生创造学习异质文化的机会

不同文化之间接触时，难免出现碰撞。很多人可能对这种碰撞感觉到不舒服、不适应，因此，在英语文化教学中，教师应该让学生了解、规避这一点，努力提升自身的文化适应能力。

2. 文化知识教学的内容

语言是文化的一部分，英语文化教学中也必然包含语言文化的教授。

要想能准确地进行跨文化交际，双方首先需要弄清英汉语言文化的区别。其主要表现在词汇、句法、语篇层面。

（1）词汇层面

对于英汉语言来说，词汇是其组成的细胞，且英汉两种语言中的词汇是非常丰富的。但是，这种丰富性也导致了英汉词汇在词义、搭配式等层面的差异性。

① 词汇的意义

词汇的意义主要有以下四种。

其一，完全对应。在英汉两种语言中，有些词在词义上是完全对应的，一般这类词包含名词、术语、特定译名等。

其二，部分对应。在英汉两种语言中，有些词呈部分对应，即有些英语词词义广泛，而汉语词词义狭窄；有些英语词词义狭窄，但汉语词词义广泛。例如，sister 既代表姐姐，又代表妹妹；red 既指代红色，又指代紧急、愤怒、极端危险。

其三，无对应。受英汉文化差异的影响，英汉语中很多专门的词在对方语言中找不到对应词，就是所谓的"无对应也可以被称为'词汇空缺'"。

其四，貌合神离对应。在英汉两种语言中，有些词表面看起来是对应的，其实不然。

② 词汇搭配能力

词汇搭配研究的是词与词之间的横向组合关系，即所谓的"同现关系"，一般来说，搭配是约定俗成的，但是英汉搭配规律有各自的规律，不能混用。另外，很多词具有很强的搭配能力，如英语中的 to do 可以构成很多词组。to do the bed 的意思是铺床，to do the window 的意思是擦窗户，to do one's teeth 的意思是刷牙，to do the dishes 的意思是洗碗碟。通过上述 to do 组成的这些词语可以看出其搭配十分广泛，可以用于"床""窗户""牙""碗碟"等，但是汉语中与之搭配的词语不同，用了"铺""擦""洗"等。再如，汉语中的"看"也是如此，看电影即 see a film，看电视即 watch TV，看地图则为 study a map。

（2）句法层面

在英语中，句法起着十分重要的作用。了解英汉句法的不同特征有助于更好地进行英汉互译。英汉句法的差异有很多，这里主要从语态、句子重心层面入手进行分析。

第一，语态。英汉思维模式的不同必然会影响语态的选择。通过分析英汉语态可知，英语善用被动语态，而汉语善用主动语态，且英汉翻译中也呈现这一特点。语言是文化的载体，选择不同的语态代表着不同的文化。

第二，句子重心。在句子重心上，汉语句子一般重心在后；英语句子一般重心在前。也就是说，汉语句子一般把重要信息、主要部分置于句尾，而次要信息、次要部分置于句首；英语句子一般将重要信息、主要部分置于主句之中，位于句首。

（3）语篇层面

对于英汉两种语言来说，语篇即语言的运用，是更为广泛的社会实践。在英汉语言中，语言是词汇、句子等组合成的语言整体，是实际的语言运用单位。人们在日常交谈中运用的一系列段落都属于语篇。同时，语篇功能、语篇意义等都是根据一定的组织脉络予以确定的。英汉语篇在组织脉络上存在明显差异，这些差异影响着人们的谋篇布局。一般有以下几个方面：

① 逻辑连接

其一，隐含性与显明性。所谓隐含性，是指汉语语篇的逻辑关系不需要用衔接词来标示，通过分析上下文便可以推断与理解；所谓显明性，是指英语中的逻辑关系是依靠连接词等衔接手段来衔接的，语篇中往往会出现 but、and 等衔接词，这可以被称为"语篇标记汉语属于意合语言，英语属于形合语言"。前者注重意念上的衔接，因此具有高度的隐含性；后者注重形式上的接应，逻辑关系具有高度的显明性。

其二，展开性与浓缩性。除了逻辑连接上的显明性，汉语呈现展开性，即常使用短句，节节论述，这样便于将事情说清楚、说明白。英语在语义上具有浓缩性。英语具有独特的思维方式与语言特点，这也决定了表达方式的高度浓缩性，如果将其按部就班地转化成中文，那么必然是不合理的。

其三，迂回性表述与直线性表述。英汉逻辑关系的差异还体现在表述的直线性与迂回性上。汉语侧重铺垫，先描述一系列背景与相关信息，后总结陈述要点。英语侧重开门见山，将话语的重点置于开头，再逐层介绍。

② 表达方式

其一，主题与主语。汉语属于主题显著语言，其凸显主题，结构上往往包含两个部分：一部分为话题，另一部分为对话题的说明，不存在主语与谓语之间的一致性。英语属于主语显著的语言，其凸显主语，除了省略句，其他句子都有主语，并且主语与谓语呈现一致性关系。对于这种一致性关系，英语中往往采用特定的语法手段。

其二，客观性与主观性。中国人注重主观性思维，因此汉语侧重人称，习惯采用有生命的事物或者人物作为主语，并以主观的语气来呈现。西方人注重客观性思维，因此英语侧重物称，往往采用将没有生命的事物或者不能主动发出动作的事物作为主语，并以客观的语气加以呈现。受这一差异的影响，汉语往往以主体作为根本，不在形式上有所拘泥，句子的语态也是隐含式的，而英语中的主被动呈现明显的界限，且经常使用被动语态。

3. 文化知识教学的模式

随着英语教学的不断开展，教师开始关注英语的文化内涵，并且知道在英语教学中培养学生的文化交际素质是非常重要的。在文化教学中，教师应采用恰当的教学模式，只有这样，才能实现教学目的。一般来说，文化教学的模式主要有以下几种：

（1）"交际—结构—跨文化"模式

文化教学的常见模式是"交际—结构—跨文化"模式，这一模式与中国人的英语教学习惯相符合。在英语学习中，中国的大多数学生是以汉语思维展开的。这种认知与思维方式与英语学习的规律不相符。心理学家指出，事物之间的差异越大，越能对人类的记忆进行刺激。"交际—结构—跨文化"模式能够从英语学习的全过程出发，展开认知层面的刺激。在教学的各个阶段，都对学生的目的语思维模式产生影响。

① 交际体验

交际体验即让学生掌握一定的交际能力，通过运用英语展开交际。交际能力是人们为了对环境进行平衡而实施的一种自我调节机制。通过这种交际体验，能够不断提升学生的交际能力。在交际过程中，交际双方需要建立在一定语言交际环境的基础上，不断熟悉和了解交际双方的背景知识，从而将交际双方的交际技能发挥出来。我国的英语教学需要为学生营造能够进行交际体验的环境，这样才能形成一种双向的互动与交际模式。

② 结构学习

结构学习以语言技巧为目标，将语言结构作为教学的中心与重点内容，从而利用英语展开教学。语言具有系统性，语言教与学中应该对这种系统性予以利用，找到教与学的规律，实施结构性学习方式。

结构学习要对以下几点予以关注。

第一，对学生的英语结构运用能力进行培养。

第二，对学生的词汇选择与创造力进行培养。

第三，对学生组词成句、组句成篇能力进行培养。

第四，对学生在不同语境下的交际能力进行培养。

③ 跨文化意识

要想具备英语文化知识，学生要对英语国家的历史与文化活动有所了解，要对相关文学作品进行研读，还要了解相关国家的风俗与习惯，从而形成对西方文化学习的热情与兴趣。久而久之，英语教学就成为一种对文化的探索教学，从而激发学生的学习兴趣，提升学生的学习效果。这一模式要求在整个教学中需要对中西方文化进行对比，从而培养学生的跨文化意识。

（2）"文化因素互动"教学模式

由于文化教学中存在各种问题，很多专家从不同视角出发，对其进行研究与探讨，但是结果令人不够满意。所谓文化的双向传递，即在英语教学中，以中西方文化为中心，利用语言来学习文化，从而建构双方的文化知识，实现跨文化交际。文化因素互动的目的在于克服因教学中单向输入文化导致的各种问题。

（三）大学英语文化知识教学的原则

1. 主体意识强化原则

在实施文化教学中，教师必须引导学生强化跨文化交际过程中的平等主体意识，增加学生对中国优秀传统文化的认知与了解，主动对中国传统文化进行整理与挖掘，吸取其中的精华，将中国传统的优秀文化底蕴凸显出来，强调中国优秀传统文化在当今世界的价值。

在文化知识教学中，教师要引导学生遵循"和而不同"的原则，既要对其他文化有清晰的了解，又要保持自身文化的特点，让学生能够向世界展现中国优秀文化的精华。

在文化教学中，教师要不断培养学生自信的气度与广阔的胸怀，让学生学会在平等的竞争中，与其他国家互通有无，以多种形式将中国的优秀传统文化传播出去，确保中国文化在世界文化中的地位和格局，从而促进世界文化的多元发展。

2. 内容系统化原则

文化的内容非常丰富，其所包含的因素至今还没有一个定论。在实施文化教学时，教师不能一股脑地将所有文化内容纳入自己所讲授的内容之中。因此，我国的教育主管部门应该组织文化领域的专家、学者，从价值性、客观性、多元性等多个层面出发，对中国优秀传统文化的教学内容体系进行确立，具体包含中国的基本国情文化、社会主义核心价值观、民族文化、节日文化、生活文化等。

（四）大学英语文化知识的混合式教学策略

1. 为学生制作学习单

为了让学生掌握自主学习模式，教师可以从具体内容出发为学生设计学习单，帮助他们从教学大纲出发，开展自主学习活动。在设计学习单的时候，教师应该将学习内容、学习任务等列出来，学生在完成过程中，要逐渐明确自己要学到什么，并发现了什么问题，从而实现知识的建构。

2. 要求学生进行课外自主学习活动

教师应该将教学内容进行分解，将制作好的视频发布到网络上，引导学生制订符合自己的学习计划。学生一方面可以利用学校提供的平台进行自主学习；另一方面可以选择学习任务与内容。在选择时，学生应该从自身的知识情况出发，不仅要保证与自身需求相符合，还要保证自身对新知识能够吸收，实现新旧知识的融合和内化。

3. 组织学生完成课内展示和谈论

学生完成了自主学习之后，教师在课堂上展开教学。当然，不是教师主讲，而是教师指导、学生展示学习成果，学生之间、师生之间针对学习情况进行探讨与交流。显然，教师不再是教学的主体，而是充当了指导者的角色。与此同时，学生也能够积极参与其中，成为真正意义上的知识建构者。

当然，课堂教学的形式也多种多样，主要分为两个方面：一方面可以为学生提供展现自我的机会，分享自己对文化知识的掌握情况；另一方面，为学生提供了交流的平台，彼此探讨中西方文化，使他们真正地理解与接受不同文化之间的差异。

第二节　高校英语混合式教学能力要求之教师专业素养

显然，大学英语混合式教学模式的实施离不开教学的重要要素——教师。教师在课堂中有效实施这一模式，可帮助学生快速提升学习效果，并且大学英语教师实施混合式教学必须具备一定的能力要求。本章对这一问题展开深入地分析。

一、大学英语混合式教学中教师的角色

(一) 大学英语教师的传统角色

1. 语言知识的诠释者

大学英语教师是英语语言知识的诠释者。他们在开展课程教学之前，必须具备渊博的知识。简单来说，大学英语教师需要对英语专业知识有系统的、全面的把握，并且能够通过这些知识分析语言现象。一般来说，英语教师需要掌握的专业知识，包括理论知识、语境知识、实践知识等。这些知识囊括了语音、词汇、语法、语篇、文化等。大学英语教师只有掌握了这些知识，才能解决学生学习中遇到的实际问题，帮助学生提升自我，更好地实现语言输出。

2. 语言技能的传授者

当然，除了英语知识外，大学英语教师还需要掌握语言技能，并且将这些技能传授给学生。在学生学习语言过程中，掌握语言知识是基本条件，而最终目的是提升语言技能。一般来说，语言技能包含听、说、读、写、译五项。就语言的发展规律而言，听、说居于重要地位，读、写、译其次。但从外语教育的角度而言，读、写、译居于重要地位，听、说其次。这就说明大学英语课程教学的目标是让学生具备一定的读、写、译能力，而听、说能力是实现读写译能力的前提与基础。大学英语教师要想提高教学质量，熟练地驾驭英语这门课程，就必须掌握这五项技能，并且保证这五项技能的有机结合，从而提升学生的语言综合技能。

3. 课堂活动的组织者

无论是大学英语课程教学，还是其他教学，课堂活动都是必不可少的一部分。在大学英语课程教学中，课堂教学是其重要的载体与媒介。大学英语教师要想提升自身的教学质量，必须要设计出合理的课堂活动，如辩论、对话、角色表演等，这些都是能够让学生参与其中的活动，有真实的语言训练机会，提升自身的语言表达能力。在这一过程中，学生也会不断加深对英语语言知识与技能的印象，巩固自身的知识体系。

4. 教学方法的探求者

大学英语教师在英语课程教学中不能仅使用一种教学方法，还应该承担起教学方法开发者与设计者的角色，创新教学方法，使课堂教学更多样。与其他学科相比，大学英语课程教学具有极强的实践性，其与教学方法的关系更为密切。教师对语言知识的分析、学生语言技能的掌握、教师课堂活动的组织等都需要考虑相应的教学方法。

不少学者对英语课程教学进行了深入地研究，探索出了很多教学方法，如交际法、任务法、情境法等。这些教学方法各有利弊，大学英语教师需要考虑教学的实际情况以及学生的实际水平，选择适合自己的教学方法组织教学，甚至有时候需要多种方法并用，从而达到最佳的教学效果。

5. 多元文化的驾驭者

当今社会是一个多元化的社会。在多元文化背景下，大学英语教师多元文化的驾驭能力对大学英语课程实施的好坏有着直接影响，同时对学生的学习情况也产生直接影响。多元文化背景下的大学英语教师应该具备多元文化教育观。随着世界逐渐成为一个地球村，文化矛盾也必然存在，增进不同文化之间的理解就显得十分重要。

在大学英语课程教学中，大学英语教师要明确多元文化教育观。正如班克斯所说，教师应该谨慎选择教材，清除各种存在文化偏见、文化歧视等内容的教材；选择一些视听材料、课外书籍，对教材加以补足，增进学生对其他人种的认知与了解；选择一些观点上保持一致的教材，避免出现使用一些本身存在认知冲突的教材；选择的教材要避免在概念、教学活动中掺杂偏见成分。另外，很多学生来自不同地区，处于不同的文化背景，使用的语言也必然不同，教师需要考虑不同学生的特点，用双语进行转换，这样才能实现师生之间的有效交流。

6. 多元文化环境的创设者

学校的文化环境会对学生的学习产生影响。作为一种社会化机构，学校的目标、功能、管理等都属于主流文化。如果教师不知道如何对学校的教学环境进行塑造，就很难在家庭、社区、学校之间构建一个平衡点，很难让学生适应。由此可见，教师要努力创建多元文化教育环境。具体来说，可以从以下几点着手：

首先，师生之间要构建信任关系。师生间的人际关系对学生的成绩产生重要影响。文化差异的存在、教师的偏见容易造成师生之间的隔阂与误解。如果师生之间存在这种隔阂与误解，就会对学生的自我观念产生负面影响，让学生受到挫折，甚至感到孤立无援。

其次，教师要努力构建一种积极的家庭式氛围。教师要为学生提供一种尊重与关怀的环境，让学生领略到家庭语言与文化。教师要对学生的文化背景有充分的了解，不断搜集相关信息，并将这些信息自然地融入教学之中。

最后，只有教师充当一名多元文化传授者，才能对学生所处的文化环境有清楚的了解，对学生的文化价值观有准确的把握。

7. 中西文化差异的解释者

在多元文化背景下，大学英语教师充当了中西文化差异的解释者角色。由于中西方文化传统不同，二者在价值观、思维模式上存在明显差异。这些差异逐渐成为学生跨文化交际的障碍。

就社会文化角度而言，语言属于一种应用系统，具有独特的规范，是文化要素的一个重要组成部分。因此，在大学英语课程教学中，大学英语教师除了要教授英语知识与技能，还需要囊括文化背景知识，实现英语知识、英语技能、文化背景知识三者的融合。

就语言文化知识的内容而言，除了要教授本土文化知识，还需要教授西方文化背景知识。中西方语言文化的差异性主要体现在风俗习惯、思维模式、价值观念等层面。这些差异性在语言上有明显的呈现，无论是在词汇中，还是在篇章中，大学英语教师应该充当中西方语言文化的解释者这一角色，将中西方语言的差异性解释给学生，让学生在了解这些差异的基础上，掌握好英语这门语言。

8. 本土文化知识的传授者

大学英语教师应该对本土文化有清楚的了解与认识，甚至需要成为本土文化的专家，挖掘本土文化所蕴含的特色与思维形式。大学英语教师既是知识的引导者，又是文化的传承者，他们应该将本土文化知识融入自己的课堂之中，与学生展开平等的交流，从而为大学英语课堂教学提供更为广阔的空间，同时构建和谐的师生关系。

教师要比其他人对本土文化知识有更敏锐的直觉，对本土文化知识的价值更注重保护与发展，并且更懂得如何对学校所处地区的本土文化知识进行挖掘。在大学英语课程教学过程中，大学英语教师应该对学生在本土社会中获取的知识予以尊重，而不是一味地否定或者贬低。教师可以引导学生对本土文化知识与书本知识进行比较，使学生将本土文化知识与书本知识紧密融合，从而创造出新的知识体系。

（二）信息化背景下大学英语混合式教学中教师角色的重新定位

在新形势下，信息技术迅猛发展，教师在技术、知识上所具备的权威性受到极大挑战。在新环境下，大学英语教师对于知识传授者的角色是否有新的理解？是否对教师新的角色进行了重新定位？教师对自身的教学手段、角色观念是否感到不适？教师如何转变自我并适应这一环境？这些问题都说明教师作为知识传授者的角色应该做出改变。

传统的大学英语教师所扮演的角色很难适应当今社会的需要。在这个多元化的社会，教育具有多样性，教师需要适应不同层次、不同族群的需求。教师需要作为文化传承执行者的角色展现在人们面前。他们通过间接的形式逐渐实现文化传递。只有具有多元文化教育观的教师，才能与多元文化社会教育相适应。也就是说，教师不再是知识的传授者与复制者，而是被赋予了新的多样角色。下面具体分析大学英语教师角色的转变。

1. 语言单元任务的设计者

要想实现单元主题目标，就必然需要对单元任务进行设计，这是大学英语教师的一项重要任务。学生通过教师设计的这些真实任务，可以拓宽自己的语言知识面，还能提升自身解决具体问题的能力。在英语学习中，语言单元训练任务的设计是非常重要的。这要求教师在网上设计相应的单元任务，让学生在规定时间内完成，最后提交完成任务的结果。通过这种方式，学生可以降低自身压力，愿意参与其中。

另外，通过网络，学生可以根据自身的实际情况选择教师设计的任务，遇到问题时也可以与教师或其他同学进行交流，最后呈现自己的作品或观点。显然，这种方式不仅锻炼了学生的英语语言水平，还有助于提升学生的兴趣和积极性，加强人与人之间的交往与合作。

2. 有效主题教学模式的设计者

在新形势下，大学英语课程教学要求教师不断探求新的教学模式与方法。具体来说，大学英语教师不仅需要发挥网络上的优势，还需要提升学生学习的效率。对此，大学英语教师在设计主题教学模式时，应该选择学生感兴趣的话题，并且整个教学模式都围绕这一主题开展，以小组合作讨论的形式完成任务，最后提交讨论结果。

当然，由于处于网络环境下，大学英语教师设计的每一个主题都应该能让学生在网络上找到丰富的资料，如这一主题的文化背景与发展动态，然后由学生进行归纳与总结，让学生在网上进行讨论，帮助学生摆脱课本的限制。

另外，在设计有效主题教学模式时，大学英语教师要尽量链接一些有效网址，帮助学生接触更多国内外文化知识。大学英语教师还可以下载一些前沿性资料，以吸引学生，提升他们的求知欲。

3. 学生网络学习的帮助者

在大学英语课程教学中，网络能够起到监控的作用。通过网络监控，大学英语教师可以对学生的学习过程有所了解与把握，从而帮助学生满足自己的学习需要。大学英语教师是学生进行网络学习的帮助者，尤其对于后进生而言，大学英语教师更是发挥了特别重要的作用，他们通过记录学生浏览网页的情况，了解学生是否参与其中，清楚学生在学习中遇到的困难，从而帮助学生解决实际困难。

另外，由于不同的学生遇到的困难不同，因此大学英语教师应该给予有针对性的指导，促进不同层次学生的进步。显然，大学英语教师对学生网络学习的帮助更具有人情味，不仅有助于提高优等生的水平，还有助于避免后进生的畏惧心理，帮助不同层次的学生解决不同的问题，真正使他们实现有效的自主学习。

4. 在线学习系统的建立者和学生学习过程的监控调节者

网络为学生的英语学习提供了便利，教师在其中充当了调控学生学习、提供个别指导的作用。但在这之前，需要建构一个完善的在线学习系统。在这一系统中，有教师与学生两个端口。学生通过填写自己的信息，向教师端提出申请，教师负责审核，使学生加入这一系统。

根据在线学习系统的导航提示，学生可以获取自身所需的资料，也可以将其下载下来。例如，某一在线学习系统可能包含"单元测试"与"课程作业"两个项目。在"单元测试"中，学生可以进行训练与测试；在"课程作业"中，学生可以提交自己的作业。之后，学生可以通过论坛等与教师进行讨论，实现网上交互。

二、信息化背景下大学英语混合式教学中教师的素质

(一) 大学英语教师的基本素质

根据林崇德先生提出的"三层次五成分"教师素质观，从当前大学英语教师的基本情况进行考量，大学英语教师基本素质的内涵涉及以下几个方面。

1. 职业理想

教师的职业理想是教师从事教学工作的兴趣与动机的体现，是其献身教学工作的原动力。在大学英语教学中，教师的职业理想表现为积极性、事业心、责任感，大学英语教师具备的崇高的职业理想是他们开展大学英语教学活动的有利支撑。

2. 知识水平

教师所具备的知识水平是教师开展教学工作的前提。林崇德从功能角度出发，将教师的知识结构划分为四个部分：本体性知识、文化知识、实践知识、条件性知识。

3. 教育观念

教师的教育观念是教师在教学活动中形成的对教育现象的主体性认知，是从自身的心理背景出发进行的认知。一般来说，教育观念包含知识观、教育观、学习观、学生观等。

4. 监控能力

教师的监控能力指的是他们为了保证教学能够顺利实现预期目标，在教学过程中对其进行主动计划、检查与反馈等。具体来说，包括对课前教学的设计、对课堂进行管理与指导、对课堂信息进行反馈。事实上，教学监控能力是教师对其认知的调节与控制，是教师反省与反思的体现。

5. 教学策略与行为

教师的教学策略与行为是教师为了实现教学目标，从学生的特点出发，采用各种教学手段因材施教。在大学英语教学中，教师的教学策略与教学行为是教师根据不同学生的学习风格与水平差异，创造符合学生风格的课件，采用网络多媒体技术，将自身的教育思想与学生容易接受的方式完美结合。

（二）信息化背景下大学英语混合式教学中教师的素质要求

1. 解读多元文化的能力

在跨文化教育背景下，教师需要具备对多元文化进行正确解读的能力，具体而言，表现为以下三点。

（1）多元文化是一种历史事实

不同的文化具有差异性与多样性，这是人类文化从诞生就体现出来的一种客观存在。就历史角度而言，多元文化的差异性与多样性是一个不争的事实。就宏观的世界历史而言，早期有古希腊文化，中国有春秋战国文化、隋唐文化、明清文化等。这些都可以说明，历史时期不同，文化自然也不同。因此，多元文化是一种历史事实，指的是在一个地域、社会、区域等特定存在的、相互关联的却又具有独立文化特征的几种文化。

（2）多元文化是一种政治诉求

多元文化不仅是一种事实存在，还是一种价值存在，是人们在文化上所秉持观念的一种展现。多元文化源自不同族群在争取平等的经济、文化权益斗争的结果，是一种对经济、文化等平等的追求。多元文化不仅限于文化层面，还包含了不同民族、不同族群的经济，不同的社会制度等多种概念。

（3）多元文化是一种思维方式

从哲学意义而言，多元文化体现的是一种思维方式，对多元文化的理解就是对多元文化差异性、多样性的承认。要认识到所有文化都应该是平等的，彼此之间会产生直接或者间接的影响。与之相对的认识就是对客观世界的认识，人们对其认识和理解不应该从单一的角度出发，而应该从多个视角来认识和理解。多元文化这一思维方式打破了传统一元的思维方式。

多元文化不仅是一种历史事实、政治诉求，还是一种思维方式。教师应该对多元文化进行正确解读，从多样的视角对不同文化予以尊重、学习与理解，既不能全盘接受社会主流文化，也不能对其他文化全盘否决，而是应该批判地看待不同文化。教师在对多元文化的解读中，应该持有平等、公正、多元的理念。

2. 以学生为中心的教学意识

在传统的大学英语教学模式中，教师在课堂上占据绝对的主体地位，他们是教学活动的掌控者、组织者，学生是被动的参与者。在这样的教学过程中，教师也不会意识到不同学生是存在差异的。

实际上，在大学英语课堂中，所有学生形成一个多元文化语境，他们来自不同地区，具有不同的成长背景，这使得他们有着不同的接受能力、不同的思维方式等。在跨文化教育背景下，教师应该"以学生为中心"。教师自身的角色也应该发生改变，从原本对课堂的控制者转变为对学生英语学习的辅助者，同时，对待每一位学生都应该持有平等、公平的姿态。教师要认识到不同学生的文化差异与多样性，对不同学生采用不同的方法，使学生成为教学的主体，展现自身个性，从而更好地在多元环境中学习英语这门语言。

三、信息化背景下大学英语混合式教学中教师的专业能力发展

信息技术影响下的大学英语教学对教师的专业能力提出了更高层次的要求，如何实现教师的专业化发展逐渐受到人们的关注。

（一）实行专业引领

当前，我国大学英语教学在不断革新。先进的理念需要教学骨干、研究者的带领，才能促进其自身的专业发展。一般来说，教学专家、资深教师等都可以起到专业引领的作用，普通大学英语教师要向他们学习，接触先进的思想与经验，从而推动自身的专业化发展。

1. 专业引领的要求

具体有以下两方面：

其一，要将专家与普通教师的积极性与能动性发挥出来。不同的引领人员的侧重点必然不一样。专家一般注重理论，因此在引领上注重理论与实践紧密结合；骨干教师侧重实践，因此在引领上注重具体操作。但是，无论是哪一种，都要求具备较强的引领能力。

其二，大学英语教师要保证内容、目标等的正确性，采用的方法要恰当。大学英语教师专业发展的总目标在于让他们能够对新知识、新信息予以把握，并且能够在这些新知识、新信息的基础上提升自身专业素质。不同的大学英语教师存在着个体差异，在专业发展、水平上也必然不同，在进行专业引领时，需要考虑不同教师的具体情况，对不同的教师制订与他们相符的方案，从而实现专业引领的合理性与有效性。

2. 专业引领与大学英语教师专业能力发展

从上述分析可知，专业引领对于大学英语教师专业能力发展非常重要。具体而言，可以从以下几个层面着眼：

其一，阐述教学理念。从很大程度上而言，大学英语教师的教学行为会受到教学理念的影响，在专业引领中，专家、骨干教师等可以采用讲座或者报告等形式，尽可能引导普通的大学英语教师熟悉与掌握教学理念。

其二，共同制订教学方案。当普通的大学英语教师对先进的理念掌握之后，专家、骨干教师应该与普通的大学英语教师共同探讨先进的教学方案。在这一过程中，专家、骨干教师不仅是引领者，还需要对普通的大学英语教师的教学设计提出建议、给予指导，从而让普通的大学英语教师的教学设计更加完善。在专家、骨干教师等的引领下，普通的大学英语教师能够顺利制订出与教学理念相符的教学方案，并将这一方案付诸实践。

其三，指导教学实践尝试。制订教学方案之后，就需要将其付诸实践，从而对教学方案进行验证与调整。在验证时，专家、骨干教师应该参与其中，对教师的教学行为进行记录，并与具体方案进行对比，找出差距。在教师结束课堂之后，专家、骨干教师与普通的大学英语教师进行分析与探讨，对教学方案进行修订，从而使方案更完善、更切合实际。

（二）提高专业意识

所谓教师的专业发展意识，指的是教师按照教师专业化的要求，对自己专业发展过程、目前专业发展状态、未来专业发展规划的系统化、理论化认识。教师的专业意识是在教师的自我意识、职业认同、动机的基础上产生与呈现的，其对于教师素质与能力的拓展起着重要的规划与导向作用。

要提高大学英语教师的专业意识，首先要掌握一定的方式、方法和策略，这是信息化教学能力培养的中观层面。在这一层面中，大学英语教师的职前培训、教学实践、在职培训、协作交流、自主学习等是最主要的几个方面。

1. 进行职前和在职培训

大学英语教师信息化教学能力的发展是一个系统的过程。进行职前培训与在职培训是大学英语教师信息化教学能力发展的重要促进环节，两者是紧密结合的。通过职前培训，可以使大学英语教师系统掌握信息化教学技术的知识和能力，为大学英语教师在下一步大学英语教学过程中运用信息技术打下坚实的基础。通过在职培训，可以让大学英语教师及时学习最新的信息化教学技术，并且可以与更多的大学英语教师进行沟通交流，从而提高自己的信息化教学能力。

2. 传统方式与网络方式相结合

在当今大学英语教学中，利用信息化技术进行大学英语教学时，不要忽略了传统的大学英语教学方式，要将传统的教学方式与网络方式结合起来。教师在教学过程中要与学生进行不断的面对面交流，从而不断提高自己的信息化教学能力。随着信息技术的不断发展，人们获取信息资源的渠道逐渐多元化，无论是知识的获取，还是教学经验的分享，都可以通过网络来获取。因此，将传统方式和网络方式结合起来能极大地提高大学英语教师的教学能力，从而促进大学英语教学质量的提升。

3. 自主学习与合作交流相结合

在信息技术教学背景下，大学英语教师要想具备一定的信息化教学能力，就需要通过不断的学习和提高，以适应不断发展和变化着的学校教育。在平时的工作中，大学英语教师可以通过自主学习掌握基本的信息化技术手段，与其他大学英语教师进行沟通与合作，多参加一些与信息化教学有关的研讨课等，逐步提升自己的信息化教学能力。在面对面协作交流过程中，要注重提高虚拟的、跨时空的协作交流能力。这对于大学英语教师掌握信息化技术、提高大学英语教学水平具有非常大的帮助。

4. 技术知识与实践应用相结合

信息化技术知识与能力主要是大学英语教师通过职前培训得到的。但需要注意的是，仅掌握信息化技术知识远远不够，还要具备一定的技术知识与实践应用相结合的能力。通过信息技术的培训，大学英语教师可以在学习中体验和模仿，强化对信息技术知识的实践应用。只有将技术知识与实践应用充分结合起来，才能实现既定的学习目标。

信息化教学的技术手段有很多。在平时的信息化教学中，PPT演示文稿、多媒体教学软件等都是最常用的教学手段。作为一名大学英语教师，不仅要学习和掌握基本的教学技术软件，还要利用计算机搜集和掌握一些教学素材，不断提高自己的多媒体技术能力，从而不断提高自己的信息化教学能力。

随着现代信息化技术的不断发展，网络上出现了各种培训课程，其中有关网络技术的培训课程相当多。这一部分课程既有免费的，也有付费的，通常都有较强的专业性。作为一名大学英语教师，尤其信息化技术教学水平较低的教师，可以多参加一些网络技术课程的学习，提升自己的信息化教学能力。

第三节 高校英语混合式教学能力要求之教师专业发展

英语教师和大学英语教师有共同点，但也有一些不同之处。目前，英语教师的发展面临着很多问题。正是这些问题的存在，制约了英语教师的发展，英语教师的发展问题已经成为一个新的、迫切需要解决的问题。

一、教师专业发展理论

（一）英语教师的数量不多

目前能够承担英语教学的教师数量有限，在大学中，专业英语的毕业生较少，而在大学的教学中，对英语教师的需求量却很大，英语教师出现供不应求的状况。很多大学采取内部培养的方式将大学英语教师培养成为专业英语教师。而这个培养过程需要一到两年的时间，专业英语教师数量增长缓慢。另外，大学年年扩招，学生数量增长极快，教师和学生的比例远远达不到教育部的要求。学生在完成了高中英语学习之后，英语水平已经达到一定层次，于是很多学生便将英语学习的兴趣从大学英语转向了专业英语，使得班级增多，人数增多，专业英语教师明显不足。

（二）英语教师的工作量大

由于班级多、课时多，教师数量严重不足，专业英语教师的教学工作量很大。在备课上，专业英语教材涉及很多专业内容，对于英语专业出身的教师来说难度不小。不仅在专业英语的词汇方面需要做大量的准备工作，专业内容更需要去了解，以更新自己的知识储备，这就需要专业英语教师付出相当多的努力。在课下，专业英语涉及很多应用型的内容，需要学生做翻译和报告，这给专业英语教师带来了很多批改作业的工作量。

（三）英语教师的科研水平有待提高

由于专业英语教师的教学工作量大，因此很少有时间去从事科研活动，在科研成果上表现为成果少、层次不高。加之部分英语教师为青年教师，他们获取科研资助的渠道少，大部分竞争性的科研项目被一些部门垄断，在科研上缺乏资金支持，难以围绕一个研究方向持续努力。在自身发展方面，由于现在大学科研考核指标都被量化，忽视了学科、专业、研究领域和研究方向的差异性，使得专业英语教师在科研上举步维艰。

（四）英语教师自我发展的自主性不强

大学教师的专业发展是长期的、全面的、系统的过程。要想成为一名优秀的大学英语教师，需要付出足够的努力，长期埋头苦干、淡泊名利，在这样艰苦、长期的过程中，有些教师便放弃了、退缩了，导致自我发展的内在动力不足。

二、英语教师的发展模式

目前我国大学对英语教师的培养较少，造成英语教师的师资不足，因此进行英语教师的培养变得非常重要。作为英语教师，必然有其自身的特点和发展模式。

（一）英语教师的发展内容

1. 教学能力

（1）教育能力

英语教师作为大学教师，承担着教书育人的社会责任。英语教师传授的不仅是学科知识，而且要引导学生树立良好的世界观、人生观和价值观，养成正确的学习方法，保持对知识的好奇心，在学习过程中不断探究知识，培养学生的自我发展能力。

（2）传授知识能力

英语教师不仅要具备英语的学科知识，而且要具备传授学科知识的能力。英语教师根据教学大纲，将本堂课的重点和难点展示给学生，并且要做到讲授生动、清楚。课堂教学是教师教学能力的综合展示，需要应用到传授知识的各种技巧。这些技巧需要英语教师在课堂实践中慢慢体会，逐步掌握。

（3）课堂教学能力

英语课堂有其本身的特点，其中最大的特点便是对学生语言应用能力的要求。现代教育理论提倡"以学生为本"的教学思想，这使英语教学更具有挑战性。英语教师不再是唯一的语言知识技能的传授者，而是学生学习的引导者。

英语教师必须精心设计教学环节，组织各种教学活动，运用丰富的教学语言，在轻松愉快、和谐放松的课堂氛围中有针对性地指导学生学习，在不断的练习和实践中提高他们的语言应用能力。作为一名合格的英语教师，应该在教学实践中不断增强自己的课堂教学能力，正确引导学生进行英语的学习和应用。

（4）灵活应用教学方法的能力

在外语教学中，教学模式和教学方法众多。在教学法的理论中，每种教学法的目标、途径、要求、进度、技巧等都有详细说明。但在实际教学工作中，教学方法不是固定不变的，教师要根据教学内容、学生水平、课堂氛围进行灵活应用。教师在讲授专业英语课程时，要根据每篇课文所涉及的不同专业领域和学生专业水平的差异来灵活选用教学方法。

（5）正确处理教材的能力

正确使用并灵活处理教材是一名合格的英语教师的能力标志之一。专业英语教材十分丰富，针对同一专业便有数十种教材，选择适合学生水平的教材便成为英语教师的任务之一。但不论选用什么教材，英语教师首先要做的是"吃"透教材，领悟教材的精髓，在课堂上合理安排教学进度，课下组织学生完成有针对性的课后练习，引导学生完成从理论到实践应用的循环。除此之外，英语教师还要"走"出教材，不局限于教材所涉及的教学内容，以教材为蓝本，创造性地使用教材。从学生的兴趣、爱好及个性化特点出发，有针对性地选择、拓展或增减教学内容，做教材的"主人"。

2. 教育技术

现代化教育离不开现代化的教育技术，而现代化教育技术在当今社会变得越来越多元化。教师和学生每天接触的信息量成倍增加，信息技术已成为整个社会发展的最强动力之一。特别是专业英语这门学科，专业信息日新月异，英语资料触手可及，如果教师没有掌握强有力的信息技术，就无法向学生提供最新的学科知识。因此，掌握现代信息技术是英语教师的必备素质之一。英语教师要掌握计算机技术，教师利用计算机进行课件制作、文档编辑，利用网络进行备课，与学生进行课堂反馈，这是对现代教师最基本的要求。不仅如此，英语教师还要有敏锐的信息意识。

在浩瀚的信息中，英语教师不仅要积累信息教育资料，而且要正确处理搜集到的信息，有目的地选择、分析并运用这些信息。教师在大量的专业知识信息中，筛选有用的资料进行加工、分析并形成自己的看法，并以学生乐于接受的方式传递给学生。在教学中，使基础知识和前沿知识相互融合，并提供给学生，成为他们认识知识的新视角。教师还要善于将信息技术和学科内容进行整合。英语教学是最富有个性化的教学。每位教师、每位学生都是一个独立的个体，英语教师要努力实现信息技术与课程教学的整合，改变传统的授课方式和学习方法，实现教学目标的最优化。

（二）英语教师的发展模式

1. 合作模式

在专业英语教学领域，要实现专业教师和语言教师的合作必须具备以下四个条件：其一，双方都有强烈的合作意愿。专业教师可以向语言教师学习语言教学的知识和技巧，语言教师可以向专业教师学习专业基础知识，双方在互相学习中共同进步，共同提高教学质量，这成为双方互相合作的首要条件。其二，双方都十分清楚各自的职责。专业教师和语言教师在各自的职责范围内合作，尊重对方的专业知识，尽职尽责，确保双方的合作愉快进行。其三，双方要共同合作、共同努力。真正的合作是双方一起努力，为实现教学目标而共同学习。其四，学校要在各个方面给予支持。学校要积极创造条件确保双方教师合作顺利进行。教务部门在排课时可以给双方教师一个共同的课下时间进行备课、学习，进行课堂反馈。在工作量统计方面，专业教师和语言教师教授专业英语课可以适当增加教学系数。在学校和双方教师的努力下，实现双方教师的精诚合作。

英语课程中，专业教师和语言教师合作的形式有很多。以下四种形式在实践中较为可行：其一，专业教师和语言教师利用现代化的教学手段进行"全方位"合作。专业教师和语言教师突破时间、地域上的限制，利用网络，共同分析学生需求，共同备课，共同选取教学材料，设计教学活动，探讨教学问题，并从两方面对学生的反馈进行整理。在网络上相互交流授课经验和知识，两方面的教师共同学习，但在上课时并不需要专业教师和语言教师共同到场。这种合作形式是最理想的方式，双方教师取长补短，及时交流，又没有时间和地点的限制，在形式上比较灵活，但缺点是双方教师必须具备强烈的主观意识，如果有一方不积极主动，合作将流于形式，起不到实质作用。其二，专业教师和语言教师可以采取"协作"的方式。在这种合作形式中，专业教师和语言教师明确分工，各司其职。专业教师负责选择教学材料，对材料中的基本概念、基本理论进行简要说明，指出材料中的重点所在，并随时准备回答语言教师提出的问题；语言教师负责设计课堂活动，将语言学习和课堂重点结合在一起，整理出具有鲜明语言特点的词汇、句型，并结合专业知识进行翻译训练。在课后，专业教师和语言教师进一步合作。语言教师将学生上课的表现、对专业知识的困惑、课后作业的完成情况反馈给专业教师。专业教师根据学生的反馈在选取材料上要慎之又慎，在上专业课时对专业知识进行强化。语言教师从语言学习的角度对学生的语言能力进行评估，调整教学方法。以"协作"的合作方式对双方的责任和任务进行明确分工。双方教师都十分清楚自己的任务，避免了双方互相指点、互不相让的情况出现，在协作中解决教学问题。但这种协作形式将专业教师置于"幕后"，使专业教师脱离教学实际，不利于教学工作的进行。其三，专业教师可以以"指导员"的身份参与到语言教学之中。专业教师可以定期举办一些科普讲座，解决语言教师有关专业知识的一些困惑。专业教师还可以参与到语言教师的备课之中，对语言教师处理不妥的地方给予更正。专业教师可以将专业学习中的语言问题反馈给语言教师，双方共同探讨解决方式，并指导学生的学习方法。总之，专业教师对于语言教师起到"指导"作用，解决语言教师在专业知识方面的困惑。这种合作方式可以减轻双方教师的工作量。但这种合作方式比较松散，难以执行和监督。其四，专业教师和语言教师开展课程互评，共同学习。专业教师和语言教师都可以定期旁听对方的课，从自身的专业角度对评价对方课程给予和提出指导意见。这样，教师可以直接获得教学反馈，双方都可以获得最准确的教学参考意见。但这种形式需要双方开诚布公，并且双方需要达成一致意见才能取得良好的效果。不论采取哪种合作形式，对于双方教师而言都是发展的好机会。专业教师在接触语言教师的过程中，了解了语言学习的规律，增加了自己的语言知识，提高了自身的语言能力，这些都为他们以后进行双语教学或出国进修做好了准备。而语言教师可以熟悉专业词汇，学习专业知识，了解该专业的发展情况，在进行英语教学时，对学生的学习背景有所了解，从而更好地安排教学内容和设计教学活动。有了专业教师作为合作伙伴，可以大大减少学习和备课的时间。双方的合作活动对于双方而言是双赢的，对于学生而言，学生可以从专业和语言两个角度，在仿真的环境中发展自己的语言能力，使自己的语言能力跟上专业能力的发展，在将来的专业学习中突破语言障碍，拓展自己的发展空间。

2. 培训模式

培养英语教师的另一种方式是培训。这种模式也是目前大部分大学正在采用的模式。这种培训模式形式多样，便于操作，省时省力，对于培养英语教师起到了很大作用。但这种培训模式本身也存在不足之处。其一，很多培训流于形式。在部分大学，一些专业教师对语言教师进行培训。专业教师不知道讲什么，语言教师听过之后也很茫然，对英语教学没有起到直接的促进作用。专业教师丰富的专业知识无法以最简单、最有效的信息形式输出给语言教师，结果浪费了双方的时间，收效甚微。还有部分大学聘请从事英语教学的教师对语言教师和专业教师进行培训，但由于双方的知识背景不同，语言教师和专业教师对培训内容的需求也不同，这样的培训难以满足他们的要求。其二，很多培训缺乏互动性，培训内容略带强制性，导致培训效果不佳。不论采取何种培训方式，大部分培训是培训人员的"一言堂"，中途很少有受训者的反馈，双方缺乏互动。对培训者和受训者而言，这种培训方式比较枯燥，培训者无法了解受训者的需要，不能及时更新培训内容和改进培训方法。其三，培训的效果不便于监督和评价。在每期培训之后，培训的结果如何不得而知。培训缺乏有效的评估机制，无法检验培训的效果。虽然各种培训模式有其不足之处，但是英语的师资培养却离不开它。目前，培训模式可以通过以下途径来提高其有效性：

（1）在学生中培养英语教师

有很多学生英语基础好，对英语有浓厚的兴趣，在学习的同时可以作为重点培养对象。经过几年的培养之后，或是他们接受更高的教育之后，可从这些学生中选拔合格的英语教师。这种方式效果好，这些学生既接受过专业知识的系统培训，又接受过语言训练，毕业之后从事英语教学十分轻松自如，缺点是学员不稳定，持续时间不长。

（2）要对培训进行系统评价

很多培训缺乏评价系统，无法检验英语的培训效果。还有的教师在培训时对英语教学十分清楚明了，但一回到教学实践中，原先培训的内容全部置于脑后，没有将所培训的内容付诸实践。对培训进行评价可以分层有序地进行。这种考核不仅要对受训者进行，而且也针对培训者。考核的目的在于理解培训的精髓，建立培训者和受训者沟通的桥梁。在培训的过程中，做到边总结边提高，促进英语教师将自己的专业知识进行跨学科的总结和深化，做好知识储备。在培训后期，要通过长期的跟踪听课来巩固培训的结果，并在实践教学中发现新的问题，以便在进一步培训中得以解决。通过分层有序的评价系统，建立循环培训的制度，让培训者不断提高自身素质，从而加强组织培训和指导其他教师的力度。

通过有效培训，教师可以准确掌握专业术语和中英文互译，基本掌握相关理论课程的基本原理，能胜任专业技术培训、讲课、会议等的翻译工作，在英语教学中能熟知学生需求，分析英语学生的学习特点，对英语的教学材料进行分析整理，从而进行英语测试的研发和设计等。

三、英语教师的发展阶段

教师的发展具有阶段性，不同教龄和职称的教师处于不同的职业发展阶段。英语教师在大学中是比较特殊的群体，独立于各类教师的培养模式之外。因此，他们如何发展、经历怎样的发展阶段是必须要考虑的问题。综合国内外学者的研究成果及多位教师的心得体会，将大学青年英语教师的发展划分为四个阶段：适应期、发展期、突破期和成熟期。

（一）适应期

刚刚走出校园走上工作岗位的新教师处于这一阶段。这一时期需要1~2年的时间。目前，我们的专业英语教师大多经过三年系统的正规的研究生学习，掌握了语言学及文学的理论，语言基本功扎实，具有较强的科研意识。在经过短暂的岗前培训之后，走上工作岗位。由于缺乏教学经验，他们对教学过程的认识较为理想化。他们使用全英文授课，采用全新的教学理念和理想的教学方法。在课下，他们希望与同事和学生进行交流。但经过一段时间之后，他们发现学生的英文水平并没有想象中那么好，学习热情也不高，在课堂上不愿意配合教师，课后作业的完成情况也不是很理想，教学并不像想象中那样得心应手，也不能与资深的教师同事在一起讨论问题和交流教学经验。在科研上，他们感到科研压力重重，职称竞争激烈，科研找不到突破口，对未来的发展感到渺茫。这让他们感到十分失落。他们尚需适应，并且需要积累丰富的教学和科研经验来帮助他们摆脱失落感。

对于这一时期的英语教师而言，有两种方式可以帮助其迅速摆脱失落感。一方面，一些资深教师要确实起到传、帮、带的作用。学校可以为每一位青年教师指定一位指导教师。课前帮助青年教师备课，找出重点，调整结构；课上进行积极的指导，找出薄弱环节；课后帮助青年教师总结经验，及时解决教学中出现的问题。这是一个帮助青年教师发现问题、解决问题，逐步提高教学技能的过程。另一方面，青年教师也要不断学习，进行教学技能训练，认真对待每一堂课，多方听取不同意见，使教学实践技能得到加强和丰富，特别是对自己不太熟悉的专业知识更应该虚心学习，做到了解和熟悉。在教学技术方面，应该努力学习新技术，注重多媒体技术和网络技术，使自己的教学具有信息化和多元化特点，利用各种教学资源来完善自己的教学活动。

（二）发展期

发展期一般是指具有 3~5 年教龄的教师经历的这一时期。青年英语教师经过适应期之后，多数教师具备了一定教学经验，能够胜任教学工作，因而这一时期的英语教师有时间、有能力思索自己的发展问题。在教学工作中，他们已经能够将过去所学知识同现在的情境和问题相联系，使现在的教学超越过去的教学。而且，他们意识到教学中的问题是普遍存在的，必须与学生沟通，从一点一滴做起，逐步解决问题。在科研工作中，大多数教师意识到科研工作的重要性，开始独立撰写学术论文，有的甚至考虑攻读博士、外出进修或准备"跳槽"，这一时期是完成一名助教向一名职业教师过渡的关键期。当学生对教师的权威提出挑战时，他们便束手无策；缺乏处理问题的灵活性，在教学中仍然感到不能得心应手。

要解决发展期青年英语教师遇到的问题，首先英语教师要从自身做起。英语教师要深入钻研心理学，尤其教育学和教学法方面的知识，熟悉教学工作的步骤和基本的教学原则，熟练掌握现代化的教育技术。同时，英语教师要加深对专业知识的了解，可以去听课，向专业教师请教，使自己的语言知识和专业知识共同发展。在调整自身知识结构的同时，青年英语教师还要在实践过程中消化、发展和运用所学知识，使明确的知识经验化，并内化成自己的教育理念和信念，新形成的教育理念和信念又可以指导教学实践，使自己的教学行为科学化、规范化和理性化，实现理论与实践的融合，成为准学者型教师。在学校层面，学校应该根据青年教师的个人愿望，结合岗位需求，为青年教师的专业成长搭建平台。学校还应与外界进行学术沟通和联系，聘请专家、学者举办定期讲座、进行讲学，开阔青年教师的学术视野，为他们今后的学术发展提供良好的导向。学校在科研立项方面要加大青年科学基金投入的力度，扶持青年教师科研立项，引导青年教师进入科学研究的殿堂。对于英语教师而言，要鼓励青年教师立足教学实际，从小的课题起步，解决教学中的实际问题，不要盲目跟风，不要热衷追求热点。在教师和学校的共同努力下，使青年英语教师顺利进入下一个发展时期。

（三）突破期

突破期是教师具备了五年左右的教龄期，教学进入了熟练水平的发展阶段。这一时期的教师是准学者型教师。在教学工作中，教师对教学情境产生了直觉感受，并通过对教学情境的分析积累了丰富经验，开始逐步形成自己的教学风格、教学思想和教学理念。在教师队伍中，这一时期的教师也开始分化：一部分英语教师由于十分熟悉教学模式，对课堂的驾驭能力增强，同时失去了对教学的热情。这部分教师进入了教学的"退化"时期。他们习惯一种教材的循环使用，不再思考新的教学模式和教学方法。另外一部分教师则努力克服自己的惰性，在教学中不断尝试新的教学模式和教学方法，时刻关注学生的变化，及时更新自己的知识结构，使自己不断保持对知识和教学的热情。在教学科研中，他们已小有成就。他们以自己的学科性质和个性为基础，将理论内化成实践知识，通过系统的反思来整合自己的学科知识，在理性发展上下功夫，从而走上升型道路。教师想要在这一时期实现自己在教学和科研能力上的突破，就需要进行大量研究。在前期努力的基础上，教师将以个体的经验和材料为主的实证研究扩大到研究一般规律的理论研究，强调定性和定量研究的有机结合，从而提高自己的研究意识和研究能力。学校也要构建促进青年教师自我发展的组织环境和制度发展平台。所在院系可以定点设立研修机构，开展学术活动。在专家的带领下，鼓励青年教师参与教学和学术活动，积极开展多层面的互助教研，创建多种形式的专业引导规范制度，构建终身学习体系。在学校的研究平台上，以及各位英语教师的努力下，青年教师将实现自身突破，成为学者型教师。

（四）成熟期

处于成熟期的教师是指具有 9~10 年教龄的教师。这一时期的英语教师已经产生了两极分化。一种已经逐步成熟，掌握了一定的科研方法，基本成为教学与科研型教师；另一种则蜕变成"教书匠"，无法实现从讲师到副教授的转变。第一类型的教师对教学轻车熟路，收放自如。他们不仅能抓住教学重点，进行深入细致的讲解，对教学难点也能由浅入深，逐步把握其本质。学生不仅可以掌握书本上的知识，还可以了解到课外的最新知识。不仅如此，在与教师的互动过程中，学生可以感受到教师的人格魅力，将教师视为自己人生的楷模。在科研中，这一时期的教师已经比较成熟，找到了自己的研究方向。他们解决问题不急于求成，总会先找到问题出现的原因并加以深入分析，在解决问题上更加深入和细致。但这一时期的教师容易产生自满情绪，对自己已经取得的成绩扬扬得意，失去了前进的方向。这一时期的教师一方面要保持现有的成绩；另一方面要鞭策自己，不断前进。

教师在这一时期除了自身要努力外，外界提供的发展条件也是十分必要的。一些组织机构可以组织英语教师进行培训和学习，在同行的交流中扩大视野，充实自己的知识结构。在学校方面，学校应鼓励教师外出进修，让教师不断得到提升。在学校人才培养的支持下，教师得到发展，才能涌现出更多更好的教学和科研成果。在各院系教研室方面，这一时期的教师可以指导新教师。通过指导新教师，老教师也受到了很多启发，新教师的不足之处也使老教师引以为鉴。在指导新教师的过程中，这一时期的老教师也在鞭策自己。

教师是一个终身学习的职业，在教师的职业发展生涯中，需要不断补充知识、提高技能和能力。青年教师也要针对自身情况，选择不同的发展途径，找到适合自身成长的道路。

第四节　高校英语混合式教学能力要求之革新教师教育模式

教师专业发展既具有一般教师发展的阶段性和全面性，又具有成人学习的自主性和终身性，在开展教师入职教育时，既要尊重教师发展的特点，又要充分考虑到成人学习的特点。

一、教师入职教育模式的革新策略

（一）建立健全的教师入职教育相关的政策保障体制

教师入职教育的广泛、有效开展离不开与其相关的政策和法律法规的保障。当前，我国还没有出台与教师入职教育相关的专门性政策和法律法规，只是将初任教师在适应期内的教育或培训作为教师继续教育的一部分，并没有突出入职教育在教师专业发展中的独立地位。如此一来，教师入职教育在教师专业发展中重要而独特的作用就不能得到凸显。在今后要想推动教师入职教育的顺利开展并取得良好的效果，必须要重视建立和完善相关的政策和法律法规，即将教师入职教育作为一种教师教育制度以法律或法规的形式确立起来。

（二）积极构建完善的教师入职教育组织和管理体系

在教师教育过程中，入职教育起着承前启后的作用，并涉及众多的机构和人员。在这种情况下，要想确保相关机构和人员得到有效协调，教师入职教育的功效得到充分发挥，就必须积极构建完善的教师入职教育组织和管理体系，注重实现地方教育行政部门、教师职前培养机构和学校之间的相互协调、相互合作。

1. 地方教育行政部门

一般来说，地方教育行政部门承担着对当地教师入职教育进行领导与管理的责任。为此，地方教育行政部门应专门设立"教师入职教育领导小组"制定与本地发展实际相符合的教师入职教育相关规定，指导教师入职教育的顺利开展，确保教师入职教育能够取得良好的成效。

2. 教师职前培养机构

积极鼓励教师职前培养机构参与教师入职教育也是促进教师入职教育进一步发展和完善的重要举措。当前，部分教师职前培养机构并未把教师入职教育视为自己分内的事情，也未参与到教师入职教育之中。这不仅导致教师入职教育无法得到有效、广泛的开展，而且导致教师职前培养机构难以承担在初任教师入职教育方面的责任。由此可见，在今后发展教师入职教育时，应积极引导教师职前培养机构参与其中。

3. 学校

在开展教师入职教育时，学校也承担着极其重要的责任。一般来说，学校可以成立专门的"初任教师校内指导委员会"，负责对本校的初任教师进行辅导与考核。为此，初任教师校内指导委员会需要做好以下几方面工作：

第一，要定期开展针对初任教师的辅导活动。

第二，要积极动员学校中教学综合素质较高的教师参与到教师入职教育之中，为初任教师提供一定的教学支持与帮助。

第三，要定期组织本校指导教师和初任教师的交流、讨论、学习等活动。

第四，要经常性地组织初任教师参与教学演示、教学观摩和专题研讨活动。

第五，要重视对初任教师的考核与评价，以督促初任教师不断发展和完善自己。

（三）切实保证教师入职教育的经费投入

教师入职教育的顺利开展离不开一定的经费支持。缺乏必要的经费投入，再好的教师入职教育计划也难以付诸实施。要推动教师入职教育的进一步发展，必须要确保足够的经费投入，除了要依靠地方政府的财政拨款，还要通过其他渠道来筹措经费，如吸引社会资本参与教师入职教育。

二、教师职后教育模式的革新策略

从教师个体的专业化发展需求来看，职后教育不仅要满足他们的学历教育需求，而且要满足以新理念、新知识、新技能为主要内容的业务提高需求；不仅需要帮助他们更新知识与观念、提高技能与能力，还需要增强其科研、创新的意识与能力。具体来看，在专业化发展进程中，开展教师职后教育可从以下几方面入手。

（一）开展多种形式的教师职后教育活动

长期以来，我国教师职后教育中，教师参与的职后教育活动都是统一制定的、单一式的教育活动。但事实上，教师职后教育的需求各不相同，这些教育活动不可能满足不同层次教师的需求，这就要根据他们的不同情况为其提供多元化的职后教育活动，以满足他们多样化的需求。面对"多样化"的培训诉求，教师职后教育组织者可按照具体培训对象的需求，研发项目、定制课程、设计活动；教学内容、教学方法和组织形式要以工作需要为导向，为教师提供学校教学改革发展中所需要的内容，推动学员专业生涯持续发展，为他们的素质提升提供"增值"服务。具体来看，在实践过程中，要依据教师职业岗位的实践需求和教师队伍的实践情况及各类人员的改编等特点进行不同层次的教学和培育，在训练内容上做到"缺什么提高什么，需要什么学习什么、学以致用、学用联系"。

（二）采取措施推动教师完成自我成长

教师的从教生涯是由入职、熟悉、适应、发展和衰退几个阶段构成的，每个阶段都有其自身特点，只有结合这些特点来进行教师的职后教育，才能取得较好的效果，实现教师的自我成长。教师在职业生涯中会经历新手阶段、胜任阶段、熟练阶段、专家阶段。其中，新手阶段是指教师刚入职的两三年，这一时期，教师积累了一定经验，使教学能够超越前一时期，但工作经验仍显不足，对于突发事件往往感到束手无策，容易坚守原则而犯教条主义的错误，缺乏灵活性。[1]

胜任阶段在教师入职后的三四年，这一时期，教师经过前一阶段的积累，掌握了教育教学的基本规范并能胜任具体的教育教学活动，从而更加投入地从事教育教学工作，并有了进一步发展的内在需求。

熟练阶段，大约在从业后的第五年，这一时期，教师对教学情境已有了直觉感受，并能够运用这种直觉感受处理具体问题和对新的教学情境进行有效预测。他们需要对预测的准确性进一步提高，也需要将经验向理论方面进行提升。

专家阶段在教师从业十年以后，这一时期，他们已经有了丰富的教学经验、教育知识，并在长年累月的教育教学活动中掌握了丰富的教育手段和教学方法，能结合学生的特点调控教学活动以获得最优的教学效果。但这一时期他们也面临教育观念老化、僵化，教学方法陈旧等问题，需要紧跟时代发展，不断更新教育理念。从这些分析中我们可以看到，在不同的阶段，教师面临的问题是不同的，我们只有结合这些不同特点开展教师职后教育，才能取得良好的教育效果。

（三）完善职后教育管理机制

教师职后教育首要是政府行动，教学行政部门应从教师专业发展以及全部教学工作发展的高度去认识教师职后教育的重要性，重视教师职后教育准则的制定。只有建立健全运行机制，才能使这项工作持续进行。为此，应改变职后教育的运行机制，使职后教育的管理体系和管理机制不断展开与完善，

---

[1] 张青．大学英语混合式教学研究［M］．吉林：吉林出版集团股份有限公司，2022．

在法律、政策、方针、激励机制等方面明晰政府在教师职后教育中的责任，规定教师专业发展是教师应尽的责任。

同时，构建教师教学质量确保体系，包含制定教师资格认证考试和教师资格证书准则，对教师教学的培育者和训练者实施资格认证，树立专业培育及训练的规范，并加强证书颁布的质量监控。教师的职后教育或在职训练应当理解为教师资格认证更新的进程训练，而不仅是一种学历进步的进程训练。

第五章　高校英语混合式教学的线上创新发展与多元融合创新探究

随着信息技术的发展，网络在线技术正主导着第二次教育革命，对传统教育不仅提出了挑战，也提供了无限未知的机遇。在多年的大学英语教学改革实践中，教师们感到英语教学与信息技术发展关系密切。随着无线通信技术的发展和移动设备的普及，移动学习作为一种新的学习方式渐渐进入大学校园，其灵活性、便携性与即时互动性等特点使学生可以利用零散时间进行交流、学习，提高了学生学习的自主性，为英语教学提供了新方式。移动在线学习和网络学习使学生摆脱了英语学习的时空束缚，它们与传统课堂的界限也越来越模糊，呈现出融合的趋势。

第一节　高校英语混合式教学的发展变化

国内外混合式学习历经 30 年的发展，在我国的教育背景下，一般被称为混合式教学，是指经过教师的混合式教学设计，学生可进行混合式学习。长期以来，外语教师一直在探索如何利用信息数字技术营造真实和丰富的教学环境，线上线下的混合式教学不仅适应了新时期技术发展的特点，而且满足了外语教师对于语言教学发展的需求。将线上网络信息化的语言学习资源与线下面对面语言教学中的核心要素进行重组和分配，形成线上和线下相融合的混合式教学模式，也可称为混合式语言教学。十年前，有专家预言混合式教学"很可能成为未来外语教学的主要模式，比纯粹的在线或者面对面教学都更为普遍"。微课、慕课、翻转课堂等依托互联网技术和教学软件的教学方式日渐完善，在国内教学界掀起了混合式外语教学的浪潮。现有大量教学研究发现，混合式教学可以充分利用优质的在线教学资源，提升学生的学习成效和满意度。近年来，在线上线下混合式"金课"建设的背景下，混合式教学正发展成为外语教学的新常态。混合式教学公认的比较宽泛的定义为

"在线学习与面对面教学的混合"。美国教育学家莉兹·阿尼、迈克尔·霍恩和希瑟·斯泰克指出，混合式教学需具有三个特征：一是部分学习活动通过在线进行，学生可以自主控制学习时间、地点、途径和进度；二是部分学习活动在实体课堂进行；三是在线学习与面对面学习共同构成一种整合性的学习体验，也就是把传统学习方式的优势和 E-Learning（即数字化、网络化或在线学习）的优势结合起来，两者优势互补，从而获得更好的教学效果。

虽然对于混合式教学概念基本特征的认知没有改变，但是对于混合式教学概念的认知却仍然经历了递进的演变过程。混合式外语教学的概念可以从时空和教学两个维度来解释。其概念的演变可以划分为三个阶段：在线技术应用阶段、教学整合阶段和多元化融合阶段，如表 5-1 所示。

表 5-1　混合式外语教学的发展演变阶段

—	在线技术应用阶段	教学整合阶段	多元化融合阶段
时空维度	在线与面授内容结合	在线与面授的先后顺序和比例分配	在线与面授的情境融合
教学维度	教学内容和部分活动的复制粘贴	教学策略和方法的整合	教学数据的解读，学习者的体验和感受
关注重点	信息技术和智慧化教学工具的功能	翻转课堂，线上交互行为	个性化、泛在化学习，以学生为中心
关注角度	技术的视角	教师的视角	学习者的视角

第二节　现代技术环境中的高校英语在线应用阶段

21 世纪前后，混合式教学开始引起国内外教育家和实践者的关注，这一阶段的混合式教学主要关注教师对于信息网络技术和智慧化教学工具功能的开发和应用。当时，网络技术与移动通信工具的快速更迭和发展成为外语教师开展混合式教学最基本的技术支持。相比其他学科，外语学科的混合式教学技术应用不仅起步早，而且持续时间长。技术与外语学科的耦合源自语言学习者本身的学科特点，英语听、说、读、写、译等基本技能的培养对于教育技术的依赖似乎与生俱来，特别是对于没有自然外语学习环境的语言学习者外语听说技能的训练，信息技术与多媒体所能提供给语言学习者的便捷性不言而喻。在心理语言学中，认知互动理论也为学习者在移动网络环境中所获得的语言附带习得提供了理论依据，同时认知心理学领域中的技能习得理论强调，将技术设备作为语言学习者材料的数据来源和平台。

技能习得理论认为，所有的技能学习都需经过陈述性知识、程序性知识、自动化知识三个阶段。此理论为外语发展的路径提供了良好的解释框架。在陈述性知识阶段中，学习者通过对于显性教学提供的语言规则有意识地学习，进而在已获得的"是什么"的陈述性知识的指引下，进行数次操练活动，以取得"如何做"的程序化知识。获得程序化知识后，学习者需要通过反复练习，逐步提升语言输出的流利性和准确性。随着学习者语言技能的程序化，他们能调用自动化知识，减少语言输出的时间、错误率以及所需要的注意力。刻意练习在知识程序化和自动化转换的过程中发挥了极为重要的作用，而移动软件和平台无疑是不限于时间和空间的促进知识转换的最理想的技术载体。

当智慧化教学工具开始进入教学领域时，结合当下的实际情况，经过对智慧化教学工具功能和使用条件的对比和分析，"蓝黑云班课"（后更名为"云班课"）被应用于大学英语教学中。在实践初期，课内主要是随堂测试、投票、问卷、签到、点名以及头脑风暴等，课外主要为课上未讲解内容的文本、视频、音频和链接进行补充与拓展。随着大学英语课时的逐年缩减，教师为了在规定的时间内完成教学内容，往往注重对语言知识的教学。既然可以通过"云班课"讲授课堂内容，那何不把传统教学灵活地安排到课下？这样教师可以有更多的时间来创设情境，组织和开展语言教学的互动交流活动。

早期的外语信息化教学为混合式教学实践作了很长时间的铺垫，以致混合式教学曾一度被认为是信息化教学的另一种说法，属于传统外语教学的辅助，或是信息化外语教学的替代。外语教师在第一阶段的混合式教学中，努力将信息技术和智慧化教学工具的各项功能与传统外语教学的某些教学需求进行功能匹配尝试。在这期间，外语教师扮演的是教学内容与活动的"搬运工"的角色，不仅将课堂外语教学的时间和空间向课外延伸，节省了成本，同时也大大提高了外语教学的效率。此阶段对于混合式教学的评价标准主要是是否能提高传统外语教学的效率，可以发现这里的评价只停留在达到或提升传统课堂教学的教学效果，而不是超越。因为很少有教师将混合式教学模式从传统教学中独立出来，那么一个"辅助者"当然就不应该"喧宾夺主"了。

尽管如此，在技术应用阶段仍然可以看到突破性的研究成果。例如，随着移动设备的普及、移动网络以及移动应用场景的日益丰富，英语的教与学不再受时间和地点的限制。作为技术时代的一种新型的学习模式，移动学习得到了国内外教育界专家和学者的关注，其便携性、即时性、交互性、灵活性和个性化的特点将使外语学习进入移动学习的时代。移动学习，顾名思义，是指一种移动式、便携式的学习方式。在移动学习研究的初期，Learn 2 Go Project 研发人员便给出了细致的定义：作为一种学习模式，移动学习发生在学习者自己选择的任何时间和地点，是通过移动手持设备（如手机、平板电脑、电子词典等）和无线通信网络来实现的一种灵活性、即时性的交互连接。对于外语移动学习的研究来讲无疑为不同阶段的混合式外语教学研究作了在线移动教学的铺垫和准备。

第三节　现代移动英语学习的形成性评估与教学整合

一、移动英语学习的形成性评估研究

基于利用移动信息化工具拓展传统英语教学活动的时间和空间的思考和实践，如何进一步对移动线上英语学习进行形成性评估，保证大学英语移动学习的效果，促进英语移动学习，对这一新型的教学模式进行有效的形成性动态评价，继而促进移动学习的发展已成为亟待解决的问题。教学评估是大学英语教学的一个重要环节，全面、客观、准确的评估体系对于实现移动学习的目标和未来的发展至关重要。

（一）引入的背景

新的课程标准对英语教学的目标作了新的更符合素质教育的界定。它包括语言知识、语言技能、策略、情感与文化。其中有些教学目标或指标可以用常规的语言测试方式进行评价与检测，如语言知识和技能，但对于情感和策略等学生内在发展状态性指标如何进行评价，特别是量化评价，传统语言检测手段和方法是无能为力的。因此，根据英语教学发展的需要，必须引入新的评价手段与技法，形成性评估的科学利用能有效地检测学生的语言发展状态和趋势，揭示个体学生在学习中的情感状态和策略应用。形成性评估的引入有利于英语教学目标的全面落实，有利于学生英语能力的全面提高和健全健康人格的形成，有利于学生的可持续发展。

（二）目的与特点

如果对形成性评估的目的与特点下一个定义，大致可表述为：通过多种评价手段和方法，对学生学习过程中表现出的兴趣、态度、活动参与程度、语言发展状态和学习尝试做出肯定，以促进学生的学习积极性，帮助教师改进教学。

（三）评价的内容

形成性评估评价的内容，通过观察、提问、座谈、问卷等方式了解学生对课程学习的兴趣情况，原来有兴趣的学生是否保持甚至加强了学习兴趣，原来兴趣不高的学生是否有所改进。在学生课堂听讲、回答问题以及学生对话表演、小组讨论、排演英语小品等活动中观察了解学生的主动学习态度和合作学习情况。同时了解学生是否能够根据不同的学习任务调整学习策略。通过课堂提问、独立作业、阶段小测验等方式检验教学效果。根据检验结果判断学生对教学重点的掌握情况，并及时采取相应的补救措施。通过观察学生在课堂听讲、回答问题以及学生对话表演、小组讨论、排演英语小品等活动中的表现，了解学生综合运用所学语言知识的情况。

（四）评价方式

形成性评估评价方式包括：学生学习档案、各种学习活动情况记录、小组共同完成任务的报告、教师观察学生课上各种活动表现的记录表、学生阶段性地对自己在英语听、说、读、写几项技能发展方面的认识或评价，学生对自己努力程度以及学习效果关系的评价或认识、同学相互之间对努力程度以及学习效果关系的评价或认识、阶段测验结果及反思，等等。教师应让学生自己保管学习档案，鼓励他们经常查看学习档案，并定期或不定期与学生就其对学习档案的反思进行适当交流，促使学生自己意识到自己的进步与不足，增强信心，明确努力方向。

（五）评价记录方式

形成性评估可采用下列记录方式。

1. 等级制

即优、良、中、及格、不及格或相应方式的等级制，如批改作业时可以用 A+、A、A-、B+、B、B-……来记录。

2. 达标制

即优秀、达标或不达标，在听力、口语能力测试中常使用。

3. 描述性评价

在批改作业、试卷，评价学生回答问题情况等应多使用鼓励性语言。

4. 评分

这是评价的最常见的记录方式，可以采用百分制或十分制。无论使用何种评价记录方式，都应注意评价的正面鼓励和激励作用。教师要根据评价结果与学生进行不同形式的交流。充分肯定学生的进步，鼓励学生自我反思、自我提高。

（六）评价的优越性

形成性评估使教学评价的手段和方法得到极大的丰富和发展。体现学生是学习和评价的主体，既保护学生的自尊心和自信心，又体现尊重与爱护，关注个体的处境与需要，关注学生的主观能动性，激发积极主动的态度。形成性评估强化评价的诊断与发展功能，弱化评价的选拔与淘汰作用；强化评价的内在激励作用，弱化评价的外在诱因与压力作用。形成性评估与教学融为一体，有利于促进教学，有利于学生的成长，有利于教师教学能力的提高，有利于学校整体教育水平的发展。

二、教师视角下的教学整合阶段

经过 21 世纪初十余年的英语混合式教学的实践与研究，学界对于大学英语混合式教学的理解逐渐清晰。学者与教师们对于混合式教学作为一种新的教学方式早已认可，并开始更多地关注在现有的教学条件下对线上资源的开发和设计。每年高校外语教学微课大赛在全国各地举行，众多外语一线教师以赛促学、以赛促教，学习并提升设计和制作在线外语微课，进而以点连线，在点滴积累中构建精品外语慕课教学体系。

国内一流院校纷纷加入慕课的行列，开启了中国慕课的新纪元。中国大学学堂在线、华文慕课、智慧树网等中国慕课教育平台应运而生，为众多学习者提供了丰富的学习资源。一批国家级精品在线课程如雨后春笋。当在线外语课程所提供的内容和教学设计不断完善的同时，混合式外语教学的类型也进入了整合阶段。国内混合式教学的课程类型一般分为三种：基于MOOC的混合式教学、SPOC混合式教学，包括独立SPOC、同步SPOC、异步SPOC，以及基于智慧教学工具的混合式教学。MOOC是基于教学微课建立的系统的大规模开放的在线课程。SPOC是小规模限制性在线课程，分为同步SPOC和异步SPOC两种。教师应用MOOC课程对于自己所教授班级进行教学进程和步骤的适应性调整。独立SPOC是指线上教学资源由教师制作并在小范围内进行课程教授。智慧教学工具的使用正是混合式教学从第一阶段向第二阶段过渡过程中的必然。因为不同地区、不同学科信息化教学的起步和发展都不均衡，而智慧化教学工具的使用既是教师进行混合式教学的必要手段，也是教学信息化发展的物质基础。目前，国内大规模使用的智慧化教学工具包括"云班课""雨课堂""学习通""慕课堂""钉钉"等。

每一位外语教师都可以结合本校、本课程的教学目标和实际情况，将平台中现有的精品在线课程与面授教学形式进行结合，线上教学与线下面授的内容在时空维度中被区分。翻转课堂作为这一时期混合式教学的重要类型得到了广泛的关注。此外，之前并没有对混合式教学中线上和面授的时间比例进行明晰的分配，进入教学整合阶段后，很多学者明确提出应该在时空维度上确定在线学习与面授的时间比例。斯隆联盟首先明确只有"30%~79%的教学内容采用在线教学"才可以被称为混合式教学。而一些学者则认为，混合式教学应"纳入考核部分的教学内容中，25%以上需采用在线教学"。

外语教师开始从教学的视角关注符合线上学习特点的交互与协作，关注混合式学习环境给外语教学交互带来的新变化，更多地从教学方法、教学策略的角度设计混合式外语教学。作为一种独立的教学方式，混合式教学开始逐渐成为外语教学的常态。在实践中，教师发现对于学习者而言，混合式外语教学线上的学习环境和传统的面授课堂教学环境同样重要。在线上外语学习环境中，学生与资源互动（教师提供的资源与互联网外部资源）、学生与学生的交互（发生在实体课堂或线上学习）、教师与学生的交互（发生在实体课堂或线上互动）都蕴含着与传统教学不同的学习特质，如即时性、连接性、开放性等，这些都为研究外语教学提供了多维的开发和探索空间。

第四节 移动英语教学合作学习模式的 构建与教学模式探索

一、移动英语教学初期合作学习模式的构建

课堂教学是学校教育的主渠道，是素质教育的主阵地。课堂教学模式是影响课堂教学质量最敏感的一个因素。英语教学的目的是提高学生的听、说、读、写能力，听、说摆在其首，可见二者的重要性。这就要求在英语教学中想方设法提高学生的综合语言运用能力，尤其是听说能力，改变传统的"讲—听—接受—巩固"课堂教学模式，从单纯传授知识向知识与技能、过程与方法、情感态度与价值观的三维目标转变，构建适应素质教育要求，有利于将听、说、读、写活动有机结合起来，为学生创造充分的语言实践机会，引导学生与同学合作，与老师合作，营造师生共同学习，探索和研究问题的氛围。面向全体学生，把主动权交给学生，让他们去自编自演，为学生提供相互交流，共同切磋的机会。为此，在近几年的教学实践中，大胆进行教学模式改革，构建了"合作学习"英语课堂教学模式。

（一）理论基础

小组合作学习体现了现代教育理念。皮亚杰的认知发展理论认为，认知发展过程涉及"吸收、同化、调整、平衡"，该理论强调，社会经验知识（语言、价值、规则、道德等）只能在与他人相互作用下提供更多的机会，使学生通过合作学习提高认知层次，促进认识的发展。"建构学派"认为，学习不是学习者被动的接受知识的过程，而是积极的建构的过程。在此过程，由于学习活动是以学习者为中心。因此会激发学习者的学习兴趣和动机，也更益于体现个体的学习风格。合作学习是一种很好的以学习者为中心的学习方式，小组成员能在不断表现、吸收、反思和自我调整中获得成功的机会，

并能在原有的基础上得到发展。美国教育心理学家林格论认为："学习是学生与教师以及学生与学生的共同活动，学习活动的目的不仅是掌握知识与技能，而且也是形成合作的交往关系"。

（二）模式结构

"合作学习"是在教师的组织引导下，以学习小组为基本组织形式，以小组成员合作性活动为主体，以小组集体成绩为评价依据，让学生通过分工合作共同达成学习目标的一种学习方式。在合作学习中教师的角色发生了变化，他（她）成为学生学习活动的组织者、促进者和监控者。学生在学习过程中，既有个人独立学习，又在小组中扮演"专家"或"教师"的角色，与小组同伴共享学习资料，共同学习探索和研究问题，并互相影响，互相信任，共同努力以实现小组目标。使小组成员在不断表现、吸收、反思、和自我调整中获得成功的机会，并能使每个学生全面参与听、说、读、写等语言实践活动，让信息流在学生之间，师生之间多元多向交流，它充分体现了学生学习的主体性，学生活动的互动性和语言的交际性，学生在小组合作学习中可以学会尊重和理解，学会沟通，学会分享。

（三）模式的实施

1. 建立学习小组

合作学习以学习小组为基本组织形式，以小组成员合作活动为主体，以团体成绩为基本评价依据。小组划分的方法可以有多种，但无论怎样划分都要把握一个原则，即有助于小组成员积极主动地参与学习过程，并能使小组成员彼此协作、相互支持、共同合作，以提高个人的学习成绩和达成该团体的学习目标。通常的做法是：根据学生的年龄、性别、语言学习能力、英语知识水平和语言技能等将学生分成 A、B、C 三等，采用"组间同质，组内异质"的划分方式，将 A 等、C 等各一人，B 等二人安排在一起，组成四人学习小组，四人分前后两排。这样分组有利于小组成员之间相互帮助，共同提高，有利于小组之间的相互竞争，每个小组取一个成员认可的组名，每个成员也为自己取一个英文名字，小组成员在组内分工协作，各自承担一个角色（主持人，记录员、报告员、检查员），组内成员定期交换角色。

2. 合作学习的几种方式

根据每堂课不同的教学目标和内容，在课堂教学中一般采用下列几种合作学习形式。

（1）复述—陈述式

要求小组每个成员运用所学的语言知识陈述个人的观点，每个学生在发言前，需先变化语言表达方式，复述前者的表述，然后完成相关的表格。

（2）小组讨论式

各个小组根据教师给出的话题或问题展开讨论，每个组员自由发表意见，经记录员记录整理后，由报告员向全班汇报，组内其他成员可以补充，其他小组成员可以提问。教师要鼓励学生对问题提出不同的看法，互相讨论，以激发学生深入思考问题。

（3）角色表演式

小组成员运用新、旧语言知识，就某一话题发挥想象，通过情景创设，自编对话，进行角色扮演。

（4）概念图表式

小组通过填图表的形式，对所学材料进行复习、归纳，以帮助记忆。如新教材 Unit5 The Silver Screen（Reading）时，教师要求各小组以事件发展的顺序为线索，用图表的形式对所学课文的主要内容进行归纳和整理，以加深对文章的理解和记忆。

（5）读写一体化

各小组先进行集体阅读，在掌握文章主要内容和一些理解性技巧的基础上，经过讨论，对原文进行再创作。比如，对原文进行缩写、改写、和扩写等，然后各小组就再创作的文章进行组与组之间的交流，相互纠正错误或老师抽样评价。这是一种集体阅读、写作、改错为一体的合作学习形式，有利于提高学生对语言知识的综合运用能力。

3. 合作学习结果的评价

合作学习结束后，教师要对学生学习成果进行测验和评价，并给予及时反馈总结。对小组合作学习的结果，采取个人评价和团体奖励相结合，且以团体成绩作为主要的评价依据，鼓励组与组之间展开竞争。形成了"组内成员合作，组间成员竞争"的新格局，小组成员"荣辱与共，同舟共济"。培养学生的团队精神，鼓励小组成员不仅个人努力上进，而且要乐于帮助他人，相互合作、相互尊重、相互理解、共同完成学习目标、共同分享成功的体验。对小组合作学习的结果（如一次表演、一份报告、一篇文章、一次练习、一份表格的完成或一组问题的解答等）小组成员都得到同样的分数；对全班学生学习的结果进行统一检测时；对平均成绩较高的小组和个人成绩好的学生进行鼓励；并把每一次小组合作学习的成绩纳入期末的成绩评定中去。

（四）模式评价

合作学习现在已成为当代主流教学理论与策略之一，它正在深刻地改变着教师的"教"和学生的"学"。具体的讲，合作学习教学模式具有以下几个方面优点。

其一，由于合作学习强调课堂教学过程中的师生互动、生生互动，体现了现代教育理念的多边互动的"互动观"。

其二，在小组合作学习活动中，成员之间互相交流，彼此讨论，共同提高。既充满温情和友爱，又像课外活动那样充满互动与竞赛、使学生不仅学到了知识和技能，而且使过程与方法、情感态度与价值观三维教学目标得以实现。

其三，在合作学习中教师与学生之间成了"指导—参与"的关系，教师是合作者，也是学习的伙伴。教师是"导演"，学生是"演员"。充分体现教师的主导作用和学生的主体作用，以及民主、和谐、平等的师生关系。

其四，合作学习的评价以团体成绩作为主要的评价依据，形成了"组内成员合作，组间成员竞争"的新格局。在小组内部形成了"荣辱与共，同舟共济"的互助互学的学习情境。这样的评价机制体现了新课程体系促进学生发展的评价功能。

（五）应注意的问题

其一，在小组合作学习中，教师要引导学生主动参与教学活动，关注与学生的交流互动，注重学生之间的相互启发、相互帮助。

其二，在合作学习中，教师要创设能激发学生学习兴趣的、较为真实的语言情景。在合作过程中，教师必须对各小组的合作学习进行现场的观察和介入，提供及时有效的指导和帮助。

其三，在合作学习中，教师要多设计—些具有启发性的、能开拓学生思维的问题，并鼓励学生多提问题。

其四，要把握好小组学习的度。小组合作学习应用在重点、难点上，用在培养学生创新精神和动手能力上，合作学习在数量上不应过多，时间不宜过长。

二、初期混合教模式探索—翻转课堂

翻转课堂源于通达学习理论，认为只要时间充足且为学生提供了适当的教学条件、足够的帮助和学习实践，大多数学生就能达到课程学习目标和取得良好的成绩。翻转课堂的出现打破了在有限的常规课堂内教师滔滔不绝的"散弹式"教学模式，把传统课堂中教师主讲的知识点和内容置于课下，由学生自主完成，保证了学生拥有足够和灵活的课下学习时间，将课堂的注意力从教师转移到学生和学习上来。同时，外语语言能力的训练、新知识的探索、批判性和创造性思维以及小组协作等技能的培养则主要在课堂内完成。翻转的精髓是灵活，没有唯一的翻转模式，更没有一成不变可供复制的教学方法。

翻转课堂作为混合式教学的一种方式，是对传统教学方式的颠覆，技术工具已不仅仅是某种教学的辅助工具，基于智慧化教学工具展开的教学模式开始完善，甚至可能超越传统的外语教学模式。

（一）翻转课堂的实施模式

本教学改革将智能手机引入教学，基于移动信息化教学平台——"蓝墨云班课"，开展大学英语混合式教学的创新和实践，顺应新时代的学生所需与学科发展新目标所求。本教改设计构建为一平台、三阶段、三点一融合。如图5-1所示，以"蓝墨云班课"为混合式教学平台，将课前、课中和课后三个阶段中的教、学、评三点进行线上与线下的有机融合。此改革打破了传统教育的信息化边界，拓展了学习时间和空间，增强了学生自主学习与合作探索的能力，学生对此教学革新反馈积极，多维度的过程性考核也使教学评价更为科学而高效。[1]

---

[1] 毕鹏晖. 大学英语混合式教学的多元融合与评价研究［M］. 秦皇岛市：燕山大学出版社，2022.

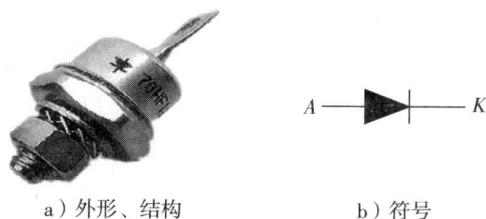

a）外形、结构　　　　　b）符号

图 5-1　大学英语翻转课堂的教学实施模式

（二）创新缘由

移动互联网的发展打破了学习在时间和空间上的限制，学习者的学习模式和习惯也已发生了改变。面对"数字原住民"与以往不同的学习需求，积极适应新时代和新学生的变化，在学习资源不再稀缺的今天激发学生的内在动力和热情，让学习行为变得高效而有意义，此为创新缘由之一。

在以学生素质培养为核心、以能力提升为目标的教学理念下，大学英语的新课程目标是在提升学生外语交流能力的同时，注重学生人文素质和跨文化交际能力、团队合作、自主学习和终身学习能力的培养。利用现代"云班课"技术，结合教学内容和教学方法，将多元的信息和观点带进课堂，也将学习带到课堂之外，拉近学习与生活、理论与实践的距离，此为创新缘由之二。

（三）实施过程

混合式教学是混合不同的学习环境，特别是传统面对面的教学环境和基于数字技术的教学环境的混合，是一种多元化的探索。本教改以"云班课"为课程混合式教学平台，在大学英语课前、课中和课后三个阶段围绕教、学、评三个核心点进行线上与线下的有机融合。

在课前，教师通过"云班课"平台发送通知，告知课前要求以及需要在课前学习的内容和资料，培养学生主动和自主学习的能力，促进对语言知识的内化。学生可以根据个人的实际情况完成异步学习。教师在"云班课"中在线查看学生的学习情况，进行分析评价与个性化指导。考试得分、排名以及每题的正确率等情况进行自动分析并即时反馈，教师据此进行反馈适应性教学。通过在课堂上建构情境，布置小组任务，在"云班课"上进行具有社会性和参与性的语言应用能力的训练（包括现实面对面的交流互动以及移动环境下的学习互动），鼓励进行多元性的评价。学生可以通过"云班课"参与问答等活动，教师根据学生表现即时给予相应的经验值奖励，提升学生参与的积极性。在课下，学生以小组为单位协同完成作业并线上提交（以文本、音频及视频等形式），实现真实性评价，同时学生可以在答疑讨论区随时随地进行线上师生、生生互动，问答与交流，进行泛在学习，巩固语言知识。以"学"为本，教师的"教"支撑学生的"学"，在课前、课中、课后三个环节中，"学"生成过程性评价，通过即时反馈，教师及时进行教学反思，以便更好地促进学生的"学"。移动"云班课"的应用打破了传统教育信息化的边界，在形式多样化的互动环节中满足了学生在线上和线下自主与合作进行学习的需要。

（四）实施效果

1. 拉近了学习与生活的距离，拓展了学习时间和空间

外界的信息、多元的观点和形式多样的活动进入课堂，教室不再是封闭的，学习地点同时也在课堂外。根据"云班课"的记录，学生的学习时间从早上 6:00 持续到晚上 24:00。晚上 19:00~22:00 是学生学习、交流和讨论的高峰时间。

2. 学生自主学习与合作探索能力增强

根据教师布置的任务，学生进行自主学习，完成线上的分组、分工、查询资料以及线下的小组合作和协调展示。从课堂上小组主题报告展示效果来看，学生课下准备充分，分工明确，体现了很强的团队合作和竞争意识。在课下开展的"小说集体阅读"的活动中，学生在"答疑和讨论"活动区内提出问题，共同讨论，线上协作，联手解决阅读中遇到的问题，同侪互动，共同进步。

3. 多维度过程性考核使教学评价更科学、高效

学生的整个学习活动过程都有数据记载。通过对"云班课"导出的经验值数据进行加权计算，最后得出平时成绩。对学生学习行为数据的客观采集、分析和报告有助于教师及时进行教学反思，调整教学内容和方法，实施个性化的教学和辅导。

对于大学英语混合式教学的初步探索始于在线网络技术驱动下的线上语言教学研究。随着移动社交媒体技术的更新和线上智慧化教学工具的完善，线上移动学习不受场地和时间限制的优势日趋明显，技术的发展使外语课程的组织方式变得灵活，线上教学与传统线下教学结合的混合式教学不仅适应了新时代技术的发展，而且满足了大学英语教师对于教学创新的要求。

第五节　现代高校英语混合式教学的多元融合创新实践思考

对于外语一线教师而言，混合式教学的初期探索是从实践到理论、"自下而上"的反思性教学过程。初期探索主要关注拓展传统教学的在线学习时间，从外语传统教学活动的具体需求出发，在智慧化教学平台和移动工具中寻求其对等的功能项，将部分授课内容、任务和作业等通过移动在线工具完成，进而拓展传统的外语教学空间，提升外语教学效率。随着混合式教学实践的深入，混合式教学中教师的作用不应该仅是教学的"技术性搬运工"，进入混合式外语教学第三个阶段—多元融合阶段，教师的角色转变为情境创设者、数据解读者和学习促进者。以大学英语拓展课程"英美文化概况"为例，介绍混合式教学模式从 1.0 到 2.0 版本的升级，教师对于线上线下两种功能学习场景的融合。基于 MOOC 和 SPOC 的混合式外语教学提供了越来越丰富的后台数据，对于学习行为、情感和认知数据的挖掘、分析和整理可以帮助教师发现更多隐藏的教学规律，有助于更好地完善教师的"教"和促进学生的"学"在笃行不怠的教学行动反思中不断创新外语混合式教学。

一、学习者视角下的多元融合阶段

2019 年，在国家的大力倡导下，信息化应用发展迅猛，互联网开始在各个行业进行广泛和实质性的渗透。大数据时代，网络教学管理系统、在线外语学习资源、外语学习者的学习行为轨迹以及学习者群体的在线学习记录都蕴含着海量细粒度的外语教学数据。这些数据信息可能比教师更"懂得"学生，比教师更"了解"教学。通过收集、测量和分析，提取出隐含的、有潜在价值的英语学习者的行为信息和情感状态，从而更准确、更科学地理解大学英语学习的规律以及更多维度地拓展对于英语混合式教学的测评至关重要。

传统教学中，对于学生反馈信息的收集多是基于学生的问卷、课堂观察、学业考试成绩以及师生访谈等形式，数据多过于主观，教师与学生的个人情感在一定程度上会影响对于教学情境的真实反馈。当学习行为隐藏的数据被挖掘出来之后，重新认识在线教学行为以及学习情感的新路径也随之开启。

我国的外语教师绝大多数是文科学习背景，普遍对数据分析技术的方法与工具感到陌生，对相关数据的挖掘和处理过程更是茫然。外语教师需要与信息处理以及心理学等其他专业的教师或研究者进行跨学科合作，开展交叉学科教学研究。

当混合式外语教学进入第三阶段，重心终于转向学习者的视角，此时混合式外语教学已经不再是语言学习与技术工具的简单结合，也不再是线上与线下经验性的整合，而是将信息技术有机地融入外语学习活动和课程生态中。将在线移动学习工具、互联网学习环境以及课堂面授与线下讨论的教学情境相融合，从学生的视角进行混合式外语教学的再设计，更科学地分析混合式教学带给学生的体验、感受和变化，关注对于学习者学习过程的支持，为学习者创设一种真正高度参与的、个性化的外语学习体验。与混合式教学第一、二阶段相比，第三阶段学习者视角下的多元融合更适合用建构主义理论和联通主义理论进行解释。

教师在混合式教学中的角色不再只是"知识搬运工"，而是转变成情境创设者、数据解读者和学习促进者。混合式教学已经不只是对于传统课堂教学的补充，而是一种独立的教学模式，其创造性、开放性和包容性使其取得的成果可以媲美甚至超越传统课堂教学，可以说这是对于传统教学的颠覆性创新。

在第三阶段学习者视角下的多元融合混合式教学中，"多元"是指三个教学元素的融合。

第一，混合式教学方法与其他教学方法的融合。外语混合式教学灵活运用和整合多种教学方法，突出学生的主体地位，调动学生参与语言学习的积极性，如混合式教学与项目式学习、合作式学习、对分课堂等其他教学方式的创新组合。

第二，课程思政与混合式教学的融合。课程思政融入混合式教学，拓展了学习的时间和空间，如盐入水，将思政沁润于线上线下学习和生活的点滴，凸显教师的教育情怀和创新理念，真正将课程思政建设作为外语教育教学的思维方式，达到课程思政内容与教学设计的双重创新。

第三，形成性评估与混合式教学的融合。线上线下的形成性评估与混合式教学相融合，强调评价的过程性以及主体的多样性，自我评估和同伴互评发展成为形成性评估促学的主要手段，显性评估和隐性评估在教学活动中并行。学习分析技术的发展增强了形成性评估过程的科学性，动态数据的收集、整理、提取和分析使形成性评估有据可依。不仅考查混合式教学的学习效果，而且将学生的学习感受和体验作为形成性评估的重要指标。

多元融合混合式教学中的"融合"旨在打破线上线下时空分配的明显痕迹，利用线上和线下教学之"所长"构建符合外语课程的学习情境，将网络在线教学、移动教学、面对面教学三种教学模式融合在一起，使之相得益彰。在多元融合混合式教学中要充分利用信息技术对于混合式教学的赋能，突出对于线上线下所产生的学习数据的收集、整理和分析，以教学数据分析为支撑的外语教学将呈现出前所未有的教学风景。混合式外语教学第三阶段多元融合教学模式如图 5-2 所示。

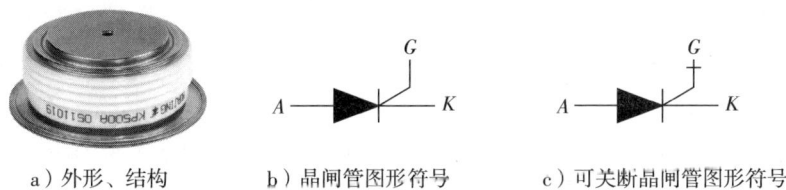

a）外形、结构　　　　b）晶闸管图形符号　　　　c）可关断晶闸管图形符号

图 5-2　混合式外语教学第三阶段多元融合教学模式

二、多元融合式教学的时代背景

教育部于 2019 年年底正式发布《教育部关于一流本科课程建设的实施意见》，对一流本科课程（又称"金课"）的建设内容和要求作出了明确的阐述。同年又发布了《"双万计划"国家级一流本科课程推荐认定办法》，要求线上线下混合式一流课程的教学组件应包括"基于慕课、专属在线课程或其他在线课程与线下面授有机结合"，"运用适当的数字化教学工具，开展翻转课堂、混合式教学"，以及"安排 20%~50% 的教学时间实施学生线上自主学习"。

一流本科课程需要达成"两性一度"（即高阶性、创新性和挑战度）的标准和要求。其中，"高阶性"是指在培养目标和内容上改变过去单一传授知识或培养普通能力的目标，将知识、能力、素质三位一体有机融合。知识是指具备创新性和挑战度的知识，能力和素质是指解决复杂问题所具备的能力和高级思维，并化为自身素养，如深度合作、批判质疑、信息分析素养和创新精神等。

这些知识、能力和素养将通过教学内容与形式的创新和编排得以实现。

"创新性"可以从教学内容和模式两个方面体现。教学内容创新是指内容要体现时代性和前沿性，如将学术研究、科技发展前沿成果、课程思政理念等引入课程。教学模式的创新包括多种形式的互动、教学方法和信息技术的应用，开展以学生为中心的个性化教学、探究式教学、项目式教学和翻转式教学等。通过创新教学模式让传统课堂活起来、动起来，提升学生的学习效率和学习质量，培养创新思维和批判性思维。

"挑战度"是指学生需要经过刻苦努力才能收获知识和能力，并且要让学生体验到收获感和成就感。在教学内容上加大知识的深度和广度，提升学习难度；在教学设计层面增加研究性、创新性、综合性的内容以及学生自主学习的教学安排，让学生加大学习投入；在教学评价层面加强对学生课堂内外、线上线下学习的评价，推动非标准化、综合性和过程性评价等，从多环节、多维度考查学生的学习投入、学习成果和差异化能力，激发学生的学习动力和专业兴趣。

高校课程的高阶性、创新性和挑战度是时代赋予大学英语混合式教学发展的要求。混合式外语教学的多元融合阶段在理论和实践中有力地保障和推进了大学英语与拓展课程"两性一度"标准和目标的达成。

三、"英美文化概况"课程混合式对分课堂教学实践

2020年春季学期，教育部开始提倡利用平台和资源开展新冠肺炎疫情期间的线上教学，既符合特殊时期学生居家学习的特点，又重视学生自主学习能力的培养，实施线上和线下课程的融合发展。根据大学英语教学的新需求，基于异步SPOC的"英美文化概况"课程在中国大学MOOC（慕课）平台开课。随着课程平台、直播平台和智慧化教学工具反馈的教学数据越来越丰富，课程教学团队尝试进行学习行为数据的收集、分析和整理。交叉学科的课题组成员发挥自己学科所长，为课程提供技术支持和建议。在教学实践中开展行动研究，进行教学反思，提出混合式对分课堂的教学新模式，进一步调整和完善英语混合式教学。

（一）"英美文化概况"课程介绍

"英美文化概况"是一门以英语语言为依托、以社会文化知识为主的大学英

语拓展课程，每年全校选课人数约 1700 人，课程基本情况如表 5-2 所示。课程旨在改变传统外语课程重视语言技能、忽视人文素养和思想深度的现状。参照"两性一度"的课程标准和要求，课程组对教学目标进行了重新设定，完善后的课程教学目标有以下几个方面：一是帮助学生了解英美国家社会文化的基本知识，提升英语语言的表达能力，加深对英语语言和文化的理解；二是提升学生人文素养，培养其跨文化交际意识与国际视野，在学习英美文化的同时认识和思考中国文化，培养学生的爱国情怀和社会责任感；三是培养学生信息搜索、批判性思维、解决问题、线上自主学习、自我管理和团队协作沟通的能力。

新的教学目标不仅把课程思政列为教学目标之一，同时除本课的学科知识、能力和素养之外，线上自主学习、自我管理和团队协作沟通的能力也被纳入课程教学目标，教师期望通过混合式教学方式的优化来助力此课程教学目标的实现。

表 5-2　"英美文化概况"课程的基本情况

课程名称	英美文化概况	课程类别	公共选修课
授课班级	非英专业大一学生	总学时	32
线上教学时间比例	30%	线上成绩比例	25%
混合类型	基于国家级精品在线开放课程的SPOC线上线下混合式教学		
线上教学内容	中国大学 MOOC（慕课）"印象英美——穿越时空之旅"和教师自制的微课视频		

（二）混合式教学 1.0 版本的反思

2020 年春季学期，课程组采用行动研究方式在"英美文化概况"课程中开展混合式教学实践和研究，通过教学观察发现教学问题，并尝试分析原因、反思教学。课程组初期遵循的混合式教学 1.0 版本模式可以概括为"一平台、一工具、两个阶段、三点一融合"，具体以中国大学 MOOC（慕课）为线上课程平台，以"学习通"为智慧化教学工具，在基于慕课课程的线上自主学习与基于任务式教学和参与式学习的线下课堂学习的两个阶段中，围绕教、学、评三个核心点，进行线上线下"英美文化概况"教学的有机结合。线上教学主要聚焦于布鲁姆认知分类的初级认知目标的达成，线下课堂活动主要关注课程高级认知目标的达成。"英美文化概况"课程混合式教学模式 1.0

版本如图 5-3 所示。

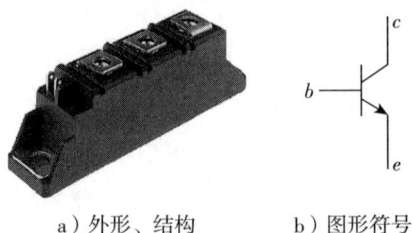

a) 外形、结构   b) 图形符号

图 5-3　"英美文化概况"课程混合式教学模式 1.0 版本

经过一段时间的观察，学生自主学习的线上测试完成率为 100%，平均得分、签到率、自主学习效果、到课率和完成率都非常令人满意。在面对面小组任务的展示活动中，展示者运用 PPT 和视频对比中西文化标志符号，拓展单元主题，整体完成质量还是比较令人满意的，但学习分析数据和课堂观察也显示出混合式教学中的以下一些问题。

其一，在自主慕课学习单元测试的再次线下测试中，学生的平均得分明显下降。对比前后学习数据教师发现，在学生自主学习的过程中存在虚假学习的情况，即线上失信学习。学生对于视频观看和线上单元测试的提交时间集中于截止日期前的 1~2 天，不符合线上随时分散学习的特点。慕课学习的优势之一就是避免因长时间的学习而产生倦怠感，而学生在截止日期之前集中完成的情况则表明，混合式教学并没有发挥出线上学习的优势。

其二，最初为了鼓励学生进行线上自我评估，线上单元测试题允许做三次。数据显示，最终测试满分的学生中有近三分之一是在第三次答对，而其中除个别学生外，大部分第三次答对的学生并没有相关慕课视频时长的增加或者视频回放的数据记录，那又是如何在线自我纠错的呢？

其三，在线学习环境里很难甄别出参与者和无智力投入者。在线下小组汇报后的互动讨论和问答中，同组内的个别成员对于汇报的内容似乎并不太了解，部分学生处于游离参与的状态。

线上虚假学习的主要原因有三点：一是学生对于慕课资源学习后印象不深，很难抓到重点和要义。从心理学角度讲，口语与听觉通道是相匹配的，慕课视频生动、灵活，可以与表情、神态和肢体语言相配合。多媒体方式便于构建课程信息理解所需要的情境，冲击力强，符合科学学习的双重通道原理。但是口语表达内容的系统性确实远不如书面材料，所以学生观看慕课视频后不易掌握知识框架，缺乏对于慕课内容的主动加工。二是多数慕课的测试题可以在网上搜索或者购买答案，因而学习者不愿选择回看视频进行再次学习。三是三分之一的学生认为完成课程每周的任务量比较困难，特别是当所选的几门课程都进行翻转课堂教学，同时没有给予线上学习的课时分配，学生的线上学习认知负担会增加。

在教学行动研究中，学习分析就像一个放大镜，让教师发现了混合式教学过程中被忽视或掩盖的"教"与"学"的现实，教师需要面对和反思混合式教学中理想和现实的差距。混合式教学中确实存在线上学习的高参与和低投入及线下教学的高游离与软监督的问题。通过梳理相关教学研究文献，课程组发现目前以翻转课堂为代表的外语混合式教学多重视教学实施过程，而忽视教学模式的开发和验证，较少涉及影响混合式教学的相关变量及其关系分析，对评估工具的研究也相对较少。因此，中国特色的混合式外语教学理论、实践与评价的优化和创新已成为我国外语混合式教学的新方向。

（三）混合式对分课堂教学 2.0 版本的创新

基于教育部对于高校课程"两性一度"的标准和要求，面对混合式教学在我国教育领域的现实问题，2021 年，"英美文化概况"的授课教师对之前混合式教学 1.0 版本的实施和效果进行讨论和反思，并尝试进行创新变革。课题组开始思考如何将已有的线上自主学习、讲授和讨论等教学元素进行重新组合，形成一种新的教学结构，产生新的教学力量。

对分课堂的教学模式由复旦大学张学新教授于 2017 年提出，又称为 PAD 课堂。PAD 课堂对应学习者接收教师所呈现的信息、自主吸收和内化、交流讨论三个教学阶段。形式上，对分课堂将课堂实践一分为二；实质上，在讲授与讨论之间引入了一个心理学的内化环节，是个性化时代对于我国原创教学的新探索。

混合式教学与对分课堂的融合被称为混合式对分课堂或对分教学，是指将混合式教学元素的线上自主学习、线下参与和讨论融入对分课堂的教学过程中，对已有的教学元素进行重组，设计课程目标和内容，在符合我国本土教学特点的对分课堂教学中尝试解决之前混合式教学 1.0 版本中发现的问题。

混合式对分课堂回归课内讲授，与之前翻转课堂不同，混合式对分课堂对于课前的线上自主学习环节进行简化设计，保证学生以合理的时间和投入开始学习的第一步。课内教学活动被一分为二，即教师讲授环节（P）和讨论互动环节（D）。其中，教师的讲授环节是本单元内容的引导性和框架式讲解，讲授章节内容框架、脉络、关键点和难点，关键是进行精讲和留白，让学生带着任务进行填空式的自主学习，有针对性地进行慕课线上学习，以保证线上学习的效率和效果。讨论和互动环节是指学生以小组的形式进行互动、交流提升以及形成性自评和互评。学生讨论互动的是上一次课（或上一周课）经过课上教师精讲和课后慕课自主学习和整理后的内容。

课后的自主学习内化过程（A）是指学生带着任务自主学习慕课和教材资源，完成对章节内容的吸收和拓展。课程团队教师共同协商选择线上优质的自主学习资源，如中国大学MOOC（慕课）中的国家精品在线课程。结合课程内容和特点，建议根据不同的课程类别适当为课后自主学习进行内化吸收分配学时，这样不仅可以给予学生自主学习能力发展的空间，当多门课程同时进行混合式改革时也不会带给学生过重的认知负担。

混合式对分课堂与混合式教学1.0版本最大的不同是将原本课前的慕课学习内容置于教师导入之后，在教师精讲之后进行视频自主学习、深度阅读、独立思考、线上查阅和完成作业，线上实现线下教学。这样既保证学生对于课程内容的理解，同时也为线下项目的完成质量作好铺垫和准备，形成一种新的教学元素结构融合。混合式英语对分课堂的教学流程如图5-4所示。

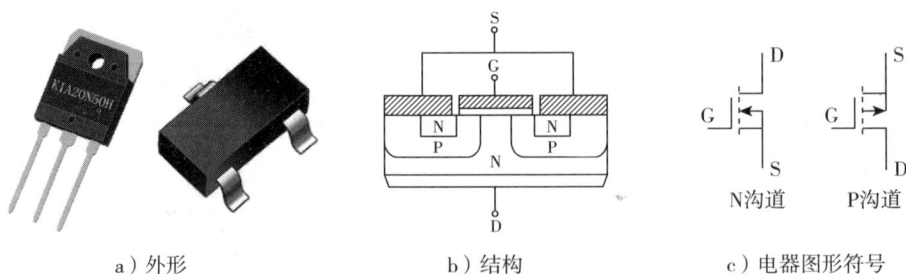

a）外形   b）结构   c）电器图形符号

图5-4 混合式英语对分课堂的教学流程图

概括起来，混合式对分课堂中的教授讲授环节（P）是精讲和留白，教师进行充分而不过分的讲解；自主学习内化过程（A）是对于慕课视频学习内容的归纳、概括和提取，是对教师精讲部分的补充和拓展，进行内容的复习，独立思考后完成课后作业。如果教师选用的SPOC不是自建课程，就必须对原有线上课程进行二次加工和编辑，务必进行与课程教学内容和目标相匹配的讨论互动环节过程中，张学新教授提出"亮、考、帮"3个活动设计，每一个活动都被赋予了具体要求，根据大学英语不同拓展课程的特点，课上讨论分为组内讨论（D_1）和组间讨论（D_2）两种。大学英语讨论环节中的"亮、考、帮"被重新解读为"亮所得""考重点"和"帮你我"。"亮所得"和"帮你我"的组内讨论，"考重点"和"帮你我"对应组间讨论，"帮你我"既可以为组内成员的活动，也可以是全班的展示和交流。

"亮所得"是指学生在完成课堂听讲、课后自主学习和作业后，与小组其他成员进行面对面交流时，对各自作业的完成情况进行讨论和分享。学生在自主学习时需要总结出单元学习的内在知识点和逻辑。虽然与文本相比，慕课内容更易构建情境，唤起画面感，更有助于达成学习目标，但慕课的学习内容以语言为载体，看完即消失，语言本身是碎片的，会导致内容关系非常隐晦，仅存储于学习者的短时记忆中，不易成为长期记忆。学生在对章节内容进行归纳和整理时，尽量要求可视化，如笔记的形式可以采用思维导图、手绘自创图表、康奈尔笔记等，同时需要用亮色笔标注出让自己印象最深、最为受益、最为欣赏的部分，在课堂上与其他学生分享，把独学的内容显性化。当慕课中告知式和碎片式的语言内容被重新整理设计为感知式和整体式的结构笔记输出时，更易于让学生感同身受、全身心投入，学习也会变得更高效。

在"亮所得"环节中，每位成员的组内分享时间为一分半，整个环节一般控制在8分钟之内。在分享过程中，同组成员可以同时看到分享者的笔记，对相同学习内容的个性化整理进行第一次组内自我评价与隐性同伴互评。"考重点"是指在"亮所得"之后，4位成员以小组为单位完成教师对于本单元内容知识点的问答考核。考核形式分为两种：一种是课内线上测试，学生通过手机端"学习通"App完成。优势是教师和学生可以即时查看测试结果，教师可以给予即时的针对性反馈；但不足是线上测试以个人为单位作答，暂时无法支持组间对比，不适合开放性问题，也不能进行师生和生生互动交流，很难通过问答增进组内成员之间的凝聚力。

第二种以课堂竞赛形式进行，分为必答题和选答题。必答题由教师指定小组进行回答，但具体由哪位成员回答，组内自行决定。抢答题任何小组都可以回答，为了避免个别学生答题过多，教师规定每位学生最多只能回答两次，同时为了避免因为组间水平差异过大造成心理负担，根据问答题目总数给每个小组的得分设定上限，分数达到上限后将不再参与抢答，这样能更有效地保证全班所有小组以及多数学生都能参与，提高小组成员参与的积极性。小组的得分会即时记录在黑板上，所得分数由组内成员共享，有利于增加小组同伴之间的凝聚力和互促意识。同组成员也会进行小组成员组内贡献的第二次自我评估和隐性同伴互评。值得注意的是，对于以上两种考核，教师可以根据大学英语与拓展课程的内容和活动的不同灵活设计选择、交替进行。

"帮你我"是指在全班问答过后的小组活动。教师根据每个单元内容和教学目标的不同设计不同的组内任务，任务需要所有组内成员共同参与。根据单元教学内容设计出"组内拼图"等活动。组内讨论是自主式的，由组内成员自己掌握节奏，培养学生有效利用讨论时间进行自我监控的能力。有些任务完成后还需要以组为单位在全班展示和交流，接受来自其他小组的互评打分。根据"英美文化概况"课程的教学内容，课程组设计"海报之旅""画廊漫步""世界咖啡"等全班互动活动。每一项活动都有完成时间的限制，参与者需要在规定的时间内完成活动任务。在活动中，师生共同努力营造组间互相推动前行的学习氛围，教师会以参与者和促进者的身份平等地参与到活动中。

组间和组内互动活动都以小组为单位，这样的设计符合动机认知理论中基于社交伙伴的动机，通过营造团队社交学习氛围让学生在学习团队中找到归属感，收获成就感。以"英美文化概况"课程第一单元的组间互动活动"海报之旅"为例，课程第一单元介绍英美国家的基本情况和主要标志性文化符号，把英美文化符号与我国的文化符号进行比较，将文化内容制作成海报，进行组间讲解展示。活动分两轮进行，每轮15分钟。在第一轮中，每组由两位成员扮演文化讲解员，用英文讲解海报展示的文化内容，并回答相关提问。另外两位成员作为游客要认真倾听并提出自己对所展示文化符号的疑问，与讲解员进行互动交流。

15分钟后，游客与讲解员角色互换，开启第二轮的"海报之旅"。每位学生都有机会展示自己的成果并欣赏其他小组的成果。在活动过程中，鼓励学生使用英文进行交流互动。教师为每一位游客发放一张"入场券"，即评价量表，根据评价量表中的多个维度对本组之外的其他小组的表现进行打分，并在活动结束后统计得分，选出得分最高的三个小组。教师对于全过程进行监管，主要负责流程的把控、时间的管理，并以游客的身份参与到活动中，给予学生自我决定和解决问题的机会和空间。

在课程开始之前，所有选课学生会在线填写小问卷，内容包括性别，选课动机，大学英语四、六级成绩，对于课程的期许等。教师参考学生个人信息填写，基于"组内异质、组间同质"的原则，对学生进行分组，每组 4 名学生，一般情况下每班有 8~10 个小组，每个小组尽量保证男女生搭配、选课动机高低搭配、英语基础高中低搭配，保证各小组之间的水平相近、起点基本相同。小组成员两两面对面就坐，对每个小组进行编号。

小组活动由组长负责掌握时间与流程，组长由教师指定，之后由组内成员轮流担当，或者由组内成员自行协商决定。经过一轮的混合式对分课堂教学实践，数据表明此教学方式可以有效发挥慕课资源的优势。采用混合式对分课堂后，学生线上学习时间较之前 1.0 版本相对分散，线上慕课平均观看时长为总时长的 2.3 倍，线上测试完成率为 98%，平均得分为 95.8 分。课前和课后内容重新切割调整后，学生在预定的时间内能够更高质量、更投入地完成自主学习。对学生进行的匿名问卷调查结果显示，79.5% 的学生认为调整后的线上学习任务量更适合，76.8% 的学生认为改变后的教学模式更高效、更省时，对于过程性学习笔记的分享，85.4% 的学生认为这样的组内评价可以强化自主有效学习。通过课堂观察，教师发现学生的课堂参与度明显提高，同侪互动和互促产生了积极的学习效果。在项目展示中，同组成员对于课程单元项目内容的了解和参与也都明显强于以前。

四、"英美文化概况" 课程线上线下四大学习场景的融合

(一) 四种不同的学习场景

在教育教学领域，师生教与学所处的环境与营造的氛围至关重要。著名教育学家和未来学家戴维指出："从原始时代迄今，人类都在四种不同的独立场景中学习，即营火、水源、洞穴和生活"。营火可以追溯到人类的起源，它不仅结束了原始人茹毛饮血的时代，同时为人类带来了温暖和更多聆听的契机。营火意味着一个讲故事的地方，人们聚集在篝火周围听别人讲故事。讲述者一般是拥有知识和权威的人，在绝大多数学校课堂中，教师依然是班级的焦点，处于中心位置，由教师将知识信息传递给学生，学生面向教师，

处于聆听和被动接受的位置。

在生活条件不便利的时代，人们三五成群在水源旁洗衣、淘米，交流感受。当今社会，水源式场所仍然是同龄人社交的主要场地，如餐厅、咖啡馆、奶茶店、零食吧、活动社团等，人们在这些场所通过聊天、对话进行社会学习。对话是一种刺激因素，能让人获得与独处时完全不同的知识，产生与独处截然不同的思维方式。社会建构主义之父维果茨基提出了"最近发展区"的概念。在最近发展区里，学习者需要与教师及其他共同学习者通过社会互动和合作交流触发自我提升。然而，在传统讲授式课堂中，学生通常是面朝着讲台成排就座，很难有彼此对话的机会。在水源式学习场景中，没有人可以预设交流的结果，过程可以引发各种想法，这是在营火场景中无法获得的。但只有在营火场景中，故事的讲述者作好必要的铺垫，学习者才能在水源场景中表现和交流得更好。

洞穴是指自我反思式学习场所。这种学习方式可以借助外部的学习资源，如文本材料，音频、视频资源，网络资源等，在个人的自主引导下独立完成知识的内化和吸收。洞穴正是认知建构理论家皮亚杰提出的对知识进行认知构建的场所。他认为，虽然知识的来源可能为讲授或者交流，但对知识进行认知建构加工很大程度上仍然是一种个人行为，即不断地进行自我反思、内化和吸收。也就是说，将学习中的知识信息转化为内在的理解和吸收需要自我反思和内化空间的建立。洞穴式场所无疑就是"吾日三省吾身"的主要场所。至于此场所中有没有旁人，那就要依据学习者的个人喜好决定了。如今我们每天都在接触各种"流星雨"般的碎片式互联网信息，忙于捡拾保存，却难以将其编制、整理，很难给学习者留出独立思考的时间。

生活是指将所学的知识和技能投入有意义的实际应用的场景中。类似于西蒙·派珀特提出的构造论场所，构造论与建构主义有着共同的基本原则，但构造论增加了一层含义，即只有当学习者在有意识地参与构建公共实体的情况下才是真正地在建构中学习。也就是说，学习者要将知识外化为完整的作品承载体并加以呈现，产品需要有现实意义，只有坚持实践才能真正体现他们对于知识的理解和掌握。在这个场景中，学习者得到了以上三个场景中所学到的知识信息和付诸实践的机会。因此，教师要尽量给予学习者参与和课程内容相关的实践的机会，在项目式教学中提供、设计和构建各种学习场景。

（二）混合式对分教学活动与学习场景的融合

学习的本质就是在信息之间创建连接，大脑对于新信息意义的构建主要通过在新知识和原有知识之间进行多场景、多模态的连接，促进知识的整合。显然传统的教室和教学方式无法满足学生对于学习的需求，学习多场景的重新设计至关重要。技术的使用虽然无法解决旧的教育模式中存在的问题，但可以为学生在四大学习场景的自由切换方面提供支撑。值得注意的是，信息工具常与信息技术混淆，事实上，工具只是技术生态下的一个维度，而技术不仅包括设计，还包括支持并促进教学的技术环境。

在不同的学习场景中，混合式外语多元融合教学是依据课程现阶段的目标和需求，在外语教学实践中寻求技术，而不是在技术中寻求课程。因此，教学工具、教学策略与教学方法都应该是情境式的。融合式教学立足保证线上线下的实质等效，信息化教学不是为了技术而技术，高质量的融合式教学设计应体现以学生为中心的教与学。其中，教学与场景的互动式融合是教学的关键要素。教师以学生为中心、两性一度、线上线下、课堂内外、实质等效作为标准，为学习者提供支架式教学，设计并构建与学习场景相对应的外语教学活动的融合，帮助学生进入学习情境。

1. 营火场景的融合

当前以学生为中心的教学理念并不是宣告讲故事式的营火模式已经不再重要，而是不再需要事无巨细、全面彻底的讲解和说明了。教师的讲授需要精讲和留白，这样既能提升课堂讲授的效率，又能为学生留出自主学习的空间。至于课堂中教师讲与不讲的比例到底是多少以及如何精讲，则需要依据学情与教学内容决定。这对于教师而言并不轻松，可能需要花费比以往备课更长的时间和更多的精力。对于习惯了把知识点全盘托出的教师和期待教师将知识点一一道出的学生来说，同样都面临着新的挑战。对于内容的取舍以及如何引导学生过渡，教师需要进行自我思考与探索。总而言之，引导式、框架式、逻辑结构和重难点，这四点是营火式讲授的核心。

营火式讲授一定要面对面进行吗？其实也未必需要，教师也可以通过录制微课或者在线视频进行讲授，这样做的优点在于不仅内容短小精悍，而且便于教师后台进行信息技术处理，以便更好地讲解内容，突出章节讲解的概括性和全局性。学生可以无限次回看，甚至在自主学习和讨论后再次复习观看。但问题在于面对面的教学过程除了教学内容的传递，还富含教师与学生之间情感的沟通，包括眼神、表情、肢体语言等，这些都能激发人与人之间积极的心理情感和情绪，带给学生真实的情境感。

课上播放视频是否比教师面授更为有效不能一概而论，如果课程内容确实有多维技术呈现的需要，则能够提高课堂讲解的效率，是否在课堂精讲时进行线上与线下的融合需要教师依教学情况而定。但并不主张在课堂面授过程中只播放讲解视频，因为教师几乎没有对课程进行线上与线下的教学情境的融合设计，而学生已经坐在了线下课堂中，线上线下两种情境并行但无融合，会给学生造成对于情境认知的负担，教学效果会大打折扣。

2. 水源场景的融合

在传统课堂中，学生基本是独自学习，彼此交互有限。特别是对于不同院系的公共选修课，学生往往上了一学期的课，彼此之间还互不认识。社会学习属于人类最原始的学习方式，水源式场景的构建为学生提供了更多进行自我表达和互相倾听的机会。融合式教学将同伴之间的合作与交流列入课堂常规的流程，构建一种舒适、自由的英语学习环境和对话关系，同组成员之间可以更好地交流思想，激发新的视角。

在第一次讨论互动活动之前，教师有责任引导和营造组内的文化氛围，培养同伴之间的互动反馈素养，构建互促的学习理念。教师需要承认每位学生的英语基础是不同的这一事实，同一个班级的学生并不是站在同一条起跑线上。每一位小组成员对于同组学生的努力和投入都需要给予鼓励和认可。讨论的内容是学生自主学习内化后的分享，是独一无二的，同组成员都可以在其他成员的分享中有所收获和思考。同组成员之间彼此关注是建组之初同伴关系最有效的黏合剂，同时也让每一位分享者内心更有力量，让所在场域变得更加亲切。信息技术的发展打破了水源场景的时空藩篱。同伴之间的讨论和交流可以不局限于在线下课堂中进行，各种社交软件和学习工具都支持同步交流和异步交流。同组成员可以对课后讨论题进行线上交流，协作完成，然后进行互评。因为线上交流可以不同步，学习者便拥有更多思考和完善的时间。通常线上交流的内容更为丰富，同伴互评也更公正合理。对于不善言辞的学生而言，线上交流给予他们更多让同伴了解自己的机会。

由于受网络时代碎片化信息的影响，对于结构性单元学习信息的讨论并不适用于线上这种不同步交流，学生可以在课后进行线下小组展示或者小组任务的分工、商讨和排练，也可以通过线上视频和语音来完成。水源式场景可以在线上和线下进行，也可以在课内和课外进行，可以由教师设计和营造场景，也可以由学生选择场景。在课堂线下水源式场景的交流中是否可以同时融合线上交流呢？当小组讨论不便于面对面选择时，辅以线上交流，这完全可行且线下交流与线上交流相得益彰。也就是说，融合式教学中的水源学习场景可以在课内线下、课内线上、课外线下、课外线上，依据教学目标和任务的不同灵活地自由切换。

3. 洞穴场景的融合

洞穴是学习者进行内化和反思的空间。教育的真正目的就是为人们的终身自修作准备。在融合式课堂中，学生内化和吸收的环节可以在课堂环境中进行，也可以发生在课堂之外。在实体课堂中，学生可以选择教室的任何地方，可以与同伴面对面而坐，也可以选择一个安静的角落。如果条件允许，教室里可以提供一些有助于学生沉浸式学习的设施。这些设施可以与课程内容相关，有助于学生学习投入和学习过程中心流的产生。教师可以在线上建立属于学习者个人的学习档案袋，如通过腾讯文档记录学生自主学习的过程和成果。

自主学习的内容通常是阅读文本（包括教材）、观看慕课视频、复习课上教师讲授的内容、独立思考、完成作业。作业是混合式对分课堂中独学部分最重要的抓手，是连接教师精讲和学生讨论的关键环节。如果自学发生在课上，属于对分课堂中的"当堂对分"，鉴于课堂时间有限，作业布置应该相对简单；如果自学发生在课外，则属于"隔堂对分"，作业布置要有深度和挑战，便于引导和督促学生进行课后复习，保证其理解和掌握基本内容知识点，为下次课堂中的小组交流、组间竞赛和展示互动作好铺垫和准备。

融合式教学的作业通常分为以下三种。

其一，本章慕课视频后的单元测试和讨论。学生在观看视频后随即在线上完成，作业与慕课内容直接相关，有助于帮助学生重温基本的内容和掌握重、难点。教师可以自行设置线上允许学生做测试题的次数。因为大部分线上测试题为客观题，为了避免学生用试错法来做，同时又为鼓励学生进行自我反馈和反思，测试题以做两次为宜，取最高分记录在最后的成绩中，这样既能使学生珍惜机会，保证以最好的状态进行线上学习，又给予学生回看视频、进行自主学习巩固的机会。

其二，半结构化笔记。学生在教师课上精讲的结构框架支持下完成课上留白，形成较为完整的知识结构。对于基础较差和能力较弱的学生，作业的结构化程度可以高一些，以结构为支架，引导学生完成填空式学习。对于基础较好和能力较高的学生，可以不限于章节框架，鼓励作业的开放性和个性化。学生可以进行各具特色的笔记整理，整理形式可以多样化，鼓励学生自主提炼内容，写出自己的感想，字数不限。

克拉申在输入假设中提出"计1"理论，其中"代表学习者的现有水平"，教师需要根据学生的"提供略高的语言知识和技能提升训练"。如果教师提供给学生的是"计0"，内容太容易，缺少挑战度。如果教师对学生的要求是）"计2"，内容太难，学生会失去英语学习的信心。也就是说，课程的内容必须是保证在学生可理解的基础之上的适度提升。而学生英语基础参差不齐，无论是大学英语以院系为单位的自然班还是拓展课程的全校选修课，英语基础的高低差距都是教师需要面对的现实。在相同的内容和任务布置中，让每一位学生都可以感受到学习的成就感，半结构化笔记就是差异化教学有效的载体。半结构化笔记需要在下次上课之前线上提交给教师查阅，教师根据完成情况、学习态度和创新性三个维度进行评判。综上所述，学生主要是在洞穴场景中自主完成作业中的单元测试和半结构化笔记。

其三，小组项目作业，也可称为小组任务。此项任务需要组内成员之间的彼此协商和排练，最终给予集体呈现，需在水源式场景的线上或线下完成。

4. 生活场景的融合

迄今为止，虽然很难说哪一种教学方式能够适用所有的学生，但却有一种能让所有学生进入心流状态，即任务驱动探究式学习，也就是项目式学习。项目式学习是一种动态的学习方法，学生一边思考一边执行，主动探索现实问题，根据明确的目标制订计划，选取材料，反复检查，按照每个分步计划各个击破，最终一步步达到预期结果，在过程中感受学习的收获感和满足感。在大学英语的项目式教学中，学生不仅学习英语知识和应用技能，而且其跨文化交际能力、非语言主题知识、自主学习等技能都可以得到促进和提升。

因为英语语言和文化的学习在社会交流和互动的过程中碰撞出思维的火花，所以英语项目式学习又通常与合作学习相结合。小组合作学习是许多学校教学中普遍采用的一种教学理论与方法，被誉为近十几年来最重要和最成功的教学方法。

大学英语和拓展课程的项目式合作学习与其他课程不同，不一定需要实际动手制作某种看得见的成品，更多的是语言和思维的交流与互动，但有时也需要依托实物助力语言和思维表达，如 PPT 展示，主题海报，电子版或者纸质版的图表，内容介绍手册，小品、歌曲或者舞台剧视频作品，等等。

根据项目式合作学习的成果展示途径，我们将其分为组内和组间项目两种。项目式任务的布置通常以单元内容为引导，根据单元教学任务和目标，安排组内或者组间任务。组内项目又称为微项目，即小组所有成员集体去完成一个任务目标。例如，在"英美文化概况"课程的美国历史单元的学习中，教师要求学生课后观看电影《阿甘正传》，然后与小组成员一起了解 20 世纪美国的历史，填写表格"阿甘眼中的美国历史"。微项目是一个需要分步骤完成的任务，即学生首先要完成自主学习和自我思考，然后在与同伴的交流中达成共识。当成员之间彼此意见不同时，通过组内的辩论和协商最终达成共识。微项目最后的辩论和协商环节通常在课上完成，如果课时不允许，也可以在课后线上完成。在教学过程中，我们发现课堂中的面对面场景更易于项目成果的完成，效率高于课后线上。小组的集体氛围也更容易将学生带入问题场景中。小组活动增强了同伴之间的集体归属感，消除了孤独感，增强了同学之间的友谊，也使学生获得更多的交流机会，提升了人际交往能力。

与组内项目步骤相比，组间项目较为复杂，需要在组内完成任务之后，再进行展示和互动交流。组间项目活动是对组内活动的深入，在全班互动交流的过程中打破了小组的界限，学生可以与更多的同学进行互动，在不同小组构建的不同情境中转换和交流。学生通过成果比较进行自我反思，教师允许小组重新完善和改进本组的成果。例如，在"英美文化概况"课程的英美政治单元的学习中，正逢我国"两会"召开，于是就设计了"世界咖啡"的情境，进行"两会"的组间项目交流。当小组成员从小组内部移动到小组外部进行交流时，他们的想法和见解在这个过程中也通过一次次的对话得以传递。小组成员将之前的想法重新汇总和提升，进行二次提交。

总之，混合式对分课堂的流程可以与四种功能学习场景融合构建（见表 5-3）。混合式对分只是一个基本模式，可以运用于整个学期、每个章节，也可以运用于其中几个章节的教学中，还可以根据慕课视频内容与教学目标进行灵活处理。

表 5-3　混合式对分课堂与学习场景的融合构建讲授

—	讲授 Presentation	独学 Assimilation	讨论 Discussion（D_1&D_2）

续表

一	讲授 Presentation	独学 Assimilation	讨论 Discussion（D₁&D₂）	
教学场景	营火	洞穴	水源	生活
教学活动	教师精讲	内化吸收	组内讨论 D₁	组间展示和完成任务 D₂
活动内容	引导式和框架式讲解留白	自主学习完成两种作业	"亮所得" "帮你我" （组内微项目）	"考重点" "帮你我" （全班互动）
一	—	课内线上	课内线上	—
时空	课内线下	课内线下	课内线下	课内线下
融合方式	课内线上	课外线上	课外线上	课外线上
一	—	课外线下	课外线下	—

根据大学英语课程学时以及授课时间密度可以进行"隔堂对分"（洞穴场景置于课外）或者"当堂对分"（四大场景都在课上）。以"英美文化概况"课程为例，教学共 16 周、32 学时，一周一次课，如果进行"隔堂对分"，师生两周才能见一次面，太长时间没有面对面的交流互动，会增加师生、生生之间的陌生感，不易于学习场景的融合构建。因此，教师可以重新分配课堂内外的时间，在"当堂对分"中可以将传统课堂的后半节课（45 分钟）交给学生，允许学生走出课堂，引导和帮助学生在构建的洞穴和水源场景中更加自由地自主学习和讨论交流。

随着互联网、移动信息技术、智慧化教学工具在外语教学中的融入，混合式教学进入第三阶段—学习者视角下的多元融合阶段，融合式教学打破了第一、二阶段对于线上线下时空分配的明显界限。将以学生为中心、两性一度、线上线下、课堂内外、实质等效作为标准，在建构主义和联通主义理论的基础上，教师的角色转变为情境创设者、数据解读者和学习促进者。通过创设营火、水源、洞穴和生活四种外语学习场景，并以"英美文化概况"课程为例，在混合式对分课堂的各个环节中设计与学习场景相对应的教学情境活动。充分重视线上线下产生的各种学习数据，以教学大数据驱动教师和学生准确地把握学习状态。混合式多元融合外语教学中的"多元"是指多种教学方法的灵活运用和融合创新、外语课程思政与混合式教学的融合创新、形成性评估与混合式教学的多样性融合。教师不断完善对于外语学习场景的融合和情境的创设，为学生创造一种高度参与的、个性化和创新性的外语混合式学习体验。

　　混合式教学并没有统一的模式，在线上线下融合大框架下，混合式教学并不拘泥于一种形式，而是鼓励根据教学目标、教学内容、教学对象的不同进行变通和创新。混合式多元融合外语教学中的融合打破了线上线下时空分配的明显界限，利用线上和线下教学之所长，构建符合外语课程的学习情境，将网络在线教学、移动教学、面对面教学三种教学模式完全融合，使之相得益彰。以外语学习者的学习数据为依据，形成性评估贯穿混合式教学的时间和空间，在教学实施过程中开展行动研究，不仅关注外语学习的效率和效果，也关注学习者的学习体验和感受，不断验证、开发和创新外语混合式教学模式。

参考文献

[1] 苏秋军. 高校英语教师知识可视化信念特征与实践探究［D］.上海：上海外国语大学，2021.

[2] 陈莉. 英语教学与互联网技术［M］.北京：光明日报出版社，2017.

[3] 宫玉娟. 大学英语教学模式改革创新研究［M］.长春：吉林出版集团股份有限公司，2018.

[4] 杨洋，倪兆学，徐岩. 英语课堂设计与微课教学模式［M］.长春：吉林人民出版社，2019.

[5] 张娇媛. 高校英语混合式教学与信息技术应用［M］.天津：天津科学技术出版社，2019.

[6] 杨雪静. 高校英语教学模式创新研究［M］.长春：吉林人民出版社，2019.

[7] 程亚品. "互联网+" 时代下信息技术与英语教学的深度融合［M］.天津：天津科学技术出版社，2019.

[8] 赵凌云. 混合式学习理论与高校英语教学的创新探索［M］.长春：吉林出版集团股份有限公司，2020.

[9] 陈细竹，苏远芸. 大学英语教学模式的革新与发展研究［M］.长春：吉林人民出版社，2021.

[10] 孙晓鸣，张锦娜，张逸洋. 大数据时代大学英语教学模式创新与实践研究［M］.哈尔滨：哈尔滨出版社，2022.

[11] 蔡玲. 大学英语教学实践探索［M］.长春：吉林文史出版社，2021.

[12] 于明波. 当代高校英语教学与混合式学习模式探究［M］.北京：中国纺织出版社，2019.

[13] 张青. 大学英语混合式教学研究［M］.长春：吉林出版集团股份有限公司，2022.

[14] 毕鹏晖. 大学英语混合式教学的多元融合与评价研究［M］.秦皇岛：

燕山大学出版社，2022.

［15］花亚男．混合教学模式下的高校综合英语课程教学研究［J］.现代英语，2023（14）：29-32.

［16］郭云娥．基于翻转课堂的大学英语新型混合教学模式的构建与实施策略［J］.苏州市职业大学学报，2023，34（2）：84-87.

［17］王文静．高校英语教学现状及优化策略探讨［J］.现代英语，2023（11）：50-53.

［18］朱娟娟．基于"一平台+三维度"的线上线下混合教学模式研究——以高校英语专业阅读类课程为例［J］.湖北工程学院学报，2023，43（3）：45-50.

［19］徐铭悦．高校英语线上线下混合式教学模式研究［J］.吉林省教育学院学报，2023，39（4）：84-89.

［20］王浩．"互联网+"时代高校英语专业课程混合教学模式的改革——以《英语语音学》为例［J］.产业与科技论坛，2023，22（7）：134-135.

［21］杨玉茹．互联网背景下高校英语线上线下混合教学探究［J］.哈尔滨职业技术学院学报，2023（2）：152-155.

［22］冯鸿莉．基于课堂教学和远程在线学习的混合式教学在高校英语教学中的应用［J］.英语广场，2023（6）：78-81.

［23］高新媛．SPOC线上线下混合式教学在高校英语专业《英语视听说》课程的设计和应用——以齐齐哈尔大学为例［J］.现代英语，2023（4）：46-49.

［24］陈婷．云课堂背景下高校英语线上线下混合教学模式分析［J］.英语广场，2023（4）：87-90.

［25］林琳．混合型教学模式在高校英语专业教学中的应用分析［J］.现代英语，2023（3）：29-32.

［26］王俊．"赛教融合"在高校英语教学中的应用策略研究［J］.海外英语，2023（2）：145-147.

［27］陈悠然．新文科背景下高校公共英语课堂混合教学模式探究［J］.长春工程学院学报（社会科学版），2022，2023（3）：141-144.

［28］丁秋芸．高校英语专业课程教学中思政素材的内容与建设研究［J］.太原城市职业技术学院学报，2022（9）：87-89.

［29］艾晴．跨文化视角下的高校英语混合教学平台建设——评《信息化背景下高校英语混合式教学模式探索与应用》［J］.中国高校科技，2022 (8)：111.

［30］孙珊．互联网时代混合式教学模式在高校英语语音课程中的应用——评《基于"互联网+"的混合教学实践与探索》 ［J］.中国科技论文，2022，17（6）：719.

［31］周行．线上线下混合教学在高校英语教学中的应用［J］.科教导刊，2022（15）：142-144.

［32］宋皓然．基于慕课的大学英语听说课程混合式教学设计和实践［J］.现代英语，2022（9）：9-12.

［33］梁辰．互联网背景下英语专业线上线下混合式教学模式探究——以综合英语为例［J］.湖北开放职业学院学报，2022，35（8）：179-180.

［34］李婷婷．信息化背景下线上线下混合式英语教学模式研究［J］.科教导刊，2022（10）：105-107.

［35］张萌．高校英语教师 TPACK 知识对混合教学技术工具使用的影响［J］.外国语文，2022，38（2）：140-151.

［36］吴芮民，王瑜，王杉林，等．基于问题导向的微积分混合教学模式的探索［J］.江西电力职业技术学院学报，2022，35（1）：62-65.

［37］熊珍．"互联网+"时代高校英语混合式教学设计创新探究［J］.海外英语，2022（1）：91-92.

［38］代艳莉．基于 SPOC 的混合教学模式在高校商务英语课程中的应用［J］.食品研究与开发，2021，42（23）：246.

［39］乔晶．混合式学习视阈下综合英语课程创新研究［J］.内蒙古财经大学学报，2021，19（6）：36-39.

［40］高立．茶文化与大学英语线上线下混合式教学模式探讨——以民办高校为例［J］.福建茶叶，2021，43（11）：99-100.

［41］金蓓．全英文教学真能提高大学生的学科水平和英文水平吗？——基于混合方法的中国高校 EMI 课程效果的实证研究［J］.重庆科技学院学报（社会科学版），2021（6）：100-106.

［42］杨海旭，王钧，王海飙．基于学术能力的学术英语课堂教学模式构建［J］.黑龙江教育（高教研究与评估），2021（10）：37-39.

［43］刘丽丽．线上线下混合式教学模式在高校英语教学设计中的运用［J］.
海外英语，2021（18）：151-152.

［44］韩丹丹．新时代背景下的高校综合英语线上线下混合教学模式分
析——评《综合英语教学模式概论》［J］.热带作物学报，2021，42
（9）：2753.

［45］马娜．基于"雨课堂"平台的高校英语混合式教学模式探究［J］.长春
大学学报，2021，31（8）：96-99.

［46］龙艳霞，陈心瑜，柴彦羽.EGP向ESP过渡的高校英语教学模式探
索——以医科大学为例［J］.高教学刊，2021，7（23）：154-160.

［47］伊萌萌，花拉．大学英语课程混合式教学模式研究［J］.山西财经大学
学报，2021，43（2）：127-130.

［48］杨正林．混合教学在高校商务英语专业课程群建设中的实现［J］.佳木
斯大学社会科学学报，2021，39（4）：224-228.

［49］宋歌．高校英语混合式教学模式改革研究——评《当代高校英语教学与
混合式学习模式探究》［J］.科技管理研究，2021，41（15）：238-239.

［50］耿毓谦．混合教学模式下的高校英语视听说课堂与体演文化教学法
［J］.大众文艺，2021（14）：188-189.

［51］侯艳春．基于SPOC的公共英语混合教学模式研究［J］.现代英语，
2021（14）：11-14.